Lee Yaron

ISRAEL, 7. OKTOBER

Protokoll eines Anschlags

Aus dem Englischen
von Sigrid Schmid, Cornelia Stoll
und Maria Zettner

Mit einem Nachwort
von Joshua Cohen

S. FISCHER

MIX
Papier | Fördert gute Waldnutzung
FSC® C014496
FSC www.fsc.org

Erschienen bei S. FISCHER

Die französische Ausgabe erschien 2024 unter dem Titel
»7 octobre: La journée la plus meurtrière de l'histoire d'Israël
racontée par les victimes et leurs proches« bei
Éditions Grasset & Fasquelle in Paris, Frankreich.
Die deutsche Fassung wurde nach der englischen Ausgabe übersetzt, die
2024 unter dem Titel »10/7. Hundred Human Stories« bei
St. Martin's Press, New York, erschienen ist.

Satz: Dörlemann Satz, Lemförde
Druck und Bindung: GGP Media GmbH, Pößneck
ISBN 978-3-10-397645-8

Für Gal,
einen Mann des Friedens,
der aus dem Krieg nicht zurückkehrte.

Inhalt

Trauer:
Eine Einführung

Es gibt im Judentum die Tradition des »Schiwa-Sitzens«. Das ist eine rituelle Trauerzeit, in der nach dem Tod eines Menschen dessen nahe Angehörige zusammenkommen. Der Begriff geht zurück auf das hebräische Wort »sheva« (sieben), und so viele Tage dauert auch die Trauerzeit.

Im Buch Genesis (50,10) halten Josef und »sein ganzes Haus«, nachdem er seinen Vater Jakob begraben hat, »eine sehr große, würdige Totenklage; sieben Tage hielt er um seinen Vater Trauer«. Der Prophet Hiob verliert seine Frau, seine sieben Söhne und drei Töchter. Daraufhin kommen seine Freunde, setzen sich mit ihm auf die Erde – in den Staub – und versuchen sieben Tage und sieben Nächte lang, ihn zu trösten.

Auch Jahrtausende später läuft in den Ländern der Bibel ebenso wie in jüdischen Gemeinden weltweit das Ritual noch immer nach demselben Muster ab.

Die sieben Tage der Trauer beginnen mit dem Tag der Beerdigung, wenn sich die nächsten Angehörigen »zusammensetzen«. Während dieser Zeit ist alles, was irgendwie mit der täglichen Routine zu tun hat, verboten. Die Trauernden dürfen weder arbeiten noch kochen, weder das Haus putzen noch baden. Sie sollen im Heim des oder der Verstorbenen so nah am Boden sitzen wie möglich, ein

Sinnbild für die Tiefe ihrer Trauer. Die Tür muss immer offen stehen für Freunde und Nachbarn, die »Trostspender«. Deren Rolle besteht darin, der Familie die Alltagspflichten abzunehmen. Auf Vergnügungen sollen die Trauernden in diesen Tagen verzichten. Sie sollen ihre Kleider zerreißen, was den Riss in ihren Seelen zum Ausdruck bringt und auch auf die Bedeutungslosigkeit von weltlichem Zierrat verweist. Sogar die Spiegel werden verhängt, damit niemand von Äußerlichkeiten abgelenkt wird, statt den Blick auf sein Inneres zu richten. Die Trauernden dürfen nicht mit Worten gegrüßt werden, in denen der Wortstamm »Shin-Lamed-Mem« enthalten ist, der dem hebräischen »Schalom« (und dem arabischen »salām«) zugrunde liegt. In der Trauerzeit soll man keinen Frieden suchen. Am siebten und letzten Tag sind die, die gekommen sind, um ihr Beileid auszusprechen, aufgerufen, die Trauernden »aufzuwecken« und ihnen zu helfen, sich zu erheben. Die Trauer, die dominanteste aller Empfindungen, muss zu einem formellen Ende gebracht werden.

Sieben ganze Tage, die Zeitspanne, in der Gott die Welt und alles Lebendige erschuf, reicht uns Menschen schon kaum aus, um ein einzelnes Leben zu betrauern, unsere Klage hinter uns zu lassen.

Das Judentum, das jeden Aspekt des menschlichen Lebens von der Geburt bis zum Tod durch Ge- und Verbote reguliert, bietet wenig Orientierung in der Frage, wie sich eine Schiwa nach einem Massaker wie dem vom 7. Oktober 2023 – auf Hebräisch »shiva b'October« – oder dem Krieg, der ihm folgte, gestalten ließe.

Wenn jemand an ein und demselben Tag Sohn, Tochter, Mutter und Ehemann verloren hat, sollten sie dann alle zusammen betrauert werden oder in einer bestimmten

Reihenfolge? Sollte man für jeden Einzelnen sieben Tage Schiwa sitzen oder für alle zusammengenommen eine Woche? Was macht man, wenn man keinen Leichnam zum Begraben hat? Oder wenn der Leichnam nicht herausgegeben wird? Soll man dann die Trauerzeit ohne eine Beerdigung beginnen oder warten, bis der Leichnam da ist? Was ist, wenn vom Leichnam nur noch Einzelteile übrig sind – soll man das Einzelteil dann begraben und um einen abgerissenen Arm oder einen Zahn trauern? Was können die Trostspender noch tun, wenn sie selber in Trauer sind? Und schließlich, wie lässt sich das Ende der Schiwa markieren, wenn da kein Alltag mehr ist, in den man zurückkehren kann – vor allem mitten im Krieg?

Mit dem Schreiben dieses Buches, für das ich Hunderte trauernde Eltern und Kinder, Überlebende und Ersthelfer befragte, suchte ich nach Antworten auf diese Fragen – nach einer Möglichkeit, angemessen zu trauern und weiterzuleben, nach einer Möglichkeit, wieder Schalom sagen zu können.

Am 7. Oktober 2023 – einem Schabbat und gleichzeitig dem Feiertag Simchat Tora, dem letzten Tag des Laubhüttenfestes – starteten Mitglieder der Hamas gemeinsam mit Verbündeten vom Palästinensischen Islamischen Dschihad sowie acht weiteren Gruppen eine Operation, auf die sie sich mindestens drei Jahre lang vorbereitet hatten. Sie durchbrachen die Grenze zu Israel und griffen vom Land, vom Meer und von der Luft aus an, schlachteten wahllos Zivilisten ab und sorgten für einen der schlimmsten Terrorangriffe in der neueren Geschichte und, wie Präsident Joe Biden es ausdrückte, »den vernichtendsten Tag für die Juden seit dem Holocaust«.

In weniger als vierundzwanzig Stunden brachten rund dreitausend Terroristen es fertig, das Leben von mehr als tausendzweihundert Menschen auszulöschen und etwa zweihundertfünfzig zu entführen – die meisten davon israelische Männer und Frauen, aber auch Angehörige von mehr als dreißig anderen Nationen. Zivilisten vom Säugling bis zur Rentnerin, die gerade erst aufgewacht waren an diesem Morgen, wurden niedergeschossen, erstochen oder lebendig verbrannt, gefoltert und vergewaltigt, ihnen wurden gezielt Gliedmaßen abgehackt – und diese Szenen aus der Hölle waren dann auch noch zeitnah im Internet mitzuverfolgen, gepostet in alle Welt von den Terroristen. Ganze Gemeinden wurden vernichtet, und Hunderttausende von Israelis waren gezwungen, ihr Zuhause zu verlassen und Flüchtlinge im eigenen Land zu werden.

Nach dem Massaker zog Israel mit beispielloser Härte gegen Gaza in den Krieg, mit dem Ziel, die Hamas ein für alle Mal unschädlich zu machen, eine Terrororganisation, die geschworen hat, Israel auszulöschen, die seit fast zwanzig Jahren in Gaza regiert und sich bei der Zivilbevölkerung dort unentbehrlich gemacht hat.

Aktuell sind in diesem Krieg, nach Angaben des Gesundheitsministeriums in Gaza, schon mehrere Zehntausend Palästinenser ums Leben gekommen. Viele von ihnen waren unschuldige Zivilisten, darunter Tausende Kinder. Den Vereinten Nationen zufolge wurden fast zwei Millionen Palästinenser aus ihrem Zuhause vertrieben und etwa 70 Prozent der Häuser zerstört, einschließlich der meisten Krankenhäuser, Märkte, Schulen und Moscheen. Der Preis, den die ganz normalen Bewohner des Gazastreifens bezahlen, ist unfassbar hoch: Vertrieben und vielfach in provisorischen Zeltstädten an der ägyptischen Grenze zusammen-

gepfercht, müssen sie Hunger und Dehydrierung ertragen, ebenso wie Krankheiten, die auf fehlende Gesundheitsfürsorge und sanitäre Einrichtungen zurückzuführen sind. Männer, Frauen und Kinder, die nichts mit den Verbrechen der Hamas zu tun hatten, zahlen am Ende den höchsten Preis. Für sie ist selbst das Gebot, ihre Toten zu betrauern, unter Beschuss geraten. Der Tod und das Leid so vieler Unschuldiger sind nicht hinnehmbar.

Ich bin Tochter und Enkelin von Flüchtlingen und Überlebenden des Holocausts. Ich bin Jüdin. Ich bin Israelin. Und ich bin eine Frau, Feministin, Journalistin und gehöre aus tiefer Überzeugung zu jener Seite, die sich für die Rechte aller Völker zwischen Jordan und Mittelmeer einsetzt, jener Seite, die noch immer den Traum von zwei Staaten für zwei Völker träumt, die Juden und Arabern, Israelis und Palästinensern gleichermaßen Demokratie und Menschenrechte garantieren.

Seit fast zehn Jahren arbeite ich als Journalistin für *Haaretz*, Israels älteste und angesehenste Tageszeitung – und die einzige hebräischsprachige Zeitung, die konsequent immer auch über arabische und palästinensische Themen berichtet und die Bürgerrechte israelischer Minderheiten verteidigt hat. Bevor ich die Klimakorrespondentin des Blattes wurde – und versuchte, dem Nahen Osten die Augen zu öffnen für seine schlimmste existenzielle Bedrohung –, war das Sozialwesen mein Themenschwerpunkt gewesen. Das brachte es mit sich, dass ich Menschen hauptsächlich in für sie besonders schmerzlichen Momenten kennenlernte, als Opfer von Vorurteilen, häuslicher Gewalt oder sexuellen Übergriffen. Ich schrieb über Asylsuchende, die sich mit diskriminierender Bildungs- und Wohnungspolitik herum-

schlagen mussten; über LGBTQ-Personen, die sich veralteten Ehegesetzen zum Trotz um eine Adoption bemühten; ich schrieb über schlimme Umweltsünder, Klimawandelleugner und staatliche Behörden, die Holocaust-Überlebenden die Leistungen vorenthielten, die ihnen von Rechts wegen zustanden.

Manchmal führten meine Recherchen am Ende zu einer Änderung in der Politik oder sogar zu einer neuen Gesetzgebung, und ich verstand meine Arbeit immer mehr als eine Art Interessenvertretung der Bürger. Wenn die Opfer der Politik in den Schlagzeilen sind, lassen sie sich nicht mehr so leicht ignorieren. Im Laufe meiner beruflichen Laufbahn lernte ich so ziemlich alle Stränge der israelischen Gesellschaft kennen: Juden, Araber, Beduinen, Äthiopier, Eritreer, Sudanesen, Chinesen, mit besonderem Blick auf die an den Rand Gedrängten, die Menschen, die von der Mehrheitsgesellschaft in Israel gering geschätzt werden.

Meiner Erfahrung nach berichten die meisten Journalisten – und so steht das dann später auch in den Geschichtsbüchern – über die Großtaten der Mächtigen aus der Perspektive der Mächtigen. Die politische Berichterstattung speist sich allzu oft aus Zitaten von Politikern und nicht aus Aussagen der Menschen, die am stärksten die Auswirkungen der Politik zu spüren bekommen. Berichten über das Militär liegen in der Regel Zitate von Generälen und Militärsprechern zugrunde, nicht von normalen Soldaten und ganz gewiss nicht vom Feind. In diesem Buch möchte ich das Massaker vom 7. Oktober in der Art von Berichterstattung schildern, die ich gelernt habe, und buchstäblich »von Grund auf« informieren. Das bedeutet, die Opfer und die betroffenen Gemeinschaften dürfen so weit wie

möglich ihre Erlebnisse, ihre Tragödien selbst erzählen, manchmal in ihren eigenen Worten und immer aus ihrer Perspektive.

Nach den Methoden des Investigativjournalismus und der Oral History führte ich, zusammen mit meinen Rechercheassistenten, Hunderte Interviews und ergänzte dieses Material mit haufenweise Protokollen von Telefon- und E-Mail-Nachrichten sowie offiziellen Verlautbarungen. Das Resultat halten Sie in den Händen: ein Buch, das die Geschichten von mehr als einhundert Menschen erzählt – einhundert Zivilisten, Unbeteiligten –, die an der Grenze zu Gaza lebten und starben.

Von linken Kibbuz-Bewohnern und Festivalteilnehmern über Beduinen und israelische Araber, Friedensaktivisten und Holocaust-Überlebende bis hin zu Flüchtlingen aus der Ukraine und Russland –, von denen viele schon seit fast zwanzig Jahren den Raketenbeschuss der Hamas ertragen müssen und dennoch daran glauben können, dass sie eines Tages mit ihren Nachbarn in Frieden leben werden. Andere Menschen in diesem Buch haben schon vor langer Zeit den Glauben an Frieden verloren und wiederholt Benjamin Netanjahu zum Ministerpräsidenten gewählt, weil sie denken, dass sie nur durch ihn ihren Kindern ein kleines bisschen Sicherheit bieten können – einen Anschein von Frieden. Dann sind da noch die Gastarbeiter aus Thailand und Nepal – Zeitarbeiter auf Farmen im Grenzgebiet – und die Touristen aus Europa und Südamerika, die mitten in ihren Ferien waren, Menschen, die über den israelisch-palästinensischen Konflikt nur am Rande, falls überhaupt, Bescheid wussten und nicht einmal den Unterschied zwischen Hebräisch und Arabisch kannten, als man sie abschlachtete.

Viele Grenzgemeinden, die diesem neuzeitlichen Pogrom zum Opfer fielen – darunter Sderot, Ofakim und Ashkelon – zählen zu den ärmsten Städten in Israel. Hier leben viele Juden, die nach den Verfolgungen und Massakern im Zuge der Staatsgründung Israels aus arabischen Ländern wie Marokko, Tunesien, Algerien, dem Jemen und Ägypten fliehen mussten. Sie fanden im einzigen jüdischen Staat der Welt einen sicheren Hafen und ein glückliches Leben. Diese Städte haben auch einen hohen Bevölkerungsanteil von äthiopischen Juden, zu denen noch die Juden aus der Ukraine, Russland und Zentralasien kommen, die nach dem Zerfall der Sowjetunion und später dann dem russischen Überfall auf die Ukraine in Israel Zuflucht suchten.

Die Kibbuzim entlang der Grenze entstanden als überwiegend sozialistisch gesinnte Gemeinschaften. Bis zum heutigen Tag unterstützen sie die Parteien der politischen Linken und Mitte und setzen sich für eine Zweistaatenlösung ein. Wenn der Ausgang der Wahlen in Israel nur von diesen Kibbuzim abhinge, hätte Netanjahus Likud-Partei, zu deren Koalition inzwischen einige der extremsten Akteure im israelischen Politikbetrieb gehören, wohl nicht einmal den Einzug in die Knesset geschafft.

Insgesamt sind es fast sechzig Kibbuzim, Moschawim[1] und Städte in dem Gebiet, auch Gazagürtel genannt, die

---

1 Kibbuz (im Plural Kibbuzim) sind gemeinschaftliche Siedlungen auf dem Land mit (zumindest ursprünglich) Gemeinschaftseigentum und kollektiv getroffenen Entscheidungen; Moshaw (im Plural Moshawim) sind genossenschaftlich organisierte Siedlungen, in denen es aber im Unterschied zum Kibbuz mehr Privateigentum und mehr Entscheidungsfreiheit in der persönlichen Lebensführung gibt. Inzwischen nähern sich viele Kibbuzim in ihrer Struktur den Moschawim an (A.d.V.).

die Feindseligkeiten am stärksten zu spüren bekommen. Kaum jemand weiß über den israelisch-palästinensischen Konflikt besser Bescheid als diese Grenzbewohner, und kaum jemand hat auch mehr unter seinen Folgen zu leiden. Nehmen wir den Kibbuz Be'eri als Beispiel. Dessen Mitglieder beförderten ehrenamtlich palästinensische Patienten in israelische Krankenhäuser und spendeten jährlich Tausende Dollars an Familien in Gaza. Am 7. Oktober wurde jeder zehnte Bewohner von Be'eri entweder ermordet oder entführt, darunter viele alte Menschen und Kinder. Die meisten Häuser wurden zerstört und angezündet. Ein anderes Beispiel ist der Kibbuz Kfar Aza, der einmal im Jahr ein Friedensfest mit Drachensteigen veranstaltete. Botschaften von einer friedlichen Koexistenz stiegen dabei so hoch in den Himmel, dass die Kinder von Gaza sie empfangen konnten. Auch dort ist jeder Zehnte entweder tot oder eine Geisel in Gaza.

Die Terroristen der Hamas zerstörten ausgerechnet die Gemeinschaften, die mehr als alle anderen für den Frieden zwischen den beiden Völkern getan hatten.

Während meiner Recherche habe ich einige der trauernden Familien gefragt, ob und inwieweit sich ihre Einstellung nach der Ermordung ihrer Angehörigen geändert habe. Das ist eine heikle Frage, aber eine von der Sorte, wie Israelis sie gewöhnt sind – fragen und antworten und dann damit umgehen, so gut es geht.

Zwar bekennen sich einige fortschrittlich denkende Familien nach wie vor zu ihren Prinzipien und wollen einen sofortigen Friedensschluss mit den Palästinensern, doch sehen andere, mit denen ich gesprochen habe, die Sache jetzt – zumindest fürs Erste – mit ganz anderen Augen. Sie sagen, sie seien naiv gewesen und dumm, weil sie geglaubt

hatten, dass Israelis und Palästinenser jemals zusammen auf diesem Land leben könnten. Sie sind wütend auf die Hamas, aber auch auf ihre eigene Regierung, von der sie sich im Stich gelassen fühlen.

Im entgegengesetzten politischen Lager sprechen die Netanjahu-Anhänger unter den Hinterbliebenen ebenfalls von einer tiefen Sinnkrise. Auch sie haben das Gefühl, alles, an das sie geglaubt und worauf sie sich verlassen haben, habe versagt. Wenn selbst die rechtsextremste Regierung in der Geschichte des Landes sie nicht habe beschützen können, dann könne es ja wohl niemand, und die einzige Lösung liege womöglich beim Einzelnen selbst: Anträge für Waffenscheine und Waffenerwerb sind seit dem 7. Oktober sprunghaft angestiegen.

Die gemeinsame politische Basis des Landes war noch nie so begrenzt. Was die beiden Pole der israelischen Gesellschaft noch zusammenhält, ist ein Gefühl des totalen Debakels. Über die israelische Gesellschaft hinaus gibt es überhaupt keine gemeinsame Basis mehr. Die israelisch-palästinensischen Beziehungen sind auf dem Tiefpunkt. Israelis und Palästinenser sind blind füreinander geworden und taub für die Klage des jeweils anderen, nicht bereit oder nicht fähig, das beiderseitige Leid zu erkennen. Jede Tragödie dient nur dazu, die Mauern zwischen uns noch weiter zu festigen und zu vergrößern, während jede Seite der anderen ihre Wahrheit, ihre Gefühle und sogar das Existenzrecht abspricht.

Obwohl ich mit den Palästinensern trauere und mir in vollem Ausmaß bewusst bin, wie sehr unsere jeweilige Geschichte miteinander verstrickt ist, weiß ich, dass es mir nicht zusteht, palästinensische Geschichten zu erzählen, vor allem nicht zu diesem Zeitpunkt. Ich warte, in aller De-

mut, auf die Bücher meiner palästinensischen Kollegen, die sicher bald die Geschichten der Unschuldigen von Gaza erzählen werden, die als Folge der Reaktion meines Landes auf die Gewalttaten ihrer politischen Führer Leid und Tod erfuhren.

Die meisten Israelis und Palästinenser wurden in diese Atmosphäre der Gewalt hineingeboren. Die Hälfte der Israelis sind unter dreißig, der Palästinenser sogar unter achtzehn Jahre alt. Ich selbst gehöre auch zu dieser demographischen Gruppe – dieser verlorenen Generation –, geboren am Ende der Hoffnung, am Ende der Regierungszeit von Ministerpräsident Yitzhak Rabin, ein Jahr, nachdem er das erste Osloer Abkommen unterzeichnet hatte, und ein Jahr, bevor er einem Mordanschlag zum Opfer fiel.

Es war das offizielle Ende der Ersten Intifada (die damals noch nicht »die Erste« genannt wurde), einer Abfolge von Terrorangriffen auf Israelis durch eine neu entstandene islamistische Terrorgruppe mit Namen Hamas. Die ägyptische Muslimbruderschaft hatte einen palästinensischen Ableger hervorgebracht, der sich fast ebenso sehr der Vernichtung der säkularen Fatah-Partei von Yasser Arafat verschrieben hatte wie der Vernichtung Israels. In seiner Gründungsurkunde wird explizit die Auslöschung des jüdischen Staates als Ziel genannt.

Ich war zwei Monate alt, als ein Selbstmordattentäter sich in einem Bus voller Menschen nur wenige Meter von der Stelle entfernt in die Luft sprengte, an der meine Mutter mit mir auf dem Arm stand. Im Augenblick der Explosion riss sie mich ganz schnell zur Seite.

Aber auch wenn jede Busfahrt, jeder harmlose Spaziergang zur Belastungsprobe wurde, so zeichnete sich damals

am Horizont doch Frieden ab. Es gab dafür sogar einen Termin – und obwohl sich das Datum immer wieder verschob, lag in der schwül-warmen Mittelmeerluft unverkennbar eine Ahnung von einer Verständigung zwischen Rabin und Arafat und damit zwischen Israelis und Palästinensern.

»Wir kommen aus einem gequälten, trauernden Land … Wir wollen versuchen, den Feindseligkeiten ein Ende zu bereiten«, erklärte Rabin im September 1993 bei der von US-Präsident Bill Clinton geleiteten Zeremonie im Rosengarten des Weißen Hauses, »damit unsere Kinder und Kindeskinder nicht länger den bitteren Preis für Krieg, Gewalt und Terror zahlen müssen. Wir wollen ihrem Leben Sicherheit geben und das Leid und die schmerzlichen Erinnerungen lindern, damit sie auf Frieden hoffen können« – dies in seltener und damals umstrittener Anerkennung des Leids auch der palästinensischen Seite. »Wir, die Soldaten, die aus dem Krieg heimgekehrt sind … wir sagen euch heute mit lauter und klarer Stimme: Es reicht mit Blut und Tränen. Es reicht!«

Arafat erwiderte: »Unsere beiden Völker hegen heute diese historische Hoffnung, sie wollen dem Frieden eine echte Chance geben.«

Einige meiner frühesten Erinnerungen handeln davon, dass mich meine Eltern, im Buggy oder auf ihren Schultern, zu Friedensdemonstrationen in Tel Aviv mitgenommen und mir gesagt haben, dass bald, ganz bald, die Zeit von Krieg und Traurigkeit vorbei sein werde.

Doch das hatten meinen Eltern schon deren Eltern erzählt, die den Krieg und die Traurigkeit einer früheren Generation kannten.

Die Familie meines Vaters, die Familie Katz, hat mehrfach erlebt, was es heißt, Flüchtling zu sein. Das erste Mal

zwang sie die Verfolgung der russischen Juden nach der Gründung der Sowjetunion dazu. Es gelang ihnen, nach Rumänien zu entkommen, wo sie mehr schlecht als recht versuchten, sich ein neues Leben aufzubauen. Während des Holocausts wurden sie in Arbeitslagern interniert, womit sie noch einigermaßen gut dran waren, verglichen mit den Millionen, die in den Vernichtungslagern umgebracht wurden, und den Hunderttausenden, die in den Gebieten umkamen, die die Deutschen den Rumänen überließen.

In den 1960er Jahren ergriffen sie, nach erneuter Drangsalierung durch die kommunistische rumänische Regierung, ein weiteres Mal die Flucht. Mein Großvater war Philosophieprofessor, meine Großmutter Übersetzerin und Dolmetscherin beim Theater, eine Frau, die sieben Sprachen beherrschte. Als sie in Israel ankamen, mussten sie wieder ganz von vorn anfangen. Sie fanden nur schlecht bezahlte Bürojobs bei der Stadtverwaltung und hatten Mühe, sich in ihrem fünften Lebensjahrzehnt an ein neues Klima, eine neue Kultur und eine neue Sprache zu gewöhnen.

Während die Familiengeschichte meines Vaters typisch ist für die aschkenasischen Juden, repräsentiert die Familie meiner Mutter die andere große Gruppe des Judentums, die Sephardim.

Meine Vorfahren mütterlicherseits gehörten zu den Zehntausenden Juden, die, einzig und allein weil sie Juden waren, aus Portugal ausgewiesen wurden, ein Ereignis, das sich in ihrem Nachnamen, Adato, niedergeschlagen hat. Die hebräische Sprache macht sich ein System zunutze, das man Gematrie nennt. Darin ist jedem Buchstaben ein Zahlwert zugewiesen: Aleph, dem ersten Buchstaben, die 1, Bet, dem zweiten Buchstaben, die 2 und so weiter. Der Nachname meiner Mutter, Adato, besteht im Hebräischen

aus vier Buchstaben: **A**leph, **D**aleth, **T**et und **W**aw, die zusammen die Zahl 1496 bilden, das Jahr der Vertreibung der Juden aus Portugal.

Viele portugiesische Juden, die später in Italien landeten, nahmen diesen Nachnamen an, weil ihnen die Doppeldeutigkeit gefiel: Für Juden bedeutete Adato 1496, während es für Italiener klang wie »adatto«, das italienische Wort für »geeignet, tauglich, anpassungsfähig«. Und Anpassungsfähigkeit besaßen sie nun wirklich überreichlich.

Von Italien zog die Familie in die Türkei, wo sie sich in Istanbul und Izmir ansiedelte – und in äußerster Armut lebte. Meine Großmutter arbeitete als Dienstmagd in einem reichen Haus und lernte in keiner Sprache Lesen und Schreiben. Nach Gründung des Staates Israel beschlossen sie, die bedrückenden Einschränkungen, denen sie als offizielle Minderheit ausgesetzt waren, hinter sich zu lassen, und nahmen ein Schiff nach Jaffa. In ihren ersten Jahren in Israel lebten sie in einer Behelfsunterkunft, kaum mehr als eine Hütte, später zogen sie dann in eine kleine Wohnung in der ärmlichen Stadt Bet Jam. Sie sprachen auch dort weiter Ladino, den uralten Dialekt des Judäo-Spanischen. Doch ihren Kindern brachten sie die Sprache nicht bei, denn sie setzten wieder einmal auf ihre »Anpassungsfähigkeit«. Was sie betraf, so gehörte die Zukunft dem Hebräischen.

Auf der Flucht vor der jüdischen Geschichte kamen beide Seiten meiner Familie nach Israel und wurden Israelis. Sie bemühten sich nach Kräften, sich ein neues Leben aufzubauen in einem Land, das gegründet worden war, um der tausendjährigen Verfolgung und Abschlachtung ein Ende zu setzen. Das war ihr Traum, so wie es über Jahrtausende der Traum eines jeden Juden im Exil war, einen jüdischen Staat zu gründen.

Dieses Buch erscheint nicht einmal ein Jahr nach dem 7. Oktober 2023, und in gewisser Weise ist es eine erste Abwehrlinie – eine Abwehr gegen Verzerrung, eine Abwehr gegen das Vergessen. Während ich es schrieb, während ich die Hinterbliebenen interviewte, dachte ich oft an die, die ich nicht interviewen konnte, zum Beispiel die jungen Frauen, die an der Grenze sitzen und Ausschau halten.

Dieser Job wird nur an weibliche Soldaten vergeben, weswegen es auch nur eine weibliche Form davon gibt, »tazpanijot«, Aufklärerinnen. Das ist ziemlich frauenfeindlich, denn die Überzeugung der – männlichen – obersten Befehlsebene war es, die israelische Grenztechnologie sei unfehlbar und diese Frauen nur eine Für-alle-Fälle-Absicherung, weniger kompetent als hochentwickelte Sensoren und Computer.

Aber die Wahrheit ist inzwischen ans Licht gekommen. Es waren diese jungen Frauen, die als Erste bemerkten, dass die Hamas Übungen durchführte und die israelische Grenzabwehr testete. Ein paar der Frauen beließen es nicht dabei und machten – schon Monate vor dem 7. Oktober – ihren Vorgesetzten Meldung über verdächtige Aktivitäten. Doch wie bei Kassandra wurden ihre Warnungen ignoriert und ihre Befürchtungen einfach abgetan. Es wurde nichts unternommen.

Aufklärung ist eine undankbare Aufgabe. Die Aufklärerinnen sitzen ganz alleine stundenlang nur da und starren ins Nichts. Aber diese Frauen müssen trotz allem wachsam bleiben.

Am 7. Oktober wurden die israelischen Sperranlagen durchbrochen und sechzehn Aufklärerinnen getötet – sieben wurden als Geiseln genommen. Sie waren unter den Ersten, denen an diesem Schabbat Gewalt angetan wurde.

Jetzt sitzt ganz Israel, wenn schon nicht, um Wachdienst zu versehen, so doch um Totenwache zu halten. Ein Ende der Schiwa ist nicht in Sicht, und niemand kann heute den Zeitpunkt und die Art und Weise voraussagen, in der wir aufstehen werden aus der Klage.

Sderot

Elf Menschen hatten sich an diesem Samstag in dem drei mal drei Quadratmeter großen Zimmer des zwei Monate alten Yishai Azougi in der Ehvat-Israel-Straße in Sderot versammelt: der Vater des Kleinen, Yanon, 23, seine Mutter Hillel, 22, Yanons Eltern, Eliyahu und Dalia, Tante Moriah (im dritten Monat schwanger), deren Mann Haim, Onkel Yadida, Tante Tahila, Tante Amunah und Tante Shira.

Ebenfalls dabei waren die dreijährige Lia Suissa und die sechsjährige Romi Suissa.

Die Familie Azougi wusste praktisch nichts über die beiden kleinen Mädchen. Sie wussten nicht, wo die Kinder wohnten, wer ihre Eltern waren und nicht einmal, wie sie an diesem Tag blutbefleckt neben der Polizeiwache gelandet waren.

Die Mädchen sagten nichts – und die Azougis trauten sich nicht zu fragen.

Um halb sieben an diesem Morgen war Yanon die drei Blocks bis zur Synagoge gegangen, wie er es an einem Schabbatmorgen immer tat. Aber schon kurze Zeit später war er mit zwei kleinen Mädchen an der Hand wieder zu Hause.

Dieses Zuhause war eine bescheidene Wohnung im dritten Stock eines schon älteren Gebäudes, in dem es noch

immer einladend nach dem Feiertagsessen vom Vorabend duftete.

»Frohes Fest für die lieben Romi und Lia, die Simchat Tora mit uns feiern«, rief Yanon beim Hereinkommen laut, um so auf die ungewöhnliche Situation aufmerksam zu machen. Die Mädchen betraten schüchtern die weiß gestrichene enge Diele. Lias Mund stand offen, Romi, deren Füße mit Glassplittern übersät waren, weinte.

Yanon konnte seiner Familie nicht einmal erklären, was es mit dem Fremden in dem schwarzen Auto auf sich hatte, der neben ihm angehalten und geschrien hatte: »Ich bin Jude«, ihm dann die beiden Mädchen zugeschoben und ihn kurz und knapp angewiesen hatte: »Lauf los!«

Also war er losgelaufen, mit den Mädchen in seinen zitternden Armen, und hatte kaum bemerkt, wie absurd die ganze Situation war. Er hatte ja noch nicht einmal gelernt, sein eigenes Baby zu trösten, von den Kindern fremder Leute ganz zu schweigen. Beinahe instinktiv brachte er sie zu sich nach Hause, zwei kleine Mädchen mit lockigen Haaren und den familientypischen buschigen Augenbrauen und dunklen Augen.

Yanons Mutter Dalia, eine Krankenschwester, ging mit den beiden Mädchen sofort ins Bad, um nachzusehen, woher das Blut kam. Hillel half ihr, und jede von ihnen badete ein Kind. Yanon konnte hören, wie sie den Mädchen etwas vorsangen. Romi und Lia waren unverletzt, das Blut auf ihrer Haut war nicht ihres. Yanons Schwestern flochten den Mädchen die Haare und zogen ihnen saubere Sachen an, die ihnen viel zu groß waren.

Yanon ging noch einmal auf die Straße, zurück zu der Stelle an der Polizeiwache, wo man ihm Lia und Romi übergeben hatte. Er versuchte dahinterzukommen, was passiert

war. Auf dem Gehsteig lagen tote Menschen, und von fern hörte er Schüsse. Er wollte näher heran, um zu sehen, ob er vielleicht helfen konnte. Doch da rief ihm ein Nachbar zu, er solle nach Hause laufen und sich in Sicherheit bringen.

Sderot, eine Stadt im Süden Israels, die wie viele Städte am Gazastreifen mit Armut und hoher Arbeitslosigkeit zu kämpfen hat, liegt einen guten Kilometer von der Grenze entfernt. Sderot entstand 1951 wenige Kilometer von dem zerstörten arabischen Bauerndorf Najd entfernt als »ma'abara« (Transitlager) mit etwa siebzig Zelten. Die ersten Siedler waren Einwanderer aus dem Iran, Irak und Kurdistan, die von dort vor antisemitischen Schikanen und Pogromen geflohen waren. Die Stadt wuchs dann weiter mit neuen Einwanderungswellen: aus Marokko und Rumänien in den 1960ern, aus der UdSSR in den 70ern und Äthiopien in den 80ern. Bis 1990 war Sderots Bevölkerung auf etwa zehntausend angestiegen. Im Jahr 2000 fing es dann mit den Raketen aus Gaza an.

Seit mittlerweile zwei Jahrzehnten bekommt Sderot von den Raketenangriffen der Hamas das meiste ab, einen überwiegend nächtlichen Terror, der trotz Israels Iron Dome schon Dutzende von Menschenleben gefordert hat. Besonderes Aufsehen erregten der Tod des dreijährigen Afik Ohion Zahavi und des fünfzigjährigen Mordechai Yosifov im Juni 2004, verursacht durch einen Raketeneinschlag in der Nähe eines Kindergartens. Im September 2004 wurden die zweijährige Dorit Inso und der vierjährige Yuval Abba beim Besuch ihrer Großmutter von einer Rakete getroffen. 2006 starben der dreiundvierzigjährige Yaakov Yakovov und die siebenundfünfzigjährige Fatima Slotka bei zwei unterschiedlichen Angriffen; ebenso erging

es der zweiunddreißigjährigen Shir-el Perdiman und dem sechsunddreißigjährigen Oshri Oz. 2008 führte ein Dauerbeschuss mit mehr als siebzig Qassam-Raketen zum Tod von Roni Yahya, einer vielversprechenden Studentin am Sapir College.

Diese Ereignisse haben etwa fünftausend Einwohner dazu bewogen, seit dem Beginn der Zweiten Intifada im Jahr 2000 Sderot zu verlassen. Wer blieb – 35 000 im Jahr 2023 – betrachtete sich als Überlebenskünstler, auch schon vor dem 7. Oktober 2023.

Erst ein paar Wochen, bevor ihm die beiden Suissa-Mädchen in die Arme gedrückt wurden, hatte Yanon den einzigen Schutzraum des Hauses – den einzigen raketensicheren Ort – zum Kinderzimmer umgebaut. Er und Hillel hatten die Wände grün und weiß gestrichen, eine Holzwiege für Yishai, ihren Erstgeborenen, zusammengeschraubt und eine kleine Kommode aus Bambus für Windeln und Wischtücher hineingestellt. Sie hatten auch alle Geschenke in das Zimmer gebracht, die sie zu Yishais »Brit Mila«, der Beschneidungsfeier, bekommen hatten. Jetzt packte Hillel die Geschenke aus und gab die Spielsachen den kleinen Mädchen, in der Hoffnung, sie damit ein wenig abzulenken.

Gegen Mittag fand Dalia, Yanons Mutter, dass die Zeit jetzt reif sei. Sie ging mit Romi ins Schlafzimmer und sagte: »Erzähl mir doch mal, mein Kind, was dir passiert ist.«

Die Sechsjährige berichtete ihr alles, woran sie sich von diesem Morgen noch erinnern konnte oder was sie jedenfalls verstanden hatte. Es war ein schleppender Monolog, der immer wieder von scheuen Pausen unterbrochen wurde.

»Ich bin früh aufgewacht, weil es Alarm gab und Mama und Papa sagten, wir würden in den Norden fahren, damit uns die Raketen nicht treffen. Sie sagten, ich könnte mein Telefon mitnehmen, um Fotos zu machen, und mein Hund Simba durfte auch mit. Ich war froh und habe gesungen. Dann gab es eine laute Explosion im Auto. Mama und Papa schrien, wir müssten ganz schnell raus. Simba war auf einmal nicht mehr da, und Mama sagte, Simba wäre jetzt nicht so wichtig, ich sollte lieber mit ihr loslaufen. Wir haben uns in einem Busch versteckt.«

»Und was war mit deinem Vater?«

»Papa hat Lia genommen, und sie sind in eine andere Richtung gelaufen. Lia kam ohne Papa zurück zum Auto. Sie sagte, dass er ganz schmutzig ist und ihr gesagt hat, sie soll zu Mama zurückgehen. Dann sagte ein Polizist, wir sollen mit ihm kommen. Da war noch eine Explosion, und ich habe versucht, Mama wach zu kriegen. Ich habe meine kleine Schwester und mich unter einem Laken versteckt. Als das Bumbum aufhörte, habe ich ganz laut ›Hilfe‹ gerufen, und dann hat uns ein Mann aus dem Auto geholt und uns Yanon gegeben.«

»Wie heißen deine Eltern?«

»Dolev und Odia Suissa.«

In der Zwischenzeit hatte Yanon bei der Polizei angerufen und dort gemeldet, er habe zwei Mädchen gefunden. Die Eltern seien nicht aufzufinden, womöglich tot oder verletzt. Die Polizei sagte, es täte ihnen leid, aber sie könnten im Augenblick nicht helfen. In den Straßen würden immer noch Terroristen herumlaufen und schießen. Daraufhin rief Yanon beim Jugendamt an, aber auch von dort bekam er keine Hilfe. Man hätte schon zu viele solcher Fälle. Yanon setzte sich mit dem medizinischen Rettungsdienst

in Verbindung. Vielleicht hatten die ja etwas von Dolev oder Odia Suissa gehört? Doch es war noch zu früh, man war immer noch aktiv dabei, Menschen zu retten.

Yanon machte Dolev Suissas Facebook-Seite ausfindig, auf der er ein Bild von Dolev und Odia mit Romi und Lia in einem Blumenfeld fand. Er verfasste vier Nachrichten, die er alle wieder löschte, bevor er schließlich diese abschickte: »Dolev, deine Kinder sind bei uns zu Hause, es fehlt ihnen nichts. Schick mir doch bitte eine Kontaktnummer.« Danach checkte er alle paar Minuten sein Telefon in der Hoffnung auf eine Antwort.

»Romi, habt ihr noch andere Verwandte in Sderot?«, fragte er, nachdem er eine Stunde gewartet hatte.

»Meine Großmutter Eliana wohnt in der Yitzhak-Sade-Straße«, wusste die Sechsjährige.

Das war nur fünf Minuten mit dem Auto entfernt, doch die Stadtverwaltung hatte inzwischen eine Warnung ausgegeben, Terroristen würden durch die Straßen streifen und wahllos Passanten erschießen. Sie empfahl den Anwohnern, sich in ihren Schutzräumen zu verbarrikadieren. Yanon fiel ein, dass die Freundin seiner Frau, Ronal, in der gleichen Straße wohnte wie Großmutter Eliana. Er rief Ronals Mann Elazar an und fragte ihn, ob er die ältere Dame kenne. Wie sich herausstellte, kannte Elazar Dolev, aber nicht seine Mutter. Yanon fragte, ob Elazar bereit wäre, trotz der Ausgangsperre die Großmutter ausfindig zu machen und ihr eine Nachricht zukommen zu lassen, und Elazar war einverstanden. Nachdem er an ungefähr dreißig Türen geklopft hatte, fand er das Haus der Familie Herstein Suissa.

Eine Frau mit graublonden Haaren und einem übergroßen Brillengestell öffnete die Tür, nachdem sich Elazar als

Freund von Dolev vorgestellt hatte. »Eliana, Ihren Enkelinnen Romi und Lia geht es gut. Rufen Sie diesen Mann an, Yanon. Er passt auf die beiden auf und muss dringend mit Ihnen sprechen. Ich muss jetzt schnell nach Hause laufen und mich in Sicherheit bringen. Ich kann leider nicht bleiben.«

Eliana Anna Herstein Suissa lebt seit achtundfünfzig Jahren in Sderot, seit sie als Sechsjährige mit ihren Eltern, Überlebenden des Holocaust, aus Transsilvanien nach Israel ausgewandert war. Die gesamte Familie ihres Vaters war von den Nazis in den Konzentrationslagern Dachau und Auschwitz ermordet worden. Ihre Mutter sprach nie über das, was mit ihrer Familie passiert war. Eliana zog ihre vier Kinder in Sderot groß: Carroll, Ophir, Ortal und Dolev, den Jüngsten. Erst zwei Monate zuvor hatten sie am gleichen Tag die Geburt Dolevs und seiner Frau Odia gefeiert, die nur ein Jahr und eine Woche auseinanderlagen. Er war 34 Jahre alt, sie 33. Dolev war eher zurückhaltend, Odia dagegen sehr gesellig. Er liebte die Natur, sie war eine begeisterte und experimentierfreudige Köchin. Beiden wurde oft bescheinigt, dass ihre Töchter ihnen mit ihrer olivfarbenen Haut sehr ähnlich sähen. Das Paar lernte sich kennen, als sie beide noch keine 20 waren, und lebte zwei Jahre lang bei Dolevs Mutter Eliana in Sderot, bis es genug Geld gespart hatte, um zu heiraten und sich ein paar Blocks entfernt eine Wohnung zu mieten.

Zwei Jahre vor dem Hamas-Anschlag war ein fünfjähriger Junge namens Idan Avigal in der Nachbarschaft von einer Rakete getötet worden, obwohl er sich mit seiner Mutter in einen angeblich bombensicheren Schutzraum geflüchtet hatte.

Seitdem hatte sich die Familie angewöhnt, Sderot zu

verlassen, sobald sie das markante Sirenengeräusch hörten, das einen drohenden Raketenangriff ankündigte. Sie hatten für solche Gelegenheiten einen rosafarbenen Koffer fertig gepackt an der Tür stehen mit Sommer- und Winterkleidung für die Mädchen, samt Schuhen und Spielzeug. Eliana nahm an, dass es an diesem Tag nicht anders gelaufen war. Sohn und Schwiegertochter waren weggefahren, nur hatten sie dieses Mal nicht vorher bei ihr angerufen und auch keine Anrufe von ihr entgegengenommen.

Gleich nachdem Elazar gegangen war, rief Eliana bei Yanon an. Er fragte, ob sie mit Romi sprechen wolle.

»Hallo, Oma.«

»Was ist denn passiert, meine Süße?«

»Wir wollten aus der Stadt raus, weil die Sirenen heulten, und dann sind wir bis zum Platz vor dem Einkaufszentrum gefahren, da blieb das Auto stehen. Es gab ganz viel Bumbum – und dann kam ein Mann und hat Papa mitgenommen.«

»Und was war mit Mama?«

»Sie hat ganz doll geblutet. Ich hab mit ihr gesprochen, aber sie hat mir keine Antwort gegeben. Ich glaube, Mama ist tot.«

»Sie haben mein Kind umgebracht, sie haben mein Kind umgebracht«, schrie Eliana, und Yanon schaltete den Lautsprecher aus und erklärte Eliana, dass Lia weinte und Romi nicht wirklich wissen könne, was passiert war.

»Wir sollten abwarten, Eliana«, beschwichtigte er sie. »Vielleicht stehen sie ja nur unter Schock. Das Kind begreift es nicht.«

Dann schaltete er den Lautsprecher am Telefon wieder ein, und Eliana sagte Romi, sie solle auf Lia aufpassen. »Du bist eine Heldin. Es wird etwas dauern, aber wir kommen

euch holen, sobald es wieder erlaubt ist, das Haus zu verlassen.«

Eliana erzählte ihrer Tochter Ortal, Dolevs Schwester, von dem Gespräch, und Ortal beschloss, sich nach draußen zu wagen und im nahe gelegenen Barzilai Medical Center nach Bruder und Schwägerin zu suchen. Für die neununddreißigjährige Mutter zweier Töchter war Dolev immer so etwas wie ihr erstes Kind gewesen. Sie hatte ihn zur Schule gebracht, ihm Mittagessen gekocht und ihn während der Raketenangriffe, die seine Jugendzeit geprägt hatten, getröstet.

Ortal wohnte in der benachbarten Stadt Ashkelon, die ebenfalls ständig von massivem Raketenbeschuss aus Gaza betroffen war. Die Sirenen gingen zweiundsechzigmal am Tag. Als sie aus dem Haus zum Parkplatz ging, stellte sie fest, dass eine Rakete das Nachbarhaus getroffen hatte. Die Explosion hatte auch Fenster und Spiegel ihres Autos zerbrochen, und in der Autotür klaffte ein riesiges Loch. Aber es ließ sich immer noch starten. Sie fuhr zum Krankenhaus und betete die ganze Fahrt über.

Im Barzilai war der Eingangsbereich gedrängt voll mit Verletzten. Ortal bahnte sich mit Mühe einen Weg durch das Chaos aus herumlaufenden Ärzten und Schwestern und schreienden Patienten. Eine Freundin, die im Krankenhaus arbeitete, verwies sie an eine Sozialarbeiterin. Der gab Odia ein Foto von dem Ehepaar und bat: »Können Sie die beiden für mich ausfindig machen?« Die Sozialarbeiterin versprach, ihr Möglichstes zu tun. Nach vierzig Minuten kehrte sie mit Neuigkeiten zurück: Odia war nicht in der Klinik, Dolev aber schon. Er lebte und wurde gerade operiert. Ortal wurde kurzzeitig schwindlig, sie dachte schon, sie würde ohnmächtig, schaffte es aber bis zum Operationssaal, wo sie vor der Tür auf ihren Bruder war-

tete. »Er wird es schaffen, er wird es schaffen«, sagte sie sich immer wieder.

Während sie wartete, ließ sich Ortal von der Schwester an der Rezeption die Anmeldungen von Patientinnen zeigen, auf die Odias Beschreibung passte: braune Augen, leicht getönte Haut und schwarze Haare. Sie setzten sich vor den Computer und klickten Dutzende Fotos von jungen Frauen durch, die an diesem Morgen getötet oder verletzt worden waren. Odia war nicht darunter.

Stunden später wurde Ortals Name aufgerufen. Das Behandlungsteam informierte sie, dass Dolev aus dem OP heraus und jetzt im Aufwachraum sei. Bald könne sie zu ihm.

Fünfundzwanzig Minuten von Sderot entfernt, in der Beduinensiedlung Abu Talul im nördlichen Negev, suchte Amar Abu Sabilas Frau Rada nach ihrem Mann. Er war seit dem Vorabend nicht mehr nach Hause gekommen, als er seinen ältesten Bruder Salam bei der Nachtschicht als Wachmann an einer Baustelle in Sderot vertreten wollte. Sie hatte schon mehrfach versucht, ihn anzurufen und ihm SMS geschickt, aber keine Antwort erhalten. Ihre Söhne Salama und Faiz waren ungefähr im Alter von Odias und Dolevs Töchtern: zwei und vier Jahre. Amar und Rada hatten sich fünf Jahre zuvor kennengelernt, als Amar für Radas Vater gearbeitet hatte. Da war sie 19 und er 20 Jahre alt gewesen. Jetzt war Rada mit ihrem dritten Kind schwanger, während Amar Extraschichten als Wachmann in Sderot schob, um Geld für den Familienzuwachs zu verdienen. Amars Mutter Naama und sein Vater Auda hatten elf Kinder im Alter von vier bis 26 Jahren. Amar war ihr zweites Kind. Er wohnte mit Rada und den Kindern nur eine Hütte

entfernt im selben Beduinendorf. Seine zehn Geschwister lebten ebenfalls auf dem heruntergekommenen Gelände. Als der Raketenbeschuss anfing, rief Amar Auda an und sagte, er sei auf dem Heimweg.

Ihm war klar, dass auch auf Abu Talul Raketen gefallen waren und dass es dort keine Schutzräume gab. Doch er wollte lieber ohne Schutz bei Frau und Kindern sein als allein in einem städtischen Schutzraum in Sderot. Während Amar noch mit seinem Vater sprach, hörte er eine Frau schreien: »Hilfe! Kann mir jemand helfen?«, und so sagte er ins Telefon, er müsse Schluss machen, und legte auf.

Danach versuchte Auda jede Viertelstunde, seinen Sohn zurückzurufen. Er hoffte, Amar hätte Unterschlupf gesucht oder sein Mobiltelefon im Auto liegen lassen. Um ein Uhr mittags läutete Amars Telefon nicht einmal mehr, die Anrufe gingen sofort auf die Mailbox. Muhammad und Omar, Amars Brüder, die ebenfalls in Sderot gearbeitet hatten, meldeten sich bei ihrem Vater und sagten ihm, sie säßen in einem Schutzraum, wo sie immer noch darauf warteten, dass Amar sie abholte. Amars Vettern liefen von Krankenhaus zu Krankenhaus und zeigten den Schwestern dort Bilder von ihm. Naama wollte erst wieder etwas essen, wenn ihr Sohn gefunden war.

Im Barzilai Hospital ging Ortal zurück zu den Operationssälen, wo sie Dolev zu sehen hoffte. Das Klinikpersonal schickte sie zu Zimmer 12 in der chirurgischen Abteilung. In ihrer Hast dorthinzukommen rannte sie mehrere Leute um, die ihr im Weg standen, dann platzte sie ins Zimmer 12, wo ein verletzter Fremder sie erstaunt anstarrte.

Enttäuscht entschuldigte sie sich: »Verzeihung, das ist wohl eine Verwechslung.«

Noch einmal zeigte sie den Krankenschwestern Dolevs Bild und Ausweisnummer und sagte: »Sie haben mich ins falsche Zimmer geschickt.«

Eine Schwester führte ein Telefonat, dann erschien noch einmal die Sozialarbeiterin vom Vormittag. Sie begleitete Ortal zu einem Operationssaal. Der Chirurg kam heraus, um mit ihr zu sprechen.

»Dolev hat nicht überlebt«, sagte er. »Er hatte einen Bauchschuss und starb, nachdem er zu viel Blut verloren hatte. Wir konnten ihn nicht retten. Es tut mir sehr leid.«

»Das ist nicht wahr! Man hat mir gesagt, Dolev würde leben!«, schrie sie den Arzt an. »Das ist falsch! Sie bringen wieder alles durcheinander! Sie haben gesagt, Dolev lebt!« Der Arzt zeigte ihr ein Foto von einem Leichensack, aus dem nur der Kopf herausschaute. Kein Zweifel: Es war Dolev.

Ortal rief ihre Mutter an. Sie stand kurz davor zusammenzubrechen, wusste aber, dass sie Odia ausfindig machen musste. Am späten Abend gelangte sie schließlich an die Handynummer des Bürgermeisters von Sderot, Alon Davidi, und flehte ihn an, ihr persönlich bei ihrer Suche zu helfen.

Kurz darauf klingelte Yanons Telefon. Es war der Bürgermeister. Das Gespräch war nur kurz. Davidi bat um Informationen über Dolev und Odia. Yanon konnte ihm nur den Bericht der Sechsjährigen über die Ereignisse wiedergeben und ihm raten, in der Gegend um die Polizeiwache zu suchen. Ein paar Stunden später klingelte auch Audas Handy, und Amars Nummer erschien auf dem Display.

»Hallo? Amar, mein Junge? Geht es dir gut?«, meldete sich Auda.

»Wer spricht da?«, antwortete eine fremde Stimme.

»Ich bin Amars Vater.«

»Hier ist der Bürgermeister von Sderot. Können Sie mir Näheres über den Besitzer dieses Telefons sagen?«

»Der Besitzer des Telefons? Das ist mein Sohn Amar, ein israelischer Beduine.«

»Was hat er in Sderot gemacht?«

»Er arbeitet, wie die restliche Familie auch, schon seit Jahren in der Stadt.«

»Wann haben Sie das letzte Mal mit ihm gesprochen?«

»Gestern Morgen. Er war auf dem Heimweg, als er stehen blieb, um einer Frau zu helfen. Seitdem habe ich nichts mehr von ihm gehört. Wo ist Amar? Woher haben Sie dieses Telefon?«

»Wir fanden es in einem Auto, das nicht ihm gehört. Können Sie Amar beschreiben?«

»Er ist jung, kräftig und hat schöne braune Augen. Er trug Jeans, ein schwarzes Hemd und schwarze Sportschuhe. Geht es Amar gut?«

»Es wird Sie in Kürze jemand anrufen, Sir.«

Nicht lange danach meldete sich ein Polizist bei Auda.

»Bitte, sagen Sie mir, was passiert ist. Sagen Sie mir die Wahrheit. Wir sind schon halb verrückt vor Sorge.«

»Ihr Sohn wurde von einem Hamas-Terroristen angeschossen.«

»Wo ist er? In welchem Krankenhaus? Wo haben Sie ihn hingebracht?«

»Es tut mir furchtbar leid, Sir, aber Ihr Sohn ist leider verstorben.«

Auda war wütend. Es gehörte sich nicht, solche Nachrichten einfach so am Telefon zu übermitteln. Er fragte sich, ob die Polizei nicht vielleicht versehentlich einen anderen Araber als seinen Sohn identifiziert hatte. Am sel-

ben Abend erfuhr auch Rada die Nachricht durch einen Fremden übers Telefon. Ein Polizist nahm ihren Anruf auf Amars Mobiltelefon entgegen und teilte ihr mit: »Der Besitzer dieses Telefons wurde ermordet, hat aber das Leben von zwei kleinen Mädchen gerettet«, bevor er auflegte, ohne nähere Einzelheiten preiszugeben. Amars Mutter Naama rief an diesem Abend immer wieder ihren Ehemann Auda an, um etwas Neues zu erfahren, doch er gab ihr keine Auskunft. Bis er nicht mit eigenen Augen die Leiche gesehen hatte, wollte er nichts sagen.

Bei den Azougis zu Hause verbrachten unterdessen Romi und Lia zusammen mit den neun Familienmitgliedern die Nacht auf Matratzen im Zimmer von Baby Yishai. Der grausige Lärm von Sirenen und Gewehrsalven begleitete sie die ganze Nacht hindurch – wie auch das Weinen von Romi und Lia.

Am nächsten Morgen fand Yanon, dass die Mädchen bei ihrer Familie sein sollten, auch wenn diese Wiedervereinigung nicht ungefährlich werden würde. Seit Beginn des Überfalls waren fast vierundzwanzig Stunden vergangen, aber immer noch streiften Terroristen durch die Gegend. Yanon rief Odias Bruder Ronan an, der darum bat, die Mädchen zu ihm nach Hause zu bringen, in die Stadt Rechovot, etwa fünfundsechzig Kilometer nordöstlich von Sderot. Ronan sagte Yanon auch, dass man Odia in der Nacht tot in dem Auto gefunden hatte, aus dem die Mädchen gerettet worden waren. Sie trug noch ihren Schlafanzug, als man sie erschossen hatte. Ein unbekannter arabischer Mann neben ihr auf dem Fahrersitz war ebenfalls tot. Yanon machte sich mit Romi und Lia sofort auf nach Rechovot. Auf der angespannten Fahrt, die dreimal von Polizeikontrollen un-

terbrochen wurde, versuchte Yanon, Romi zu erklären, dass sie sich bald voneinander verabschieden müssten und sie wieder bei ihrer Familie sein würde. »Ich rufe dich morgen an, wenn ich ein Telefon habe«, versprach die Sechsjährige und fügte noch hinzu: »Danke, dass du mir mit meiner kleinen Schwester geholfen hast.«

Zwei Wochen später lieferten Aufnahmen aus einer Überwachungskamera den drei betroffenen Familien Antworten auf ihre Fragen – ein Dokument der Augenblicke, als sich die Wege von Dolev, Odia, Romi, Lia, Amar und Yanon kreuzten. Das Bildmaterial vom Yitzhak-Shamir-Platz zeigt, wie ein weißer Lieferwagen mit zehn bewaffneten Hamas-Terroristen auf den Platz fährt, nur eine Sekunde bevor der schwarze PKW von Dolev und Odia aus der anderen Richtung kommt. Sie waren nur drei Minuten von zu Hause entfernt, als die Terroristen ihr Auto unter Beschuss nahmen.

Odia und Dolev hielten mitten auf der Straße an und stiegen aus. Odia, im Schlafanzug, hatte Romi an der Hand und lief mit ihr auf ein Gebüsch zu. Dolev, in roten Shorts, hetzte mit Lia auf dem Arm in die andere Richtung, auf den Platz zu. Dann tauchte ein weiterer Lieferwagen mit einem zweiten Aufgebot an Terroristen auf dem Platz auf. Dolev schaffte es mit Lia ungefähr sechs Sekunden, bevor er getroffen wurde. Die Terroristen fuhren weiter, während Dolev blutend auf dem Gehweg lag, Lia noch immer in seinen Armen. Dolev schrie Lia zu, sie solle zurück zu ihrer Mutter laufen. Das dreijährige Mädchen, im weißen Kleid und barfuß, blieb noch fünfundzwanzig Sekunden bei seinem Vater, bevor es seiner Anweisung folgte. Ein Rettungswagen und ein Privatfahrzeug fuhren, ohne anzuhalten, an dem verletzten Mann vorbei. Lia machte ein paar Schritte,

dann kehrte sie zu ihrem Vater zurück. Dolev richtete sich ein wenig auf und bat Lia inständig, ihre Mutter zu suchen. Langsam ging Lia zum Auto der Familie und schaute dabei immer wieder zurück zu ihrem Vater. Nach einer langen Minute kam ein Polizeiauto auf den Platz gefahren. In dem Auto saß Golima Samzeo, ein achtundvierzigjähriger Polizist, dessen Eltern aus Äthiopien nach Israel ausgewandert waren und der sich in seiner Freizeit ehrenamtlich um Holocaust-Überlebende kümmerte. Samzeo sah Dolev und versicherte ihm, er sei jetzt in guten Händen.

Zwei Sekunden später tauchte Odia mit Romi aus dem Gebüsch auf und ging zurück zu ihrem Wagen, wo Lia schon wartete. Sie ging noch einmal kurz zu Dolev, der ihr durch Gesten zu verstehen gab, sie solle die Mädchen retten und einfach immer weiterfahren. In diesem Augenblick hielt ein zweiter Wagen neben Dolev. Er gehörte Ofek Sherit, einem sechsundzwanzigjährigen Einwohner der Stadt. Sherit dient in der Armee und studiert Maschinenbau. Der Polizist Samzeo bat ihn, Dolev zur nächsten Erste-Hilfe-Station zu bringen. Dolevs Schusswunde schien da noch nicht so schwerwiegend zu sein, er konnte aufstehen und in Ofeks Auto steigen.

»Terroristen haben auf mich geschossen, ich habe zwei Töchter. Terroristen fahren in einem weißen Lieferwagen herum, ich habe zwei Töchter. Ich will nicht sterben. Kümmern Sie sich um meine Töchter«, wiederholte Dolev immer wieder, während Ofek ihn zur medizinischen Versorgung fuhr. »Sind Sie sicher? Vielleicht wurden Sie ja auch von einem Geschosssplitter getroffen«, hakte Ofek nach, überzeugt, dass Dolev durch seine Schmerzen verwirrt war. »Da sind Terroristen, die in weißen Lieferwagen fahren«, bekräftigte Dolev noch einmal. »Gleich werden Sie medizi-

nisch behandelt, und dann sehen Sie Ihre Töchter wieder. Alles wird gut«, redete Ofek dem blutenden Mann in seinem Auto, dessen Namen er nicht einmal richtig verstanden hatte, gut zu.

»Machen Sie auf, ich habe hier einen Verletzten«, rief er, als er an die Erste-Hilfe-Station kam. Die Sanitäter hatten schon angefangen, sich um Dolev zu kümmern, als Ofek Schüsse in ihre Richtung kommen hörte. Da wurde ihm klar, dass sein Passagier vielleicht doch recht gehabt hatte.

Ofek kehrte zum Haus seiner Eltern zurück, wo er zusammen mit Mutter Naomi, Vater Yuval und zwei jüngeren Brüdern lebte. »In der Stadt sind Terroristen«, rief er. »Ich habe einen verletzten Mann mitgenommen. Alle bleiben zu Hause.« Sein Vater erklärte: »Mama ist eine Runde laufen gegangen, sie geht nicht an ihr Handy.«

Naomi Sherit Azoulai, eine zweiundfünfzigjährige Fitnesstrainerin und Leiterin eines Fitnessstudios, hatte zwanzig Jahre in einer Zahnklinik gearbeitet, bevor sie mit Mitte 40 ihre Leidenschaft für den Sport entdeckte. An diesem Morgen hatte sie sich mit ihren Freunden Kobi und Ram zum Joggen verabredet. Die drei hatten sich schon früh getroffen und waren viereinhalb Kilometer weit gekommen, als ein Raketenhagel einsetzte. Sie suchten Schutz hinter einer Betonmauer am Straßenrand. Da hörten sie Gewehrfeuer und »Alahu-Akbar«-Rufe und versteckten sich unter einem großen Abflussrohr. Ein bewaffneter Terrorist näherte sich und schoss auf Kobi, der nicht vollständig verborgen gewesen war. Fünf Stunden lang lagen Ram und Naomi mit Laub und Zweigen zugedeckt reglos auf der Erde, während immer wieder Terroristen vorüberfuhren. Als sie ein Fahrzeug mit israelischen Soldaten kommen hörten, rief Naomi

um Hilfe. Plötzlich tauchte Kobi auf. Er erklärte, er sei nur hingefallen, der Terrorist hatte danebengeschossen. Naomi rief ihre Familie an, um ihr zu sagen: »Uns geht es gut. Die Terroristen sind vorbeigefahren und haben uns nicht gesehen. Jetzt sind wir in Sicherheit.« Doch diese Sicherheit währte nicht lange. Die Soldaten sagten, sie könnten sie nicht sofort wegbringen, sie würden erst einmal einen Trupp dalassen, um die Gegend zu sichern, und dann zurückkehren. Im nächsten Augenblick waren die Terroristen wieder da, schossen auf sie und warfen Granaten. Kobi, der blutete, versuchte zu entkommen, wurde aber erschossen. Ein anderer Terrorist erschoss Naomi.

Yuval Sherit suchte seine Frau im Barzilai Hospital. Das war ungefähr zur gleichen Zeit, als Ortal dort nach Dolev und Odia forschte. In der Klinik traf Yuval Ram, der mit zwei gebrochenen Rippen und einer teilweise kollabierten Lunge überlebt hatte. Ram wusste, dass Naomi tot war, behielt es aber für sich. Er brachte es einfach nicht über sich, es Yuval zu sagen.

Während Naomis Schiwa stieß Yuvals und Naomis Sohn Ofek in einem Zeitungsartikel auf ein Foto von Dolev. Da erst erfuhr er den Namen und das Schicksal des Mannes, den er im Auto mitgenommen hatte. Nachdem Ofek mit Dolev davongefahren war, kam Amar in seinem Auto auf den Platz. Officer Samzeo hielt ihn an, erklärte, dass Odia nicht mehr fahren könne, und bat Amar, sie in Sicherheit zu bringen. Amar stimmte zu und beschloss, sein eigenes Auto stehen zu lassen und mit Odias zu fahren. Also stieg Odia auf den Beifahrersitz um, damit Amar sich hinters Steuer setzen konnte. Lia und Romi saßen hinten. Amar fuhr los, hinter Officer Samzeo her.

Sie kamen an der Polizeiwache an, als dort gerade Hamas-Terroristen das Kommando übernahmen. Ein paar Terroristen drehten sich um und schossen. Sie trafen Officer Samzeo in seinem Auto sowie Odia und Amar in ihrem. Alle drei waren sofort tot. Romi und Lia auf dem Rücksitz von Odias Wagen blieben unverletzt, waren aber voller Blut. Romi löste Lia aus dem Sicherheitsgurt, kletterte mit ihr auf den Boden des Wagens und breitete ein weißes Laken über sich und ihre Schwester. Als das Gewehrfeuer einmal kurz nachließ, schrie Romi aus dem Auto: »Helft uns!«

Meir Yair Avinoam, ein Justizbeamter und Mitarbeiter in Sderots Notfallstation, gehörte zum Einsatztrupp aus Polizisten und Zivilisten, die sich zusammengefunden hatten, um die Polizeiwache aus der Hand der Terroristen zu befreien. Er hörte die Rufe und näherte sich vorsichtig dem Auto. Als er die Tür öffnete, flüsterte Romi: »Nein, bitte nicht.«

»Ich schieße nicht, keine Angst«, beruhigte Meir das Mädchen sanft.

»Sind Sie Polizei?«, fragte Romi.

Im Hintergrund fielen Schüsse.

»Hier gibt es Tote«, sagte Meir mit Blick auf Odia und Amar auf den Vordersitzen in sein Funkgerät.

»Sind Sie aus Israel?«, wollte Romi wissen.

»Ja, Herzchen, ja.«

»Nehmen Sie uns mit!«

»Wir holen euch raus.« Er zog die Tür auf.

Romi hockte zusammengekauert auf dem Boden und hielt ihre Schwester fest umklammert.

»Ich bin hier mit einem Kleinkind.«

»Okay, ich bin bei euch. Springt auf meinen Rücken, und dann laufen wir los.«

»Ich will nicht, dass meine Schwester stirbt.«

Das Video endete, kurz bevor Meir die Kinder an Yanon übergab.

Die Mädchen wohnten in der Folge einige Zeit bei Odias Schwester, wo Eliana und Ortal sie regelmäßig besuchten. Nach fünf Tagen wurden die Leichen von Odia und Dolev ihren Familien übergeben.

Siebzehn Tage lang fuhr Auda jeden Tag drei Stunden auf der Suche nach seinem Sohn Amar ins Camp Shura, ein Militärlager, in dem die Leichen aufgebahrt wurden.

Jeden Tag sah er zu, wie Lastwagen Leichname abluden, als wären es neue Waren für einen Supermarkt. Er sah Jungen und Mädchen, Juden und Araber, Thais, Eritreer und alte Menschen, viele von ihnen gehörten zu den über fünfzig Opfern, die an diesem Tag in Sderot den Tod gefunden hatten. Aber keiner von ihnen war Amar. Die siebzehn Tage kamen Auda vor wie siebzehn Jahre. Manchmal begleiteten seine anderen Söhne ihn zum Militärlager und weinten mit ihm den ganzen Weg hin und wieder zurück. Naama nahm in diesen Tagen der Ungewissheit fast zwanzig Kilo ab. Viermal musste sie währenddessen ins Krankenhaus eingeliefert werden, weil sie vor lauter Sorge ohnmächtig geworden war.

Die Polizeiwache von Sderot war am 7. Oktober angegriffen worden, zwanzig Polizisten waren dabei gestorben. Diese Tatsache und seine Stellung als arabischer Beduine hatten Auda davon abgehalten, mit mehr Nachdruck den Behörden seinen Verdacht zu unterbreiten. Am Ende riss ihm dann aber die Geduld, und er rief bei der Polizei an. Dort fragte er, ob es vielleicht möglich wäre, dass der Leichnam seines Sohnes versehentlich zu den Leichen der Terroristen gelegt worden war. Er schickte ihnen ein Foto von

Amars Schuh, um die Identifizierung zu erleichtern. Noch am selben Tag informierte man ihn, dass Amars Leichnam gefunden worden sei – aber wo wurde ihm nie mitgeteilt.

Ausflug zum Toten Meer

Das Tote Meer liegt zwischen dem Judäischen Bergland im Westen und den Bergen von Moab im Osten und gehört zu den beliebtesten Urlaubszielen Israels. In den Warteschlangen von Restaurants wie »The Mexican Dead Sea«, dem »Taj Mahal« und McDonald's stehen Juden und Araber in Badekleidung und bestellen auf Russisch, Arabisch und Hebräisch. Sie hinterlassen sandige Fußabdrücke auf dem nassen Marmorimitatboden der stark klimatisierten »Dead Sea Mall« und des »Hordus Shopping Center«, wo Plastikpäckchen mit Schlamm und Salz verkauft werden, die die Haut verjüngen und die Zeit zurückdrehen sollen.

Die pseudo-modernistischen palmengesäumten Ferienanlagen, die sich am Strand aneinanderreihen, sind für die bunte Mischung an Besuchern bekannt – und für ihre moderaten Preise. Doch niemand bleibt länger als ein paar Tage in der Touristenhochburg.

Die Schwestern Nadezhda (75) und Natalya (71) Sprebchikov-Tumiib wollten an jenem Tag nur wenige Stunden dort sein. Für jenen Samstag Anfang Oktober waren dreißig Grad Celsius bei niedriger Luftfeuchtigkeit vorhergesagt.

Ein perfekter Tag für einen Badeausflug.

In den Dauer-Werbeanzeigen des Ferienortes auf Russisch und Arabisch wird allerdings fast nie erwähnt, dass wegen der Schwerindustrie und der Mineralgewinnung am Toten Meer nur noch ein Strand für den Badebetrieb

geöffnet ist, der in Wahrheit ein künstlicher See ist – ein sogenannter »dead pool«. Das Künstliche Industriebecken Nummer 5 ist ein riesiges Verdunstungsbecken für die Fabriken am Toten Meer, das auf den Resten des südlichen Teils des Roten Meers angelegt wurde, das ansonsten schon lange ausgetrocknet wäre. Trotzdem genießen die Schwestern Sprebchikov-Tumiib das Gefühl, dass schweres, salziges Wasser sie umgibt und ihren alternden Körpern Auftrieb gibt. So können sie sich wieder jung und beweglich fühlen, ohne Gelenk- und Muskelschmerzen.

Organisiert wurde Nadezhdas und Natalyas Ausflug von »Alexei Tours« für den Schnäppchenpreis von 25 Dollar pro Person und Tag, wenn man drei Fahrten buchte, zuzüglich Reiseführer und Mahlzeiten. Wenn man sieben Fahrten im Voraus bezahlte, sank der Preis auf 18 Dollar pro Person. Abfahrt war um 6.15 Uhr morgens in Ofakim, Netivot oder Sderot, Ankunft am »Strand« von Ein Bokek war um 8 Uhr geplant. Danach hatte man Zeit zum Schwimmen und zum Essen in den Restaurants vor Ort, bis der Minibus um 12 Uhr mittags wieder abfuhr und die Gäste um 14 Uhr wieder zu Hause ablieferte.

Die Sowjetunion war in den 1990ern zerbrochen, dennoch brachte Alexei Tours fast jede Woche ältere Ukrainer, Belarussen, Russen, Moldauer, Georgier, Aserbaidschaner, Kasachen, Usbeken, Kirgisen und Tadschiken zu einer Art Familientreffen in die israelische Wüste. Fast jeden Samstag saß ein anderer Beduine am Steuer des kleinen Minibusses und transportierte die Senioren, die nur gebrochen Hebräisch sprachen. Die Fahrer beschwerten sich bei Alexei, dass die Gäste immer russisches Radio hören wollten und dazu mitsangen.

Der Eigentümer von Alexei Tours, Alexei Davidov, ist ein

60 Jahre alter Israeli, der in Dagestan geboren wurde und heute in Ofakim lebt. Er hat sein kleines Tourismusunternehmen vor etwa zehn Jahren gegründet, dazu eine bunte russische Website erstellt und Werbeanzeigen in den florierenden russischsprachigen Medien in Israel geschaltet. Die zwei Jahre ohne Tourismus während der Corona-Pandemie wären fast das Ende seines Unternehmens gewesen. Um sich davon wieder zu erholen, hatte er im Jahr 2023 damit begonnen, via WhatsApp kleine Reisegruppen zu organisieren. Es war ein Nebenverdienst, eine bescheidene Unternehmung, für die er nicht einmal Steuern abführen musste, weil sie weniger als 25000 Dollar im Jahr einbrachte. Vormittags arbeitete er als Gabelstaplerfahrer in einer Lebensmittelfabrik.

Zwei Tage vor der Fahrt am 7. Oktober rief Alexei Nadezhda Sprebchikov an und fragte, ob sie und ihre Schwester ihren Ausflug um eine Woche verschieben könnten. Er erklärte, diese Woche hätten sich siebenundzwanzig Reisewillige für die Fahrt angemeldet, es gebe aber nur neunzehn Plätze im Minibus.

Die Schwestern hatten bereits drei für die nächsten Wochen geplante Fahrten zum Toten Meer im Voraus bezahlt, und Nadezhda weigerte sich, ihre Pläne zu ändern. Alexei versuchte nicht, sie zu überreden, sondern stornierte stattdessen die Buchungen zweier anderer Frauen, damit die Schwestern, die immerhin Stammkundinnen waren, mitfahren konnten. Seit dem Tod ihrer vierundneunzigjährigen Mutter Lydia sieben Monate zuvor waren die Schwestern bereits dreimal ans Tote Meer gefahren, einmal nach Eilat und einmal zum See Genezareth. Sie hatten auch schon für den November Fahrten nach Eilat und ins nördliche Galiläa gebucht und bezahlt.

Die Schwestern lebten im selben Gebäude im Zentrum von Netivot: Nadezhda im ersten Stock, Natalia im zweiten. Sie trafen sich jeden Morgen auf eine Tasse Kaffee. Wenn eines ihrer Kinder oder Enkelkinder in dieser Zeit anrief, bekamen sie immer die gleiche Antwort: »Wir reden später. Meine Schwester ist da.«

Sie waren in Duschanbe aufgewachsen, der Hauptstadt Tadschikistans, eines gebirgigen, überwiegend muslimischen Landes in Zentralasien. Sie hatten dort zu einer kleinen jüdischen Gemeinde mit persischen Wurzeln gehört. Nadezhda hatte Karriere als Chemikerin gemacht, Natalia war Polizistin gewesen. Beide hatten auf institutioneller und persönlicher Ebene Antisemitismus erlebt. Die meisten der fünfzigtausend tadschikischen Juden waren nach dem Ende der Sowjetunion und dem Ausbruch des Bürgerkrieges im Jahr 1992 aus dem Land geflüchtet. Natalya war bereits Ende der 1980er Jahre ausgewandert. Aber Nadezhda wollte zunächst nicht weg und änderte ihre Meinung erst, als ihre zwei Söhne und ihre Tochter sich einer Gruppe jüdischer Studenten anschlossen, die im Jahr 1993 nach Israel emigrierten. Bei Jahresende waren die Schwestern in Netivot wiedervereint, einer kulturell bunten, aber ökonomisch schwachen Stadt mit vielen Einwanderern, von denen viele aus der ehemaligen Sowjetunion kamen.

Nadezhda war bei ihrem Umzug nach Israel 45 Jahre alt und sprach kein Wort Hebräisch, das forderte seinen Preis. Sie musste ihre wissenschaftliche Karriere aufgeben und arbeitete zunächst als Kassiererin im Supermarkt, wo sie stundenlang mit schmerzenden Beinen stehen musste. Schließlich bekam sie die Chance, als Pflegerin für russischsprachige Senioren zu arbeiten, und ergriff sie. Zwanzig Jahre lang kochte, putzte und sang sie für die Senioren

von Netivot mit russischen Wurzeln, bis sie selbst mit 65 Jahren in Rente ging. Natalia war indessen Hausfrau und Mutter und hatte kaum Kontakt zu Israelis außerhalb ihrer Gemeinschaft.

An dem Morgen, an dem sie ans Tote Meer fahren wollten, zog Nadezhda ein langes grünes Kleid mit Sonnenblumenapplikationen an und goldene Ohrringe mit kleinen grünen Steinen. Natalia entschied sich für ein einfaches pinkfarbenes T-Shirt und eine schwarze Hose.

Der Minibusfahrer dieses Tages, Sharif Abu Taha, kam aus der Beduinenstadt Tel Sheva, der ersten ständigen beduinischen Siedlung in Israel. Er holte die Frauen kurz nach 6.15 Uhr in Netivot ab. Sieben weitere Passagiere waren bereits in Ofakim zugestiegen: Igor Kortzer, ein gut gelaunter Vierundsiebzigjähriger vom Seniorenclub »Golden Years Citizen Club« der Stadt, saß auf seinem üblichen Platz und war wie immer mit einem weißen T-Shirt und einem grauen Hut bekleidet, die Sonnenbrille mit runden Gläsern hing an einer Schnur um seinen Hals. Er tat stets alles, um seine helle Haut vor der Sonne in Israel zu schützen.

Igor wurde fünf Jahre nach dem Ende des Zweiten Weltkriegs im belarussischen Masyr am Ufer des Flusses Prypjat geboren. Seine Mutter Fira war vier Jahre alt gewesen, als es in der Stadt zum ersten Pogrom kam, bei dem dreißig Juden ermordet wurden. Mit 21 Jahren erlebte Fira, wie die Deutschen die Stadt einnahmen; die Nazis ermordeten dort während der Besatzung mehr als zweitausend Juden. Manche wurden in ihren Wohnungen ermordet, andere wurden gezwungen, ihre eigenen Gräber auszuheben, bevor sie erschossen wurden. Fira gehörte mit ihrer einjährigen Tochter und ihrem fünfjährigen Sohn zu jenen, die graben mussten. Kurz bevor die Nazis schossen, flüsterte

ein Soldat ihr auf Russisch zu: »Lass dich fallen!« Sie tat es – sie ließ sich fallen, als alle anderen um sie herum erschossen wurden. Sie und ihre Kinder lagen stundenlang zwischen den Leichen und kamen so mit dem Leben davon. Später wurde Fira bei einer weiteren »Aktion« mit anderen Juden zusammengetrieben und in ein Ghetto verfrachtet. Vorher drückte sie ihrem kleinen Sohn die noch kleinere Schwester in die Arme und befahl ihm, mit ihr wegzurennen, so weit er konnte. Der Fünfjährige lief mit der Einjährigen barfuß durch den Schnee, bis sie ein benachbartes Dorf erreichten, wo sie von einer nichtjüdischen Familie aufgenommen wurden. Zwei Jahre später gelang Fira die Flucht aus dem Ghetto, und sie sollte auch ihre Kinder wiederfinden.

Firas Mann starb im Krieg; Igor war ihr erstes Kind mit dem zweiten Mann. Die Lebensumstände der Familie waren auch nach dem Krieg noch schwierig, oft hungerten sie, und Igor erinnert sich, dass sie noch als Erwachsene unter dem Schnee nach Kartoffeln suchten. Mit 19 Jahren ging er zur Roten Armee und traf ein Jahr später Berta, eine wunderschöne, gleichaltrige Jüdin. Die beiden heirateten kurz darauf. In den ersten Jahren ihrer Ehe wurde Igor von der Roten Armee häufig zum Einsatz eingezogen, er diente erst in Sibirien, dann in Tschernobyl, wo er zu Aufräumarbeiten nach dem Atomunfall abkommandiert wurde, ohne zu ahnen, wie gefährlich die Strahlung war. (Jahre später wurde er als Helfer anerkannt und erhielt dadurch eine Rente von 2000 Dollar im Jahr von der israelischen Regierung.) Wenn er Urlaub bekam, ging er mit seinen drei Kindern in den Wäldern rund um Masyr Pilze und Erdbeeren sammeln. Wie Nadezhda und Natalya war auch er über vierzig, als er mit seinen Kindern nach Israel

auswanderte. Auch ihm fiel es schwer, Hebräisch zu lernen, und er hielt seine Familie mit Gelegenheitsjobs über Wasser.

Neben ihm im Minibus saß Michal Zarbailov, eine pausbäckige Sechzigährige und achtfache Großmutter. Ihr Mann Avshalom hatte an jenem Morgen vergeblich versucht, ihr diese Fahrt auszureden. »Du bist gerade erst aufgewacht. Wie kann es sein, dass dir schon langweilig ist und du das Haus verlassen willst?«, hatte er gefragt. Avshalom litt an Diabetes und konnte mit Michals Energie kaum mithalten. Er begleitete sie fast nie auf ihren Schabbatausfahrten.

Sie hatten sich bei der Beerdigung ihres Großvaters kennengelernt, in der Stadt Quba im Norden von Aserbaidschan, in der einige kaukasische »Bergjuden« lebten. Avshalom war ein entfernter Verwandter Michals aus Derbent in Dagestan, gleich auf der anderen Seite der Grenze zwischen Aserbaidschan und Russland. Sie heirateten kein Jahr später und hatten bald drei Kinder: Daniel, Miriam und Rami. Ihr viertes Kind, Iris, kam in Israel zur Welt. Die Einwanderungsbehörde hatte die Familie zunächst in eine Küstenstadt geschickt, aber den Zarbailovs war das trockene Klima in Ofakim lieber, wo bereits viele Juden aus dem Kaukasus lebten. Avshalom arbeitete als Maler und Tapezierer, Michal in einer Sortieranlage für Obst und Gemüse, die von Gush Katif im südlichen Gazastreifen nach Sderot umgezogen war, nachdem Israel aus Gaza abgezogen war. Michals Sohn Daniel arbeitete ebenfalls dort sechzehn Stunden am Tag zum Mindestlohn. Vor vier Jahren hatte sie gekündigt, aber erst letztes Jahr wieder einen Job gefunden, und zum ersten Mal machte ihr die Arbeit Spaß: Sie war Erziehungshelferin im Kindergarten.

Neun Fahrgäste saßen bereits in dem Minibus, zehn weitere sollten an zwei anderen Haltestellen in Sderot noch zusteigen. Um 6.30 Uhr erreichten sie den ersten Halt »Yitzhak Shamir / Stadtbücherei« am Ortseingang von Sderot in der Nähe der städtischen Unfallstation. Valerie Friedman, dreifacher Vater und zweifacher Großvater, wartete dort. Er trug eine schwarze Nike-Kappe und hatte einen Rucksack bei sich.

Kurz nachdem Valerie zugestiegen war, merkte Abu Taha, dass der Bus einen Platten hatte. Er hielt an, um nachzuschauen, und stellte fest, dass nicht nur einer, sondern zwei Reifen ohne Luft waren. Er legte den Wagenheber an und versuchte, eines der kaputten Räder anzuheben, als plötzlich Raketen kreischend über ihre Köpfe flogen.

Die älteren Passagiere, von denen manche nur schwer gehen konnten, begaben sich, so schnell sie konnten, zum sogenannten »selbsttätigen« Schutzraum an der Bushaltestelle, der sich beim ersten Warnsignal sofort automatisch öffnen sollte. Auf einem Schild, das die Sicherheitszone auswies, stand: »Liebe Mitbürger, diese geschützte Haltestelle wurde durch den Heimatschutz und das Verteidigungsministerium zum Schutz und für das Wohl von Anwohnern und Passanten eingerichtet. Bitte behandeln Sie sie pfleglich.« Würden sie dort tatsächlich Schutz finden? Sie merkten schnell, dass die elektronische Auslösung nicht funktioniert hatte, und sie mussten ungeschützt am Straßenrand neben den grauen, schäbigen Bänken warten, bis Abu Taha die Reifen gewechselt hatte.

Sie konnten sich nirgends verstecken. Hinter ihnen stand das »Beit Yad Lebanim Sderot«-Denkmal für jene Sderot-Bewohner, die ihr Leben bei Terrorangriffen verlo-

ren hatten. Das Denkmal war vor fünf Jahren aufgestellt worden anstelle eines anderen, das neben dem städtischen Schwimmbad stand, was die Angehörigen der Opfer als respektlos kritisiert hatten.

Um 6.45 Uhr rief Leonid, Natalya und Nadezhdas jüngerer Bruder, seine Schwestern an, um zu fragen, ob bei ihnen alles in Ordnung war. Natalya erzählte ihm, in welcher Lage sie sich befanden, und erwähnte, sie hätten erfolglos versucht, die Stadtverwaltung zu erreichen, damit diese den Schutzraum öffnete.

Nach dem Telefonat konnten sie nur noch warten. Igor stand mit Nadezhda und Natalya an der Außenwand des Schutzraums. Zinaida Beilin und Luda Furman telefonierten und rauchten eine Zigarette nach der anderen. Valerie Friedman stand einfach da und sah zu den Raketen hinauf, tödliche Projektile, die gelassen über den Himmel zogen und bunte Wolken hinterließen, wenn sie vom israelischen Abwehrsystem Iron Dome abgefangen wurden.

Der ehrenamtliche Polizist Reuven ging in diesem Moment vorbei. Igor und Michal winkten ihn heran und erklärten ihm das Problem mit dem Schutzraum. Reuven versuchte, die Tür einzutreten, aber der Schutzraum war dafür konzipiert, so etwas auszuhalten. Als Nächstes kam Danny dazu, der in Sderot lebte und mit seinem Hund eine Morgenrunde drehte. Überrascht sah er die Gruppe älterer Menschen an der Bushaltestelle gegenüber seinem Haus stehen. Er lud sie in seinen Schutzraum ein, aber sie lehnten ab. Viele von ihnen konnten nur schwer gehen, und sie waren überzeugt, dass der Raketenangriff bald vorbei sein und der Fahrer die Reifen des Minibusses schnell gewechselt haben würde. Doch Danny sah dem Wagenheber, den der Fahrer verwendete, auf den ersten Blick an, dass er den

Minibus gar nicht anheben konnte, und eilte daraufhin zu seinem Haus, um einen stärkeren zu holen.

Er hatte das Haus gerade betreten, als er Schüsse hörte. Dann durchschlugen Kugeln eines seiner Fenster – eine streifte den Kopf seiner Teenagertochter. Durch die anderen Fenster sah er, wie ein weißer Lieferwagen voller Hamas-Terroristen an der Bushaltestelle hielt.

Reuven, der immer noch versucht hatte, den Schutzraum irgendwie zu öffnen, schoss auf die Angreifer, die aus dem Wagen sprangen, und konnte flüchten. Abu Taha rief seiner Reisegruppe zu: »Lauft!« Aber das war eher wie ein Witz: Die meisten seiner Passagiere konnten kaum gehen, geschweige denn laufen. Und selbst wenn sie hätten laufen können, wohin hätten sie denn rennen sollen?

Hilflos musste Danny durchs Fenster zusehen, wie die alten Leute einer nach dem anderen mit Schusswunden in Kopf, Brust und Bauch zu Boden sackten.

Sofia Popov lag in ihrem pinkfarbenen Kleid mit dem schwarzen Badeanzug darunter in einer Blutlache. Berta Shamayev fiel mit ihrem schwarz-weißen Blumenshirt über Sofia. Michal Zarbailov lag neben ihrer offenen Perlenhandtasche und einem von Luda Furmans roten Flipflops. Auf der anderen Seite des Kleinbusses lagen Nadezhda und Natalya nebeneinander. Abu Taha konnte den Kugeln ausweichen. Er beschmierte sich mit dem Blut eines Reisenden und stellte sich eine Stunde lang tot, bis er Stimmen hörte, die Hebräisch sprachen. Dann rannte er zur nächsten Tankstelle und rief seinen Chef Alexei an: »Alle sind tot ... alle sind tot!«

Jeder, der an diesem Tag vom Zentrum Israels durch Sderot gen Süden fuhr, kam an den dreizehn Leichen dieser Seniorenreisegruppe vorbei, die am Straßenrand lagen.

Stundenlang lagen sie unbedeckt in der Sonne. Viele Passanten machten Fotos und Videos von dieser grausigen Szene und teilten sie in den Sozialen Medien.

Auf diese Weise erfuhren die Familien vom Tod ihrer Lieben. Nadezhda und Natalyas Nichte Irit erkannte die beiden in einem der Postings – etwa eineinhalb Stunden nach ihrer Ermordung.

Michals Tochter Iris sah die geposteten Fotos und Videos und erkannte ihre Mutter an der Kleidung, hoffte aber noch, sie sei nur verletzt.

Am Montagmorgen war Igors Tochter Yelena bei ihrer Schicht als Krankenschwester im Beilinson Hospital, als man sie zum Friedhof bat, um seine Leiche zu identifizieren. Ihr Mann begleitete sie auf der gefährlichen Fahrt. Normalerweise brauchte man eineinhalb Stunden für die Strecke, aber an dem Tag dauerte sie zweieinhalb Stunden. Am Straßenrand standen ausgebrannte Autos. Immer wieder gingen Raketen nieder, so dass sie in Straßengräben Schutz suchen mussten, die Köpfe mit den Händen schützend. An jeder Kreuzung wurden sie von Soldaten angehalten, die ihnen eine sicherere Route empfahlen. Beim Sapir College an der Abzweigung nach Sderot erfuhren sie von Soldaten, dass Terroristen in der Nähe waren. Sie suchten Schutz in einem Straßengraben, und die ganze Zeit stellte Yelena sich vor, wie Sozialarbeiter ihren Kindern beibrachten, dass auch ihre Eltern gestorben waren, als sie auf dem Weg waren, um die Leiche von Yelenas Vater zu identifizieren.

Die Beerdigungen waren eine kurze Angelegenheit: Igor wurde auf dem Friedhof in Ofakim bestattet. Dort fanden an jenem Morgen noch sechzehn weitere Beerdigungen statt – alles Opfer aus der Gegend.

Jede Familie wurde aufgefordert, ihre ermordeten Lieben zu identifizieren. Danach gab es ein kurzes Gebet, dann fand die Beerdigung statt.

Weitere Gebete oder Trauerreden gab es nicht.

Igors Tochter Yelena und ihr Mann sowie Igors Ex-Frau Bertha betteten Igor zur Ruhe. Von seinen anderen Kindern konnte keines teilnehmen.

Seit dem 8. Oktober sind im Hotelkomplex am Strand von Ein Bokek am Toten Meer circa fünfzehntausend Einwohner von Sderot und den Kibbuzim um Gaza vorläufig untergebracht – allesamt Menschen, die evakuiert werden mussten oder deren Häuser niedergebrannt wurden. Statt der Touristen leben nun hier Trauernde, die Hunderte von Familienmitgliedern und Freunden sowie ihren gesamten Besitz verloren haben.

Psychologen haben die Masseure ersetzt, und Berater für Geiselbefreiung haben den Platz von Barkeepern und Servierern eingenommen. In den Lobbys wurden Leitstellen eingerichtet, Sammelpunkte für Menschen, die eine Mitfahrmöglichkeit zu Krankenhäusern und Beerdigungen suchen. Teenager, die ihre Eltern verloren haben, betrinken sich bis spät in die Nacht auf den Gehwegen.

In den sechzehn Hotels, die den Ein-Bokek-Komplex bilden, gibt es insgesamt viertausend Zimmer, aber keine Grundversorgung für Menschen, die länger als ein Urlaubswochenende bleiben. Weil es keinen Supermarkt gibt, kommen zweimal die Woche zwei riesige Lastwagen voller Windeln, Lebensmittel und Getränke auf den Hotelparkplatz. Im Rohbau eines neuen Hotels wurden fünfzehn Klassenzimmer als Schulersatz eingerichtet.

Die Menschen dort wissen nicht, wann oder ob sie je-

mals wieder in ihre Häuser an der Grenze zu Gaza zurück können, falls die Häuser überhaupt noch stehen.

Die Reisegäste, deren Fahrt ans Tote Meer Alexei storniert hatte, haben sich bei ihm bedankt.

Von Odessa nach Ashkelon

1

Das Waisenhaus war ein großes Steingebäude umgeben von einem Zaun; am Tor standen Wachen. Die Juden in Odessa fühlten sich selten sicher.

Der Garten hinter dem Haus war grau und kahl im Winter, wurde ab Frühjahr aber von den Waisen gepflegt, die dort Gurken und Tomaten anbauten.

Die Kinder im Waisenhaus, vom Neugeborenen bis zu den Siebzehnjährigen, waren auf verschiedene Trakte verteilt: jeweils für Kleinkinder, Mädchen und Jungen. In jedem Raum in den Trakten für Mädchen und Jungen schliefen je sechs Kinder in drei Stockbetten.

Der jüngere Kusenov-Bruder hatte ein Bett im oberen Stock, der ältere schlief in einem unteren Stockbett im Erdgeschoss. Die Mutter Marina kam jeden Monat zu Besuch und rief fast täglich an. Die Eltern der meisten anderen Kinder waren Alkoholiker, gewalttätig oder hatten sie vernachlässigt – oder die Kinder hatten gar keine Eltern.

Die Kusenov-Brüder wurden in Charkiw im Nordosten der Ukraine geboren – Eduard 2006 und Radik 2003. Marina war Jüdin, der Vater Yuri war Christ und Alkoholiker. Er hatte seine Familie verlassen, als Eduard drei und Radik sechs gewesen waren. Marina fand Arbeit im örtlichen Casino, wo sie oft Annäherungsversuche von Betrunkenen

abwehren musste. Ihr Wohnviertel, Odrada, war arm und oft gefährlich. In Eduards erstem Schuljahr, er war gerade fünf, schlug ein Mitschüler seinen Kopf auf den Boden und trat auf ihn ein. Danach lag er wochenlang im Krankenhaus.

Nach Eduards Entlassung aus dem Hospital wandte sich Marina ihrem jüdischen Erbe zu – wenn sie nicht auf die Gnade Gottes hoffte, dann auf die Gnade derer, die an ihn glaubten. Sie ließ ihre beiden Söhne beschneiden und änderte ihre Namen: Aus Eduard wurde Eitan, was auf Hebräisch »standhaft« und »langlebig« bedeutet, und aus Radik wurde Natan, was »der Gebende« bedeutet.

Sie hatte von einem jüdischen Waisenhaus in Odessa erfahren – einem Ort namens »Tikva« (Hoffnung), in dem jüdische Kinder kostenlos Kost und Logis, eine Ausbildung und medizinische Versorgung erhielten.

Eitan war sechs und Natan neun Jahre alt, als Marina über Nacht zwölf Stunden lang mit dem Zug von Charkiw nach Odessa fuhr. Sie zeigte ihnen die Stadt mit den breiten Straßen und glitzernden Stränden, bevor sie sie im Waisenhaus absetzte und ihnen sagte, in Odessa hätten sie ein besseres Leben, als sie es ihnen je bieten könnte.

2

Odessa war 1794 von Katharina der Großen als Tor des Russischen Zarenreichs zum Mittelmeer gegründet worden, das »Moskau am Schwarzen Meer«, das »St. Petersburg des Südens«. Die Stadt war eine der liberalsten und dynamischsten Städte im Zarenreich, Menschen vieler Kulturen lebten dort zusammen. Juden aus der ganzen Ukraine suchten dort Zuflucht, nachdem sie jahrhundertelang unter Beschränkungen, Blutmordlegenden und Massakern

gelitten hatten. Im Jahr 1815 lebten viertausend Juden in der Stadt, 1897 waren es schon um die 140 000, etwa 37 Prozent der Einwohner von Odessa.

Auch dank dieser Bevölkerungsexplosion wurde Odessa zur Wiege des modernen Zionismus. »Gaula«, die erste zionistische Unternehmung, die Land in Palästina kaufte, wurde in Odessa gegründet, und die Grundlagen der modernen hebräischen Kultur wurden von den sogenannten »Weisen von Odessa« gelegt, einer losen Gruppierung, zu der auch einer der wichtigsten modernen jiddischen Autoren gehörte, Mendele Mokher-Sforim, sowie der Essayist und zionistische Intellektuelle Ahad Ha'am, der Historiker Simon Dubnow und der zukünftige Patriarch der modernen hebräischen Lyrik, Chaim Nahman Bialik.

Bialik war aus seiner Jeschiwa, der jüdischen Hochschule in Voloshin im heutigen Litauen, weggelaufen und 1891 mit 18 Jahren in der Stadt angekommen. Ein Jahr später veröffentlichte er sein erstes Gedicht »An den Vogel«, eine imaginäre Befragung eines Vogels, der aus Palästina nach Odessa zurückgekehrt war:

Sag mir, lieber Vogel, gibt es
auch dort viel Böses und Schmerz
in jenem Land der Wärme und Schönheit?

Singst du Grüße
von fruchtbarem Tal und Hügel?
Hatte Gott Erbarmen und Trost für Zion,
oder ist sie noch immer ein Friedhof?[2]

2 Aus dem Englischen übersetzt (A. d. Ü.).

Trotz des Philosemitismus in Odessa kam es auch dort zu Judenverfolgungen. Diese Gegensätze sind in der jüdischen Geschichte der Stadt untrennbar miteinander verbunden: Die Identität Odessas als Zentrum des Protozionismus wurde zum Großteil als Reaktion auf die Pogrome geprägt, zu denen es nach dem Ausbruch der ersten russischen Revolution wieder verstärkt kam. Zwischen 1903 und 1906 wurden etwa zweitausend Juden ermordet. Bei dem Kishinev-Pogrom im April 1903 zum Beispiel wurden neunundvierzig Juden erschlagen, erstochen oder im Abwasserkanal ertränkt. Zahlreiche Frauen und Mädchen wurden vergewaltigt. Das jüdische Viertel von Kishinev wurde zerstört.

Das Jüdische Historische Komitee von Odessa übertrug Bialik, damals 30 Jahre alt und bereits ein anerkannter Dichter der hebräischen Sprache, die Leitung einer Kommission, die diese Gräueltaten untersuchen sollte. Aus seinen Nachforschungen in Kishinev entstand eines seiner berühmtesten Gedichte »Über das Schlachten«:

Himmel – hab Erbarmen.
Wenn es dort einen Gott gibt
(zu dem ein Weg führt
den ich nicht gefunden habe), bete für mich.
Mein Herz ist gestorben.
Kein Gebet kommt über meine Lippen.
Meine Hoffnung und Stärke sind vergangen.
Wie lange? Wie lange noch?[3]

Zwei Jahre später, im Oktober 1905, kam es in Odessa zu einem weiteren Pogrom. Polizisten verteilten Wodka und

3 Aus dem Englischen übersetzt (A. d. Ü.).

Pistolen an den Mob, der vierhundert Juden und hundert Nicht-Juden tötete.

Jede Pogromwelle löste eine weitere »Aliyah« aus – jüdische Immigration ins britische Mandatsgebiet Palästina. Zwischen 1904 und 1914 machten sich fast vierzigtausend russische Juden auf den Weg – Immigranten, die entscheidend zur Gründung des jüdischen Staats beitrugen.

Sie verließen das Land gerade noch rechtzeitig.

Nach dem Ersten Weltkrieg und der Russischen Revolution trat die Invasion der Roten Armee in die Ukraine einen Krieg los, der zu mehr als tausend Pogromen und zu Massakern an mehr als hunderttausend Juden führte. Doch das war nur eine Generalprobe für den Massenmord der Nazis. Schon früh im Zweiten Weltkrieg besetzten die Nazis Odessa, die größte Stadt in dem Gebiet, das die Deutschen als »Transnistrien« bezeichneten. Im Sommer 1941 übergaben sie die Kontrolle über die Stadt an Rumänien. Zu diesem Zeitpunkt lebten nur noch halb so viele Juden dort: Vor dem Krieg waren es 200 000 gewesen, jetzt nur noch 90 000, ungefähr achttausend Juden wurden danach von Rumänen getötet. Zwischen dem 22. und 25. Oktober 1941 wurden weitere 44 000 Juden massakriert, und die restlichen rund 40 000 Juden wurden in ein Ghetto im Vorort Slobodka verbracht. Bis Januar 1942 wurde die große Mehrheit der Juden von Odessa entweder auf Todesmärschen oder in Konzentrationslagern ermordet.

Die Juden in der Sowjetunion, die den Holocaust überlebt hatten, sammelten sich meist in den großen Städten, so auch in Odessa. Laut Volkszählung von 1959 lebten damals 106 700 Juden in der Hafenstadt, doch das Verbot religiöser Aktivitäten in der Sowjetunion sorgte dafür, dass das institutionelle jüdische Leben verschwand.

Nach dem Ende der Sowjetunion 1991 blühte Odessa wieder auf, nicht zuletzt wegen der israelischen Juden, die in die Stadt ihrer Vorfahren zurückkehrten. Einer von ihnen war Shlomo Baksht, der 1960 in Petah Tikva in eine orthodoxe jüdische Familie mit russischen Wurzeln hineingeboren worden war. Sein Vater, Rabbi Haim Menahem, war stellvertretender Oberrabbiner der israelischen Armee. Im Jahr 1993 zog Rabbi Baksht nach Odessa, kontaktierte die dort verbliebenen Juden und öffnete wieder Synagogen und Schulen. Er hatte eigentlich nicht vor, ein Waisenhaus zu eröffnen, aber nachdem er sah, dass Hunderte jüdische Kinder in der Region unter Misshandlungen und Vernachlässigung litten, wurden diese Kinder zu einer Lebensaufgabe für ihn.

Die Unabhängigkeit der Ukraine von der Sowjetunion führte zu verbreiteter Armut, weil die Fabriken und Gewerbe aus der Sojwetzeit schlossen und die Arbeitslosenquote in die Höhe schoss. Viele Ukrainer verloren ihr Zuhause, und angesichts der niedrigen Löhne und unzureichenden sozialen Absicherung ließen einige Eltern ihre Kinder aus Verzweiflung im Stich. Im jüdischen Waisenhaus »Tikva« suchten mehr Kinder Schutz, als das Institut aufnehmen konnte.

3

Im Waisenhaus führten die Brüder Kusenov ein so gutes Leben, wie sie es in der Ukraine der frühen 2000er-Jahren nur erhoffen konnten. Hunger, Kriminalität und Obdachlosigkeit waren in Odessa ebenso verbreitet wie in Charkiw, aber Eitan und Natan bekamen nun drei Mahlzeiten am Tag, hatten warme Kleidung und Lehrer, die ihre Intelligenz und ihren Humor erkannten und zu schätzen

wussten. Zweimal im Jahr besuchten sie ihre Mutter und freuten sich für sie, als sie Anton kennenlernte (den sie manchmal sogar »Papa« nannten). Ihre Mutter und Anton bekamen ein weiteres Kind, Yonatan. Die älteren Brüder waren nicht einmal eifersüchtig, dass Yonatan nicht mit ihnen ins Waisenhaus geschickt wurde, sondern zu Hause bleiben durfte. Im Jahr 2019 schloss Natan seine Schulausbildung im Waisenhaus ab und kehrte nach Charkiw zurück, wo er mit Marina, Anton, Yonatan und seiner Großmutter Ira zusammenlebte. Der damals dreizehnjährige Eitan blieb zunächst allein im Waisenhaus zurück.

Eitan Kusenov war zu einem großen und stattlichen jungen Mann herangewachsen. Bei seiner Bar Mizwa sprach er fließend Hebräisch, war ein guter Schüler und ein ausgezeichneter Fußballer.

Odessa war sein Revier geworden. Er kannte jede Straße und jede Kneipe, in der Alkohol auch an Minderjährige ausgeschenkt wurde. Abends kletterten er und seine Freunde über die hohen Mauern des Waisenhauses und gingen feiern. Sie rauchten Zigaretten, tranken Whiskey und aßen manchmal nicht-koscheres Schawarma beim »Türken in Odessa« und koschere Pizza im »Hava Nagila« nahe der Potemkin-Treppe. Tagsüber stellten sie sich manchmal krank, schlichen an der Wache am Tor vorbei und verbrachten den Tag am Strand von Otrada in der Nähe des Stadtzentrums. Am Schabbat versammelten sich die Bewohner des Waisenhauses mit dem Rest der jüdischen Gemeinde in der Synagoge. Eitan mochte die Feiertage, vor allem Purim, weil die älteren Jungen kleine Geldgeschenke bekamen. Ansonsten verdiente er mit einem Job im koscheren Supermarkt Geld und schickte einen Teil davon an seine Familie.

Seine frühen Erinnerungen an Charkiw begannen zu verblassen. Wie viele Juden vor ihm hatte auch Eitan in Odessa seine wahre Heimat gefunden.

4

»Himmel – hab Erbarmen«: In den ersten Worten von Bialiks Gedicht über das Kishinev-Pogrom klingt das jüdische Gebet »El Malei Rachamim« (»Gott voller Erbarmen«) an. Traditionell wird das Gebet rezitiert, um für die Seelen der Toten um Frieden zu bitten, doch allzu oft brauchen vor allem die Lebenden Erbarmen.

Im Mai 2014 marschierte Russland auf der Krim ein und besetzte die Halbinsel. Damit verlor die Ukraine etwa ein Drittel ihrer Küste, und der große Schwarzmeerhafen Odessa geriet in Gefahr. Die zunehmenden Spannungen in der Stadt entluden sich in Zusammenstößen von Demonstranten, die für die Einheit der Ukraine und pro-europäisch gesinnt waren, mit den Anti-Maidan-Fraktionen, die die Stadt unter russische Kontrolle bringen wollten. Am 2. Mai wurde eine »Einige Ukraine«-Demonstration von Separatisten mit russischer Unterstützung angegriffen. Steine und Molotowcocktails flogen hin und her; von beiden Seiten wurde geschossen. Neunundvierzig Menschen starben bei diesen Unruhen, dem blutigsten zivilen Konflikt in der Region seit dem Bolschewiken-Aufstand in Odessa im Jahr 1918.

Rabbi Baksht wusste, dass solche Zeiten nie sicher für Juden sind, und entschied, das Waisenhaus zu evakuieren. Ein Buskonvoi brachte die Kinder in die Stadt Mykolaiv, östlich von Odessa. Dort blieben sie eine Woche lang, bis der Rabbi die Lage für sicher genug hielt, um zurückzukehren. Das Waisenhaus blieb allerdings in Alarmbereitschaft und

erhöhte seine Vorräte an Lebensmittelkonserven, Wasser und medizinischen Gütern.

5

Am Anfang des Jahres 2022 marschierte die russische Armee erneut an der ukrainischen Grenze auf, und jeden Moment drohte Krieg auszubrechen. Rabbi Baksht hatte unterdessen fünfundzwanzig israelische Wachen einer privaten Sicherheitsfirma engagiert, die die ukrainischen Wachen ersetzten, die bisher für das Waisenhaus gearbeitet hatten, aber wohl bald zum Kriegsdienst eingezogen werden würden. Er beschaffte zwei große Lastwagen und belud sie mit Lebensmitteln, Wasser, medizinischen Gütern sowie Notstromgeneratoren und Decken, nicht nur für die zahlreichen Kinder unter seiner Obhut, sondern auch für die vielen Tausend Juden in der jüdischen Gemeinde von Odessa.

Der inzwischen sechzehnjährige Eitan interessierte sich wenig für Politik. Putin? Den Namen kannte er nur von einem Fußballspiel, das er mit seinem Stiefvater Anton besucht und wo die Menge gegen Putin skandiert hatte. Anton hatte ihm erklärt, Putin würde die Ukraine auslöschen, wenn er könnte. Doch Eitan war damals nicht klar gewesen, dass Putin es tatsächlich versuchen würde. Und Selenskyj? Den kannte Eitan vor allem als Comedian aus dem Fernsehen. Bei seinen Besuchen in Charkiw hatte er sich gern Selenskyjs TV-Serie »Rassmeshi komika« angesehen – die war witzig, und Eitan freute sich, weil Selenskyj jüdisch war.

Am Morgen des 24. Februar 2022 begann die russische Invasion der Ukraine. Rabbi Baksht hatte bereits fünf potenzielle Evakuierungsziele festgelegt und suchte jetzt am Telefon nach der sichersten Route. Viele Waisenkinder

hatten keine Pässe, das verkomplizierte die Lage zusätzlich. Die Lastwagen sollten vorausfahren, damit alles bereit war, wenn die Kinder eintrafen.

Die Hauptstoßrichtung der Invasion erfolgte von Belarus in Richtung Kiew und von Russland auf Charkiw zu. Im Süden des Landes verlief eine weitere Frontlinie von der Krim auf Luhansk und Donezk zu. Die Wohnung der Familie Kusenov lag nur dreißig Kilometer südlich der russisch-ukrainischen Grenze, die Wände wackelten bei jedem Raketeneinschlag. Am frühen Morgen erfolgte ein russischer Luftangriff auf Odessa, der Lärm der explodierenden Artilleriegeschosse riss die Waisenkinder aus dem Schlaf.

Eitan erwachte mit Halsschmerzen und Fieber. Aus dem Flur drangen Rufe: »Wacht auf, Kinder! Der Krieg hat angefangen! Die Russen greifen an! Packt eure Sachen, wir fahren gleich los!«

Chaos brach im Waisenhaus aus. Die Kinder weinten und packten, lasen Nachrichten, posteten online, riefen ihre Familien an. Die Betreuer des Waisenhauses beruhigten die Jüngsten, sie würden nur in Urlaub fahren. Den älteren sagten sie, sie würden wahrscheinlich bald nach Odessa zurückkehren. Jede Altersgruppe bekam eine eigene Geschichte zu hören. Die Anspannung war so greifbar, dass ein Berater Zigaretten an alle Kinder über 15 Jahren verteilte: »Raucht die, das beruhigt.« Eitan paffte eine Zigarette nach der anderen, wurde aber kein bisschen ruhiger. Von seiner Mutter Marina erfuhr er, dass Charkiw angegriffen wurde. Sie wollte, dass er mit den anderen Waisen floh. Eitan fragte Rabbi Baksht, ob seine Familie nachkommen könne, wohin auch immer das Waisenhaus floh, und der Rabbi versprach, sie würden alles tun, um zu helfen.

Um 13 Uhr wurden alle Kinder mit einem Reisepass an-

gewiesen, in die Busse mit Fahrziel Republik Moldau zu steigen, die um 14 Uhr abfuhren. Eitan blieb mit hundertfünfzig anderen Kindern und Babys ohne Papiere zurück. Nachdem in der Nähe des Mädchentrakts um 20.30 Uhr Explosionen zu hören waren, wurden die Pläne vorangetrieben. Um 10.30 Uhr am nächsten Morgen, einem Freitag, wurde das gesamte Waisenhaus evakuiert, und fünfzehn Busse machten sich auf den Weg in die Karpaten an der Grenze zu Rumänien. In einem der Busse saß Eitan.

An einem normalen Tag hätte die Fahrt neun Stunden gedauert, aber die Straßen waren kilometerweit verstopft. Immer wieder gab es Fliegeralarm. Wenige Stunden nach der Abfahrt aus Odessa erfuhren die Mitarbeiter des Waisenhauses, dass ganz in der Nähe der Gemeinschaftsgebäude, die sie gerade verlassen hatten, russische Raketen eingeschlagen waren.

Eitan saß hinten im Bus und sah ukrainische Panzer in die Gegenrichtung fahren. Er schrieb SMS an seine Mutter Marina, die ihm zurückschrieb, sie suchten verzweifelt nach einem Fluchtweg aus Charkiw und wollten sich mit dem sechsjährigen Yonatan der Gruppe aus dem Waisenhaus anschließen. Obwohl am Schabbat eigentlich keine Telefone eingeschaltet sein durften, konnte Eitan seines weiter benutzen.

Nach siebenundzwanzig Stunden erreichten Eitan und die anderen Waisenhausbewohner die Karpaten und fanden dort zeitweise Unterschlupf in einem gemieteten Gästehaus, in dem es bitterkalt war und immer wieder der Strom ausfiel. Die Lastwagen mit den seit Jahren gesammelten Versorgungsgütern waren unterwegs verloren gegangen und wahrscheinlich gestohlen worden. Alle wehrfähigen Männer über 18 Jahren waren von den anderen getrennt

worden, so dass nur noch wenige Lehrer bei den Waisen waren. Eitan betätigte sich daraufhin als Hilfsbetreuer, richtete eine Feldküche ein und half bei der Zubereitung der Mahlzeiten dreimal am Tag. Er hat nur vage Erinnerungen an die Karpaten. Er arbeitete ständig und kämpfte gegen Müdigkeit, Schlafmangel, Krankheit und Kälte.

Eine Woche verbrachten die Waisen in den Bergen, und unterdessen organisierte Rabbi Baksht die Einreise der Kinder ohne Pass nach Rumänien.

In der folgenden Woche fuhren sie weitere zwanzig Stunden und überquerten schließlich die rumänische Grenze. Ihr Ziel war ein Urlaubsort namens Neptun am Schwarzen Meer.

Mitten im Winter war Neptun völlig verlassen.

Das leere Hotel »Agora« wurde zum neuen Odessa für die Juden von Odessa. In der ersten Woche stießen noch ungefähr achthundert jüdische Flüchtlinge aus Odessa zur Waisengruppe in Neptun. Im ersten Monat kamen weitere 1500 Juden aus Odessa und füllten drei Hotels. Eitans Zimmer im Neptun mit Meerblick verbesserte seine Stimmung kaum. Die Strände hier waren lange nicht so schön wie in Odessa. Schließlich erhielt Eitan die Nachricht, für die er gebetet hatte: Marina, sein kleiner Bruder Yonatan und Großmutter Ira waren entkommen und auf dem Weg nach Neptun. Eitan rannte barfuß nach draußen in den Schnee, um sie zu begrüßen. Zwei Monate später hatten es auch Anton und Natan geschafft.

Die Familie Kusenov lebte gemeinsam in dem kleinen Raum mit Blick auf das Schwarze Meer. Das Zimmer war beengt und kalt, aber Eitan lebte zum ersten Mal mit seiner Familie, seit er mit sechs Jahren ins Waisenhaus gekommen war.

6

Die Familie Kusenov musste eine schwere Entscheidung treffen, wie viele andere Ukrainer auch. Eine Rückkehr in die Ukraine war gefährlich, aber in Rumänien hatten sie keine ständige Aufenthaltserlaubnis. Die beste Möglichkeit, so schien es, war Israel, von wo ukrainische Freunde über einen hohen Lebensstandard sowie gute Bildungs- und Arbeitsmöglichkeiten berichteten. Natan blieb bei der jüdischen Gemeinde von Odessa in Rumänien, Eitan, Marina, Anton, Yonatan und Großmutter Ira entschieden sich, nach Israel auszuwandern. Doch wo sollten sie sich dort niederlassen?

Eine Freundin von Marina, Masha, lebte bereits in Ashkelon und schlug vor, sie sollten zu ihr in die Stadt im Süden kommen, in der es bereits viele Ukrainer und Menschen aus anderen Teilen der ehemaligen UdSSR gab. In Ashkelon war die Chance am größten, dass sie Jobs fanden, bei denen sie Russisch sprechen konnten. Im Februar 2023, ein Jahr nach ihrer Flucht aus der Ukraine, erreichte die Familie Israel.

Jetzt schlenderte Eitan an einem anderen Strand entlang, in Ashkelon, und suchte im Sand nach Erinnerungen an Odessa. Wenn er die Augen zusammenkniff und die Plastiktüten ignorierte, die überall verstreut lagen, konnte er sich fast einbilden, er sei zu Hause. Der Hauptunterschied waren allerdings die heißen Wintertage, die wärmer waren als die meisten Sommertage in der Ukraine, denn im Februar konnten es schon mal mehr als 29 Grad Celsius werden. Auf dem Balkon ihrer neuen Wohnung genossen sie den Sonnenschein und den Blick auf das Mittelmeer.

Eine gewisse Normalität kehrte in ihr Leben zurück. Ma-

rina und Anton fanden Jobs in einer Textilfabrik, Eitan und Yonatan Freunde in den neuen Schulen.

Natürlich gab es Raketenangriffe aus Gaza. Im Mai ihres ersten Jahres saßen sie auf dem Balkon, ein Bier in der Hand, und fühlten sich sicher, als der Iron Dome bei einem Angriff eine Rakete nach der anderen abfing. Marina sagte, nachdem sie Putins Bombardierung von Charkiw entkommen sei, fürchte sie sich vor nichts mehr.

7

Für Samstag, den 7. Oktober plante die Familie einen Ausflug ans Tote Meer. Marinas beste Freundin Karina hatte sie eingeladen, ihre Familie für einen Tag zur Erholung dorthinzubegleiten.

Um sechs Uhr morgens gingen die ersten Hamas-Raketen auf die Stadt Ashkelon nieder. Das beständige Dröhnen der Flugkörper ähnelte nichts, was Eitan in Odessa gehört hatte. In der Wohnung der Familie gab es keinen Schutzraum, aber sie gingen zunächst davon aus, dass der Iron Dome seine Aufgabe erfüllen würde. Dann rief Karina an und riet ihnen, sie sollten »so schnell wie möglich Ashkelon verlassen und ans Tote Meer fahren. In ein paar Stunden ist wahrscheinlich wieder alles ruhig, und ihr könnt euch auf die Heimfahrt machen«. In aller Eile schnappten sie sich ihre Badeanzüge und fuhren los. Zu diesem Zeitpunkt hofften sie immer noch, es könnte ein Badeausflug werden.

Aus Versehen nahmen sie mit ihrem grauen Kia Niro die längere und gefährlichere Route gen Süden. Als sie durch Orte nahe der Grenze zu Gaza fuhren,rochen sie Rauch. Sie hörten einen russischsprachigen Radiosender, Kan Reka 100. 3 FM, dort hieß es, Hamas-Terroristen hätten, als

israelische Soldaten verkleidet, nahe gelegene Kibbuzim und Moschawim angriffen. Auf der Autobahn 34 sahen sie Leichen und verlassene Autos am Straßenrand liegen, teilweise mit zerschossenen Fenstern. Anton trat das Gaspedal durch, und sie rasten mit zweihundert Stundenkilometern an bewaffneten Gestalten vorüber, ohne zu wissen, ob sie Freund oder Feind waren.

Eitan war sicher, dass er sterben würde, er wusste nur nicht, ob durch eine Rakete oder die Kugel eines Terroristen. Zumindest würde er mit seiner Familie sterben, nicht als Waise.

8

Zwei Wochen später kehrte Eitan nach Ashkelon zurück, um die Sachen der Familie zusammenzupacken, und musste feststellen, dass ihr Wohnhaus von einer Rakete getroffen worden war.

Die Fenster waren kaputt, Wände eingestürzt, Wohnzimmer und Balkon lagen unter Betontrümmern begraben. Eitan packte schnell ein paar Sachen in Koffer und fuhr wieder davon. Nur wenige Tage später schlug eine weitere Rakete in die Trümmer ihres ehemaligen Wohnhauses ein und zerstörte den Rest.

Sie wollten zwar nicht schon wieder umziehen, wussten aber nicht, wo sie schlafen sollten. Daher beschlossen sie, nicht nach Ashkelon zurückzukehren.

Die Familie Kusenov siedelte nach Migdal HaEmek um, weit weg von Gaza, etwa hundertsiebzig Kilometer nördlich von Ashkelon, etwa vierzig Kilometer südöstlich von Haifa und vier Kilometer südwestlich von Nazareth. In der neuen Stadt gab es keinen Strand, aber der See Genezareth war nicht weit entfernt. Marina und Anton fanden neue

Jobs in einer Elektronikfabrik vor Ort. Eitan schrieb sich für einen Technikkurs ein.

Etwa eintausend ukrainische Flüchtlinge, die die Ukraine nach der russischen Invasion verlassen und sich in Ashkelon und Ashdod angesiedelt hatten, mussten im Oktober 2023 erneut fliehen. Seit dem Beginn des russisch-ukrainischen Krieges haben etwa 45 000 Ukrainer in Israel Schutz gesucht, ein Viertel davon ist jünger als 17 Jahre. Seit dem 7. Oktober sind Dutzende von ihnen in die israelische Armee eingetreten, und fast 2500 dieser Neuankömmlinge haben Israel wieder verlassen – und sich erneut auf die Suche nach einem neuen Zuhause begeben.

Israel: Dieses Land der Wärme und Schönheit ist immer noch ein Friedhof.

Ofakim

Ofakim liegt etwa vierzig Kilometer von der Grenze zum Gazastreifen entfernt und ist eine der ärmsten Städte Israels. Gegründet 1955 als urbanes Zentrum, sollte sie wichtige Dienstleistungen für die Umgebung anbieten, die überwiegend aus Landwirtschaft und Wüste besteht. Die ersten Einwohner der Stadt waren jüdische Immigranten aus Marokko und Tunesien, gefolgt von Juden aus dem Iran und aus Ägypten, Äthiopien und der ehemaligen Sowjetunion.

Arbeitslosigkeit und Kriminalität waren schon immer ernste Probleme in der Stadt. »Das beständigste Phänomen in der Geschichte von Ofakim ist, dass die Menschen es schnell wieder verlassen«, sagte der Soziologe Natan Marom, der die Region untersucht hat. Viele Familien ziehen

aus Ofakim in die Nachbarstädte Be'er Sheva, Ashdod oder Ashkelon, sobald sie es sich leisten können.

Vor dem aktuellen Krieg lag das durchschnittliche Monatsgehalt in Ofakim bei 2500 Dollar, 45 Prozent der rund 36 000 Einwohner hatte keinen Highschool-Abschluss, und 30 Prozent der Häuser gehörten der öffentlichen Hand. Sogar Bürgermeister Itzik Danino, der aus einer der Gründerfamilien von Ofakim stammt, gab früher an, er stamme aus »der Gegend von Be'er Sheva«, wenn man ihn nach seiner Herkunft fragte.

Am 7. Oktober überfielen mehr als zwanzig schwer bewaffnete Hamas-Terroristen mit Hunderten Handgranaten und Dutzenden Panzerfäusten die Stadt. Sie drangen in Häuser ein und schossen auf den Straßen auf die Menschen. Vor allem im Viertel Mishor Hagafen wüteten sie, wo es keine Schutzräume in den Häusern gab, so dass die Bewohner auf die Straßen flüchten mussten, wo sie zu leichten Zielen wurden. Allein auf der Tamar-Straße wurden Dutzende Anwohner ermordet, als sie Schutz suchten oder ihre Familien und Nachbarn verteidigten. Insgesamt neunundvierzig Bewohner von Ofakim verloren ihr Leben.

Das jüdische Datum für den 7. Oktober 2023 ist der 5. Tischri 5785. Es war ein Samstag, Schabbat, und nicht irgendein Schabbat, sondern Simchat Tora, der letzte in einer Reihe wichtiger Feiertage im jüdischen Kalender. Auf Rosch ha-Schana, das Neujahrsfest, folgen die zehn Bußtage mit ihrem Höhepunkt Jom Kippur. Darauf folgen Sukkoth, das Laubhüttenfest, und die Tage von Schemini Azeret, an denen Zeremonien und Gebete stattfinden, der Toten gedacht und gefastet wird (zum Beispiel das Gedalja-Fasten und Hoschana Rabba). Am letzten Tag, dem Feier-

tag Simchat Tora, wird der Abschluss des Jahreszyklus der Toralesungen gefeiert, gläubige Juden tanzen in der Synagoge mit den Torarollen und feiern das Gebot, sie erneut zu lesen.

Der fünfundfünzigjährige Chaim Rumi wachte an Simchat Tora früh auf und eilte in die Synagoge der marokkanischen Gemeinde im Eli-Cohen-Viertel von Ofakim.

Chaim war ein gläubiger Mann und der Meinung, dass eine vom Pech verfolgte Stadt wie Ofakim ein ehrliches Gebet verdient hatte. Im Gegensatz zum Bürgermeister hatte er sich nie dafür geschämt, hier zu leben. Er war sogar freiwillig aus Tel Aviv hergezogen.

Damals war er 20 Jahre alt und frisch verheiratet gewesen und war umgezogen, weil er ein Jobangebot im Süden des Landes hatte. In Ofakim wurde er Vater von vier Söhnen und hatte ein regelmäßiges Einkommen: Chaim war Leiter des städtischen Friedhofs. So manchen hätte dieser Job wohl emotional und körperlich überfordert, aber Chaim hatte darin seine Berufung gefunden. Ihm machte es Freude, die Blumen vom Unkraut zu befreien und Gräber auszuheben. Ihm gefiel die Routine, die Planmäßigkeit der Arbeit. Dass er Familien Trost spenden konnte, machte die Arbeit noch erfüllender.

Insgesamt war er Herr über eine Fläche von fünfzig Dunam oder circa fünf Hektar mit 5800 Gräbern. Vor ein paar Jahren hatte eine regionale Tageszeitung geschrieben, es sei angenehmer, die gepflegten Wege des Friedhofs entlangzuschlendern als durch die Straßen von Ofakim zu gehen.

Chaim wurde manchmal »Bürgermeister der Toten« genannt wegen einer Neuerung, die er vor acht Jahren eingeführt hatte: Er hatte den Friedhof in Straßen aufgeteilt.

Um die Orientierung zu erleichtern, hatte er zwischen den Gräbern fünfzehn Straßenschilder aufstellen lassen. Statt in Grabfeldern und Parzellen wurden die Menschen nun an Straßen bestattet, die nach wichtigen Leuten benannt wurden, wie Hasida-Mor-Yosef-Straße, Tami-Afalo-Straße und Masouda-Zagori-Straße – allesamt Frauen, die ehrenamtlich die Verstorbenen rituell wuschen und für die Bestattung vorbereiteten.

Er bat sogar den israelischen App-Anbieter »Waze«, seine neuen Straßennamen in die Navigationsapp aufzunehmen. Im nächsten Jahr wollte er den Leuten ermöglichen, den Namen eines Verstorbenen in die App einzugeben und sich damit zum Grab leiten zu lassen. Bis dahin musste er sich mit einer fotografischen Karte behelfen, die er selbst mit einer Drohne angefertigt hatte. Mit seinen Bemühungen hatte Chaim seinem Friedhof eine Viereinhalb-Sterne-Bewertung bei Google verschafft.

In Ofakim hatte Chaim auch zu Gott gefunden: »Früher habe ich den Rabbis oft das Leben schwer gemacht, viele Fragen gestellt, sie nach Dinosauriern gefragt oder um Beweise gebeten. Nach und nach wurde ich überzeugt«, sagte er oft. Seine Eltern waren in den 1950ern aus Ägypten und der Türkei nach Israel ausgewandert, aber er hatte seine Gemeinde in der marokkanischen Synagoge gefunden.

An den Feiertagen versammelten sich dort in der Synagoge mindestens fünfzig Männer zum Gebet. Am Morgen des 7. Oktober waren es nur sechs, einer davon war Chaim.

»Wo sind die anderen, Gabbai Eliyahu?« (Gabbai ist die Bezeichnung für jemanden, der bei den Abläufen in der Synagoge unterstützt, ein Mann, der die Gebete anleitet.)

»Bomben fallen, Chaim, die Leute haben Angst.«

»Das verstehe ich. Aber heute ist ein wichtiger Tag.«

Für Chaim sind Raketen kein Grund, ein Gebet abzusagen. Es hatte Jahre gegeben, als in Ofakim mehr Raketen als Regen vom Himmel fielen.

Sie beschlossen, noch etwas zu warten, ob noch mehr Gläubige kamen. Schließlich hatten sie ein Minjan zusammen – das Quorum aus zehn Männern, das für ein öffentliches Gebet notwendig war – und konnten beginnen:

»Gedenke der zwölf Stämme, die Du aus Ägypten durch das geteilte Wasser geführt hast;
für die Du das bittere Wasser versüßt hast.
Ihre Nachfahren, deren Blut um Deiner Willen vergossen wurde wie Wasser.
Blicke auf uns, denn unsere Seele ist von Sorge umschlossen wie Wasser.
Um ihrer Rechtschaffenheit willen gewähre uns üppig Wasser.
Für dich, Herr, unser Gott, lasse den Wind wehen und den Regen fallen.
Zum Segen, nicht zum Fluch. Amen.«

Nachdem sie eine halbe Stunde gebetet hatten, stürmte Osher, der Sohn des Gabbai, in die Synagoge.

»Terroristen! Terroristen sind in Ofakim!«

»Was sagst du da, Junge?«

»Terroristen im Stadtzentrum. Sie erschießen Leute im Viertel Mishor Hagafen.«

»Wir haben nichts gehört; wir sind nahe genug, wir hätten sie hören müssen.«

Chaim wusste nicht, was er davon halten sollte. Osher spielte manchmal Streiche, und bei ihm wusste man nie,

ob er log oder nicht. Doch irgendetwas war an diesem Schabbat anders.

»Okay, setz dich, Junge. Wir beenden das Gebet und gehen dann nach Hause.«

Sie sangen rasch die Festtagslieder und lasen dann den »Bräutigam des Anfangs«, so schnell sie konnten. Der traditionelle Rundgang mit der Tora um das Lesepult fiel aus; normalerweise wird das Pult drei- oder siebenmal umrundet, an jenem Tag gar nicht.

Langsam ging Chaim nach Hause. Er überlegte, ob er sein Mobiltelefon einschalten sollte, um herauszufinden, ob etwas los war, entschied sich aber am Ende dagegen. »Schabbat ist Schabbat«, sagte er zu sich selbst. Er glaubte, Flugzeuge am Himmel zu hören, fand aber, es könnte genauso gut das Geräusch seiner Klimaanlage sein. Dann machte er ein Nickerchen, wie jedes Wochenende.

Mittendrin rüttelte seine Frau ihn wach: »Chaim, Chaim, der Gemeindevorstand ist mit drei Soldaten gekommen. Wach auf!« Er sprang in Unterwäsche aus dem Bett. Soldaten vor seiner Tür? Keiner seiner Söhne war beim Militär. Warum waren sie gekommen?

»Entschuldigen Sie bitte, dass wir Sie geweckt haben, Chaim, aber es hat einen Massenmord gegeben. Hamas-Terroristen aus Gaza haben in unserer Stadt und im ganzen Süden von Israel ein Massaker angerichtet. Sie müssen den Friedhof jetzt öffnen und Leichen annehmen.«

Osher hatte nicht gelogen.

Chaim zog sich rasch Arbeitskleidung an und sagte seiner Frau, er wisse nicht, wann er zurückkommen werde.

»Sei vorsichtig und pass auf dich auf«, bat sie ihn.

»Ja, ja, das mache ich schon«, antwortete er.

Fünf Soldaten begleiteten Chaim an jenem Morgen

zum Friedhof. Der Befehlshaber, ein Major oder Oberstleutnant – Chaim konnte seinen Rang nicht erkennen – requirierte Chaims Drohne; sie mussten nachsehen, ob noch irgendwo geschossen wurde. Chaim sah die Soldaten ruhig an, aber ein Gedanke kreiste in seinem Kopf: Wie viele Tote bedeutete ein »Massaker«?

Am Friedhof öffnete Chaim das Tor und führte die Soldaten in das niedrige Büro mit den Gipswänden. Er schaltete die Klimaanlage ein und bereitete alles für die zu erwartenden Toten vor. Wenn es um Leben und Tod geht, dürfen Juden auch die Schabbatruhe brechen, wenn sie etwa einen Rettungswagen fahren oder telefonieren müssen. Chaim hatte sein Telefon nun eingeschaltet, falls die Polizei oder Sanitäter ihn kontaktierten.

Er startete seine Drohne, ein chinesisches Modell mit unzuverlässiger Batterie, und gab den Soldaten sein Smartphone, damit sie die Aufnahmen ansehen konnten. Zunächst wirkten die Straßen der Stadt friedlich, niemand war draußen zu Fuß unterwegs. Erst auf der Tamar-Straße sahen sie die ersten Leichen auf den Gehwegen liegen, unbedeckt. Nach fünfundvierzig Minuten kam der erste Krankenwagen.

Chaim erkannte den ersten Toten, der gebracht wurde: Rabbi Binyamin Rahami von der gleichen Synagoge, die auch Chaim besuchte. Rabbi Rahami hatte oft auf der Bank vor ihm gesessen. Ein freundlicher Mensch. Er hatte kleine Kinder. Chaim seufzte, als er die Leiche sorgfältig in einen Plastiksack hüllte.

Nach mehreren Krankenwagen kam schließlich ein Bus. Leichen und Leichenteile waren darin aufgehäuft. Er hatte auf der Fahrt vom Musikfestival Nova in Re'im nach Ofakim alle menschlichen Überreste eingesammelt, an

denen er vorbeikam. Die Fahrt wurde deutlich erschwert durch die Terroristen, die auf der rund zwanzig Kilometer langen Strecke immer noch um sich schossen. Insgesamt fünfzig Leichen waren in das Gepäckfach des Busses gestopft. Chaim hatte noch nie zuvor Menschen mit Kugeln in den Augenhöhlen gesehen, bei manchen trat das Gehirn aus dem Kopf aus. Eine halbe Stunde lang suchte er nach dem passenden Körper zu einer abgetrennten Hand. Er sah viele bekannte Gesichter aus seinem Viertel, auch wenn er sich nicht an alle Namen erinnern konnte. Da war der Mann, dem er auf seinem Morgenspaziergang immer zunickte, ein paar Frauen, die er immer im Lebensmittelladen sah. Und Moshe Ohayon, eine bekannte politische und philanthropische Persönlichkeit im Ort. Jeder kannte Moshe. Neben Moshe lag sein Sohn Eliad, gerade einmal 20 Jahre alt. Hatte der Vater den Sohn sterben sehen oder der Sohn den Vater? Chaim verscheuchte diese Gedanken schnell.

Dann kam ein Lastwagen an.

Um Himmels willen, diesen Jungen kannte Chaim gut. Es war Aaron Chaimov, der Sohn des Rabbi der bucharischen Gemeinde, ein Anführer der städtischen Juden aus Usbekistan und Tadschikistan. Rabbi Yosef Chaimov war häufig auf dem Friedhof, begleitete Mitglieder seiner Gemeinde stets auf ihrer letzten Reise. Er war immer so stolz auf Aaron gewesen, seinen Ältesten, 25 Jahre alt, Rettungssanitäter und Krankenwagenfahrer, Vater von zwei Kleinkindern. Aaron war unterwegs zu Verletzten gewesen, als er erschossen wurde. Eine Kugel war in seine Brust eingedrungen, und er hatte die Kontrolle über den Krankenwagen verloren.

Nahorai Said. Chaim kam es vor, als wäre Nahorai erst vor kurzem ein Baby in der Kindergartengruppe seiner Frau gewesen. Jetzt war er 19 Jahre alt und tot.

Chaim arbeitete fünfzig Stunden lang ohne Pause. Er wusch, bedeckte, katalogisierte. Das jüdische Vorbereitungsritual für die Toten war ein Trost für ihn: Es schrieb ihm vor, was er zu tun hatte, und etwas zu tun hielt ihn vom Nachdenken ab.

In der folgenden Woche führte er fünfundzwanzig Beerdigungen für Opfer durch, deren Familien ihre Angehörigen in Ofakim bestatten wollten, das war fast die Hälfte der neunundvierzig Einwohner, die in der Stadt an jenem Tag ermordet worden waren. Noch im Tod wollen manche jedoch Ofakim verlassen, und ein Grab außerhalb der Stadt ist billiger als eine Wohnung außerhalb.

Jede Familie, jede Glaubensrichtung hatte eigene Bestattungsriten, und Chaim kannte sie alle. Russen tragen die Bahre mit dem Toten nicht gern selbst, sondern nehmen lieber einen Wagen. Bei Menschen aus dem Kaukasus kamen meist zahlreiche Trauernde zur Beerdigung. Auch Äthiopier kamen in Massen, aber sie näherten sich nicht dem Verstorbenen, sondern versammelten sich erst nach der Bestattung am Grab. Marokkaner tragen den Verstorbenen mit den Füßen voran zum Grab, die Tunesier machen es andersherum.

Erst nachdem die Bestattungen vorbei waren, fühlte Chaim den Druck im Kopf: ein zunehmendes Spannungsgefühl hinter den Augen. Seine Familie riet ihm, darüber zu reden, was er gesehen hatte. Zunächst lehnte er das ab. Warum sollte er andere belasten? Was konnte er denn sagen? Konnte er von der Frau erzählen, die mitten in der Nacht auf der verzweifelten Suche nach ihrem Mann

schreiend zu ihm kam, obwohl Chaim ihr von Rechts wegen gar nicht helfen durfte, die Leiche zu identifizieren? Je mehr sein Kopf schmerzte, umso mehr fühlte er sich gefangen in seinen eigenen Erinnerungen und dem Schmerz der anderen.

Sarit Ohayon, die noch nicht vom Tod ihres Mannes und ihres Sohnes erfahren hatte, wartete zu Hause geduldig auf Neuigkeiten und kümmerte sich derweil um die zwanzig behinderten Kinder, die ihre Familie über die Feiertage aufgenommen hatte.

In den späten 1990er Jahren waren Sarit und Moshe Ohayon ein junges Paar aus Jerusalem, das auf der Suche nach einer Herausforderung, einer Aufgabe war. Sie zogen nach Ofakim. Sie hatten von mehreren Familien gehört, die zu einer national-religiösen Bewegung gehörten und die in die verarmte Stadt kamen, um dort wirtschaftliche und soziale Veränderungen zu bewirken. Auch Sarit und Moshe wollten es versuchen, zunächst ein Jahr lang.

Am Ende jenes Jahres wurde Eliad, der zweite ihrer fünf Söhne, geboren. Sie zogen nie wieder aus dem Viertel Mishor Hagafen weg.

Moshe wurde zu einer bekannten Persönlichkeit in der Stadt. Im ersten Jahr in der Stadt richtete er ein Studentendorf ein und ein Zentrum für behinderte Kinder. Im Jahr 2013 hatte er mit dem Slogan »Tun, Verändern, Führen« fast die Bürgermeisterwahl gewonnen. Manche vermuteten, er habe nur deshalb verloren, weil er mehr handelte als redete, aber zweifellos hatte er sich der Aufgabe verschrieben, die Lebensumstände in der Stadt zu verbessern. In den letzten Jahren hatte Moshe eine landesweite Organisation

geleitet, die durch das Studium der heiligen Schriften die Kluft zwischen Säkularismus und Religion zu überwinden suchte. Der gläubige Moshe lehrte seine säkularen Schüler, Gebote für das Verhältnis von Menschen zu anderen Menschen seien wichtiger als Gebote für die Beziehung der Menschen zu Gott. Er war außerdem Vorstandsvorsitzender der Denkfabrik »Shaharit«, die sich mit dem eskalierenden Konflikt zwischen verschiedenen Gruppen in der israelischen Gesellschaft beschäftigte: Rechts gegen Links, Juden gegen Araber, Religiöse gegen Säkulare und Mizrachim gegen Aschkenasen. Er setzte landesweit die »Sukkat Schalom«-Inititative (»Zuflucht des Friedens«) um, die sich darum bemühte, diese Polarisierung abzubauen. Insgesamt war er ein viel beschäftigter Mann mit dem Ziel, Menschen zusammenzubringen.

Am 5. Oktober, dem Halbfeiertag Hoschana Rabba, an dem viele traditionell einen ganzen Abend lang die Tora lesen, begrüßten Moshe und seine Familie bei sich zu Hause fünfzig Gäste zu einer dieser »Sukkat Schalom«-Veranstaltungen. Zu diesem Anlass hatte Moshe zwei einflussreiche Persönlichkeiten eingeladen, die bekanntermaßen unterschiedliche politische Standpunkte vertraten. Der eine Gast war der Reservegeneral Nimrod Shafer, der die Proteste gegen Netanjahus sogenannte Justizreform anführte. Er propagierte öffentlich, dass Israelis sich weigern sollten, als Reservisten zu dienen, um damit gegen die antidemokratischen Bestrebungen der Regierung zu demonstrieren. Der zweite Gast war Sara Eliash, die eine wichtige Rolle bei der Gründung neuer Siedlungen im Westjordanland gespielt hatte und eine bekannte Anführerin der Religiösen Zionistischen Gemeinde war. Bis in die frühen Morgenstunden saßen die beiden in Moshes Sukka und diskutierten

über das talmudische Gleichnis vom Seemann auf dem Schiff:

> »Rabbi Shimon bar Yochai lehrte ein Gleichnis: Männer saßen auf einem Schiff. Einer zog einen Bohrer hervor und begann ein Loch zu bohren.
>
> Die anderen fragten ihn: Was machst du da?
>
> Er antwortete: Was kümmert euch das? Ich bohre in meinem Teil des Schiffs.
>
> Darauf die anderen: Ja, aber das Wasser wird eindringen, und wir werden alle ertrinken.«

Am folgenden Abend lud Eliad zu einer Veranstaltung ins Haus seiner Familie ein. Im dritten Jahr hintereinander hatte er Kinder mit Behinderungen wie Kinderlähmung, Muskeldystrophie und Hirnschäden eingeladen, das Laubhüttenfest mit seiner Familie zu feiern. Im ersten Jahr waren es dreißig Kinder gewesen. Im Jahr darauf fünfzig. Und am letzten Abend seines Lebens begrüßte er achtzig Kinder im Hof seines Hauses.

Eliad hatte in der Nachbarschaft Schlafplätze für alle achtzig Gäste organisiert, bei ihm zu Hause übernachteten zwanzig Kinder.

Beim ersten Raketenalarm am Samstag brachte die ganze Familie Ohayon die Kinder aus den fünf Schlafzimmern eilends in den raketensicheren Raum. Ihr Haus war eines der wenigen in der Nachbarschaft mit einem solchen Schutzraum, der allerdings dunkel blieb, weil die Ohayons am Schabbat keinen Strom nutzten.

Moshe wusste, dass die öffentlichen Schutzräume verschlossen waren und die städtischen Hilfskräfte erst spät herkommen würden, wie immer. Daher rannte er zu den

Schutzräumen im Viertel, zerschlug dort die Schlösser und führte die Anwohner hinein.

»Bleib hier, geh nicht nach draußen«, baten ihn einige Nachbarn, aber er wollte herausfinden, was es mit den Berichten von Schießereien auf sich hatte.

Eliad fuhr seinen Vater in Moshes Auto zur Tamar-Straße, wo Schüsse zu hören waren. Moshe zielte dabei mit einem Gewehr aus dem Fenster.

Fünf Terroristen hatten das Haus Tamar-Straße 1 gestürmt, wo die Familie Adri wohnte. Von drinnen beschossen sie die Straße und hielten ein älteres Paar, Rachel und David, als Geiseln. Rachel war eines von vierzehn Geschwistern gewesen, ihre Eltern stammten aus dem Iran und aus Marokko. Sie konnte sich mit den Terroristen auf Arabisch unterhalten und bot ihnen Ananas und Kekse an, um sie etwas zu besänftigen.

Am Haus der Familie Biliya an der Tamar-Straße 16 sahen Moshe und Eliad, wie Terroristen das Haus beschossen und einzudringen versuchten. Elf Mitglieder dieser Familie flüchteten durch ein Dachfenster. Unter ihnen war Ariel Biliya, seine Frau Shoshana, ihre Kinder und weitere Familienmitglieder. Moshe und Eliad stellten das Auto an der Tamar-Straße 20 in einem Hof ab, in dem augenscheinlich keine Terroristen waren. Sie wollten die Angreifer von der fliehenden Familie ablenken.

Ariel Biliya stand am Fenster und half einem nach dem anderen seiner Familie aufs Dach. Er wurde erschossen, während er mit seinem Körper zum Schutz der Familie das Dachfenster abdeckte.

Unterdessen kümmerte sich Amitai, Eliads Bruder und Moshes ältester Sohn, am anderen Ende der Tamar-Straße um dreizehn Verletzte, band Wunden ab. Krankenwa-

gen waren weit und breit nicht zu sehen, daher lud er die Verwundeten in sein Auto und fuhr sie zu einer dreißig Minuten entfernten Polizeiwache. Dreimal fuhr Amitai zwischen Wache und Anschlagsort hin und her. Rettungswagen erreichten das Viertel erst am Abend.

Sarit blieb zu Hause, kümmerte sich um die zwanzig behinderten Kinder und beruhigte deren besorgte Eltern. Sie war so beschäftigt, dass sie kaum Zeit hatte, sich um ihren Mann und ihre beiden Söhne Sorgen zu machen. Eine Freiwillige, die bei Sarit und den Kindern im Schutzraum ausharrte, erhielt ein verstörendes Video, das eine Verwandte von ihr zeigte: Doron Asher, die mit ihren beiden kleinen Töchtern aus dem Kibbuz Nir Oz nach Gaza entführt wurde. Bei dem ganzen Chaos verstand man kaum, was geschah.

Gegen Mittag kehrte Amitai nach Hause zurück und berichtete Sarit, dass Ariel Biliya ermordet worden war. Der Rest der Familie Biliya hatte sich unter einer Solarpaneele auf dem Dach versteckt und überlebt. Sarit war besorgt, wie Moshe auf den Tod seines Freundes reagieren würde, wenn er nach Hause kam.

Bis zum Abend hatten sich Moshe und Eliad immer noch nicht gemeldet. Sarit machte sich zunehmend Gedanken, um ihren Mann und ihren Sohn und meldete sie über die Polizeihotline als vermisst. Sie hörte verschiedene Gerüchte: Manche Bekannte sagten, sie hätten gesehen, dass Vater und Sohn beim Nova-Festival in Re'im geholfen hätten, andere vermuteten, sie könnten unter den nicht identifizierten Verletzten in einem der Krankenhäuser sein.

Am nächsten Morgen machte sich Amitai selbst auf die Suche. Er wollte zum Partygelände fahren, kam aber nicht durch, weil immer noch geschossen wurde. Daher fuhr er

zunächst ihr heimatliches Viertel ab, um ganz sicherzugehen. Als er in die Tamar-Straße einbog, sah er das Auto seines Vaters, die Türen weit offen, von Gewehrkugeln durchlöchert, aber kein Blut. Während Amitai noch die Umgebung des Autos absuchte und sogar darunter nachsah, kam zufällig jemand aus der Familie Biliya vorbei.

»Es tut mir so leid wegen Ariel«, sagte Amitai.

»Wir können nicht fassen, dass wir ihn verloren haben, und auch nicht, dass wir überlebt haben. Wie geht es deiner Familie? Was ist mit deinem Vater, was macht er jetzt?«

»Ich weiß es nicht. Wir haben seit gestern nichts mehr von ihm oder Eliad gehört. Ich habe gerade erst ihr Auto hier gefunden«, antwortete er und zeigte auf das Fahrzeug.

Amitai suchte das Auto nach Anzeichen dafür ab, was geschehen sein könnte, als ein anderer Nachbar, den er nicht kannte, über den Zaun rief: »Suchen Sie nach dem Besitzer dieses Fahrzeugs?«

Amitai nickte.

»Ich habe alles durchs Fenster gesehen! Es war verrückt, völlig verrückt! Sie kämpften gegen die Terroristen, Vater und Sohn!« Er gestikulierte mit den Händen, imitierte Gewehrschüsse und Körper, die zu Boden fielen.

»Woher wissen Sie, dass sie Vater und Sohn waren?«, fragte Amitai verblüfft.

»Weil der ältere Mann zuerst erschossen wurde und der jüngere um Hilfe für seinen Vater rief. Der arme Junge rief um Hilfe und wurde dann selbst erschossen.«

Von der lauten Unterhaltung angelockt, kam ein weiterer Nachbar hinzu. Auch er hatte den Kampf beobachtet. »Ihre Leichen lagen bis vor wenigen Stunden noch hier auf dem Gehweg«, sagte er. Dann zeigte er Amitai ein Foto auf seinem Smartphone.

Amitai erkannte seinen Vater und seinen Bruder, von Kugeln durchlöchert, einander umarmend.

Die Leichen von Moshe und Eliad Ohayon hatten fast einen Tag lang auf dem Gehweg vor der Tamar-Straße 20 gelegen, bis man sie am Sonntagmorgen zu Chaims Friedhof brachte.

Amitai zerriss sein Hemd in der traditionellen Trauergeste und wartete dann weinend, bis Sozialarbeiter der Stadt ihn nach Hause begleiteten, um seiner Mutter und seinen Geschwistern die Nachricht zu überbringen. Sie kamen in dem Moment zur Haustür, als die letzten Gastkinder aus dem Haus evakuiert wurden.

Die Negev-Beduinen

Der Negev ist ein riesiges Wüstendreieck im Süden Israels, eine gespenstische, dürre Fläche aus Sand, verkümmerten Akazien und hin und wieder einem Berg. Diese raue Landschaft, die einem aber gleichzeitig das Gefühl gibt, sich auf heiligem Boden zu befinden, ist die Heimat der Beduinen. Die indigene Minderheit arabischer Muslime lebt noch immer überwiegend nach ihrer althergebrachten Stammestradition in Großfamilien zusammen. Viele von ihnen züchten Schafe und Ziegen, andere hingegen arbeiten als Ärzte, Anwälte und Ingenieure. Schätzungsweise ein Drittel bis zu einem Fünftel der Beduinenfamilien in Israel praktiziert die Polygamie. Zwar ist das offiziell nicht erlaubt, doch wird das Verbot von den israelischen Behörden nicht konsequent durchgesetzt.

Obwohl die Negev-Beduinen vollwertige israelische Staatsbürger sind und mit allen Ehren in den Streitkräf-

ten dienen, sind sie seit der Gründung des Staates Israel immer wieder Diskriminierungen ausgesetzt und leiden häufig unter Armut und mangelndem Zugang zu staatlichen Leistungen.

Ursprünglich waren die Beduinen Nomaden oder Halbnomaden aus der Region Hedschas auf der arabischen Halbinsel. Zwischen dem 14. und dem 18. Jahrhundert kamen sie in den Negev. Am Vorabend der israelischen Staatsgründung 1948 lebten hier etwa 70 000 Beduinen. Während des Krieges und danach verließen sie entweder freiwillig das Land ihrer Vorfahren oder wurden von dort vertrieben und siedelten sich auf dem Sinai, in Transjordanien und im Judäischen Bergland an. Nur etwa 11 000 Beduinen blieben im Negev und waren in den ersten zwei Jahrzehnten nach der Staatsgründung einer Militärverwaltung unterstellt. Das Planungs- und Baugesetz von 1965 brachte für ganz Israel einschneidende Veränderungen in der Kategorisierung von Land, die sich noch heute auf das Leben der Beduinen auswirken. Viele Dörfer, vor allem solche in landwirtschaftlichen Regionen, wurden offiziell als »nicht anerkannt« und damit als ungeeignet für eine Besiedlung eingestuft. Infolgedessen galten bereits vorhandene Häuser in diesen Gebieten von heute auf morgen als illegal.

Heute gibt es im Negev schätzungsweise 300 000 Beduinen. Sie leben in drei verschiedenen örtlichen Gemeinschaftsformen: in staatlicherseits errichteten Städten, neu genehmigten Dörfern und jenen älteren, offiziell illegalen »nicht anerkannten« Dörfern. Von Letzteren gibt es fünfunddreißig im Negev. Sie sind die Heimat von etwa 30 Prozent der Beduinenbevölkerung.

Die Bedingungen in diesen Dörfern sind grauenvoll. Es ist keine nennenswerte Infrastruktur vorhanden, sprich:

Es gibt kein Wasser, keinen Strom und keine Straßen. Der Zugang zu Bildung und medizinischer Versorgung ist ebenfalls begrenzt. Dazu kommen noch die gesetzlichen Hürden bei Baugenehmigungen. Jeder Versuch, ein Haus zu reparieren oder zu renovieren, kann Geldstrafen oder sogar den Abriss zur Folge haben.

In Kriegszeiten zwischen Israel und Gaza ist kein Israeli gefährdeter als die Beduinen im Negev. In den meisten nicht anerkannten Dörfern fehlt es an Sirenen und kommunalen Schutzräumen. Auch das Raketenabwehrsystem Iron Dome, das dem größten Teil der israelischen Städte weitgehenden Schutz bietet, schließt bestimmte Dörfer im Negev nicht mit ein. Dieser fehlende Schutz ist eine unmittelbare Folge der Einstufung der Beduinengebiete als »offenes Gelände« – das heißt: offiziell nicht bewohnt – durch die israelische Regierung, womit den Dörfern dort auch ein Anschluss an die allgemeine Wasserversorgung und das Stromnetz versagt bleibt.

Im Jahr 2014 stellte der israelische Bürgerrechtsverband beim Obersten Gerichtshof den Antrag, Einwohnern von Beduinendörfern Schutz gegen Raketenbeschuss zu gewähren. 2017, in einem hinsichtlich Raketenangriffen verhältnismäßig ruhigen Jahr, entschied der Gerichtshof, es müsse nichts geschehen, und verweigerte die Einrichtung von Schutzräumen in diesen Dörfern. Die Urteilsbegründung drückte das Vertrauen in die Behörden aus, »wenn nötig schon für Schutz zu sorgen«. Während viele Israelis in einer etwaigen Justizreform eine Gefahr für die Demokratie sahen, konnten die Beduinen nur lachen.

Beim Angriff der Hamas am 7. Oktober schlugen zahlreiche Raketen auf Beduinengebiet ein. Neunzehn Menschen, darunter sechs Kinder, starben allein an diesem ersten Tag.

Der Regionalverband für die nicht anerkannten Dörfer im Negev rechnete aus, dass die Bewohner dieser Dörfer ein 2200-mal höheres Risiko haben, durch Raketenangriffe zu Tode zu kommen als die restliche israelische Bevölkerung.

Obwohl sie schon drei Tage überfällig war, sah Sujood Abu Karinat in aller Ruhe der Geburt ihres Babys entgegen. Warten war ihr schon zur zweiten Natur geworden.

Die werdende Mutter stammte aus einer Familie, die so groß und im Negev so tief verwurzelt war, dass sie ihr eigenes Dorf hatte, das auch ihren Namen, Abu Karinat, trug. Dem ehemals nicht anerkannten Ort hatten die israelischen Behörden im Jahr 1999 endlich einen offiziellen Status verliehen, ein Jahr vor Sujoods Geburt. Ihre Kindheit war geprägt vom Warten auf den Anschluss an die Wasser- und Stromversorgung. Als sie 18 war, wurde endlich eine Zugangsstraße asphaltiert, und die ersten festen Häuser, darunter ein Jugendclub und ein öffentliches Gesundheitszentrum, entstanden. Als sie 19 war, genehmigte der Bezirksausschuss den Ausbau neuer Wohnviertel mit Betongebäuden, dem bald darauf auch Wasser und Strom folgten. Zu ihr selbst allerdings nicht – wie viele andere in Abu Karinat wohnte sie immer noch in einer baufälligen Blechhütte. Mit 20 Jahren heiratete sie den dreißigjährigen Triffy Abu Rashid, der dem zweitgrößten Familienclan des Dorfes entstammte. Sie war seine zweite Frau. Triffy hatte bereits sechs Kinder und war selbst eins von fünfunddreißig Geschwistern, die seinem Vater Mohammad von drei verschiedenen Frauen geboren worden waren.

Sujood erwartete ihr erstes Kind, ein Mädchen. Schon Monate vor der Geburt hatte sie eine Wiege zurechtgemacht, einen Namen ausgesucht und rosafarbene An-

ziehsachen und Windeln gekauft. Triffy, der weit weniger Geduldigere von den beiden, bestand darauf, einen Arzt aufzusuchen, um sicherzustellen, dass auch alles in Ordnung war mit ihrem inzwischen überfälligen Baby.

Nach der Untersuchung, der zufolge das Baby gesund war, beschlossen sie, nicht zum Übernachten nach Abu Karinat zurückzukehren.

Stattdessen fuhren sie zum Weideland der Familie in der Nähe des Kibbuz Re'im, auf dem ihre Herde aus fast dreihundertfünfzig Schafen graste. Sie fanden nicht viel Schlaf in dieser Nacht, weil der Lärm der Mammutparty nebenan – das Nova-Musikfestival – sie wachhielt.

Kurz nach halb sechs am nächsten Morgen wachte Sujood schreiend auf: »Ich habe Wehen, steh auf, Triffy, steh auf. Ich muss sofort ins Krankenhaus, wie der Doktor gesagt hat.«

Nachdem sie Triffys jüngerem Bruder Bilal die Aufsicht über die Schafe übertragen hatten, machten sich Triffy, Sujood und ihr kommendes Baby auf den Weg.

Es war noch früh an diesem Feiertagssamstag, die Straßen waren leer, und der Tag schien vielversprechend – bis die Sirenen losgingen. Trotz des Alarms fuhren sie weiter in Richtung Soroka-Krankenhaus. Sujood schickte währenddessen immer wieder Stoßgebete zum Himmel: Was hatte ihr Baby mit militärischen Auseinandersetzungen zu tun? Sie hofften, innerhalb von vierzig Minuten im Krankenhaus und in ein paar Stunden schon Eltern zu sein.

Einige Kilometer entfernt wurden die sechzig Mitglieder der Familie Al-Kran von Explosionen aus dem Schlaf gerissen. Sie lebten in einem regelrechten Bienenstock aus winzigen Hütten in East Maluda, einem nicht anerkannten Beduinendorf. Wenn in East Maluda ein Sohn heiratet,

verkleinert die Familie die vorhandenen Räume, um für das junge Paar ein neues Zimmer zu schaffen. Trotz der ausgedehnten Wüstenflächen außerhalb der Mauern ist es in den Hütten so eng, dass jede Bewegung überall zu hören ist, an Schlaf ist kaum zu denken, wenn im Nachbarzimmer jemand wach ist.

Die räumliche Enge ist nicht einmal durch Armut bedingt. Vielmehr fürchten die Al-Krans, ein Anbau könnte einen Abrissbefehl der Behörden zur Folge haben. In einem Nachbardorf beschmieren die Bewohner ihre Häuser immer wieder mit Schlamm, um ihnen einen abgenutzten Anschein zu geben und so mit etwas Glück eine Inspektion durch das Bauamt zu überstehen.

East Maluda hat keinen offiziellen Ortseingang, und es findet sich auch auf keiner Online-Karte. Schotterstraßen führen durch die Wüste zu einem Areal mit etwa dreißig Olivenbäumen, das von Kamelherden zum Weiden genutzt wird.

Um 1880, während der Osmanenherrschaft, zog Saleh Al-Kran aus Saudi-Arabien in den Negev und ließ sich in diesem Dorf nieder. Sein Enkel Muhammad Al-Kran kam 1940 hier zur Welt, acht Jahre vor der Gründung des Staates Israel. Er wurde ein allseits geachteter Vermittler, ein Schlichter von Konflikten innerhalb der Beduinengemeinschaft. Muhammad zeugte sieben Söhne, der Älteste, Said, war 57, der Jüngste, Jasser, 28 Jahre alt. Seine anderen Söhne, Ebrahim, Aqel, Dive, Talb und Sajr, lebten ebenfalls im Dorf und zogen hier in der Geborgenheit eines großen Familienclans mit engem Zusammenhalt ihre Kinder groß.

Dutzende von Al-Kran-Männern, -Frauen und -Kindern sahen sich nun nur wenige Meter von ihrem Grund und Boden entfernt mit einem Raketeneinschlag konfrontiert.

Autofenster waren zersprungen, ein Feuer ausgebrochen, und eine Rauchwolke erhob sich in den Himmel. Die Männer der Familie versammelten sich, um zu beten und Allah für das Wunder zu danken, dass nur Sachschaden entstanden war.

Ein paar Minuten später traf eine weitere Rakete das nahe gelegene Dorf Alabat. Sie landete mitten in der Hütte von Faiza Abu Sabeih. Deren Enkelin May Abu Sabeih war gerade damit beschäftigt, Faiza ihre Medikamente gegen hohen Blutdruck und einen zu hohen Cholesterinspiegel zu verabreichen. Adal, Faizas Sohn und Mays Onkel, saß auf einer Bank vor der Küche und wartete auf sein Frühstück.

May, das zweite Kind von Faizas ältestem Sohn Zuhir, hatte sich entschieden, bei der Großmutter zu wohnen, obwohl die Hütte ihrer Eltern ganz in der Nähe stand. Jeden Tag gab sie morgens und abends jeweils um 7 Uhr gewissenhaft ihrer Oma die Medikamente, badete sie und packte sie ins Bett. Faizas zehn Kinder mussten anerkennen, dass May die Pflege ihrer Mutter alleine besser bewerkstelligte, als sie alle gemeinsam es hinbekommen würden.

Wenn Adal, ein angesehener Architekt und ehemaliger Lehrer, zu seiner Mutter zum Essen kam, blieb May oft einfach sitzen und weigerte sich, ihn zu bedienen. Sie scherte sich nicht um überkommene Sitten. Männer sollten sich gefälligst selbst bedienen. Wenn man sie rief, gab May auch nicht immer sofort Antwort, häufig tanzte sie mit Kopfhörern auf den Ohren ums Haus herum und hörte englische Songs. »Ihr haltet euch für gebildet und sprecht nur Arabisch und ein schlechtes Hebräisch?«, verspottete sie ihre Onkel und Vettern, bevor sie ihnen englische Worte beibrachte.

Die Familie Abu Sabeih gehört zu den gebildetsten in der Region. Faizas Vetter, Ibrahim Abu-Sabeih, ein Knesset-Abgeordneter von der Arbeiterpartei, war einer der Gründer des Regionalverbands für die nicht anerkannten Orte, die erste autonome Instanz der Beduinen, die sich gegen die Ungerechtigkeiten der israelischen Regierung zur Wehr setzte. Faiza selbst durfte nur bis zur achten Klasse zur Schule gehen, war aber dennoch die Haupternährerin der Familie, nachdem ihr Mann Mohammed berufsunfähig geworden war. Sie nähte die traditionellen Thawb-Gewänder der Beduinen, stellte aus der Milch der familieneigenen Schaf- und Ziegenherden hochwertigen Käse her und handelte mit Gold, das sie für wenig Geld einkaufte und mit einem hohen Aufschlag wieder verkaufte.

Bevor die Rakete ihr Haus traf, war Faiza dabei gewesen, sechs von ihren Enkeln im Alter von fünf bis neun Jahren beizubringen, wie man in der Say-Pfanne Fladenbrot backt. Eins der Kinder, der achtjährige Zuhir, wurde von einem weißen Hündchen außerhalb der Hütte abgelenkt und lief ihm, trotz Faizas Ermahnung, nach, was alle anderen mit Ausnahme von May und Adal ebenfalls nach draußen lockte.

Sie waren gerade weg – nur wenig mehr als zehn Meter entfernt –, als die Rakete ihre Hütte zerstörte.

Zuhir wurde von Granatsplittern an Bein und Rücken verletzt, und Adal verlor das Bewusstsein, als die Blechwände der Hütte auf ihn fielen. »Mama! May! Wo seid ihr? Mama! May!«, rief er noch, bevor er ohnmächtig wurde. Als er nach ein paar Minuten wieder zu sich kam, stand die Hütte in Flammen, und er suchte in der Verwüstung nach Mutter und Nichte, ohne auf seine eigenen Verletzungen durch Granatsplitter in Kopf, Rücken und Hand zu achten.

Er fand Faiza und May reglos mit ausgestreckten Armen auf dem Boden liegend.

Der angeforderte Krankenwagen kam nicht bis zur Hütte der Abu Sabeihs durch, da es keine befestigte Straße dorthin gab. Nachbarn beförderten Faiza, May, Adal und Zuhir in ihrem Privatauto zu ihm hin, damit sie ins Soroka-Hospital gebracht werden konnten.

Als Raketen auf die Regionalstraße 232 zu fallen begannen, entschuldigte sich Triffy bei Sujood, die in den Wehen lag: Sie mussten trotzdem einen Umweg machen, denn er sorgte sich um seinen kleinen Bruder Bilal, der alleine auf dem Weideland der Familie die Stellung hielt. Triffy fuhr noch einmal zurück, um ihn abzuholen.

Als sie sich der Kreuzung bei Re'im näherten, nicht weit vom Musikfestival entfernt, das sie in der Nacht wachgehalten hatte, wurden sie plötzlich von zwei weißen Lieferwagen eingekeilt, von vorne und von hinten. Triffy musste erst einmal blinzeln, bevor er realisierte, was er sah: Auf einem der Wagen stand ein mit einem Maschinengewehr bewaffneter Mann, der auf sie feuerte. Um dem Hinterhalt auszuweichen, riss Triffy das Steuer scharf nach links. Als er zu Sujood hinüberschaute, sah er, dass sie aus dem Unterleib blutete. Eine Kugel war ins Auto eingedrungen und hatte ihren schwangeren Bauch getroffen. Eine zweite Kugel steckte in einem der Reifen.

Triffys Notrufe wurden weder vom nationalen medizinischen Notfalldienst noch von der Polizei entgegengenommen. Daraufhin rief er seinen Vater, Mohammad, an, damit er ihm an der Anschlussstelle Urim medizinische Hilfe verschaffte, die er trotz des platten Reifens zu erreichen versuchte. Als das Auto kurz vor der Anschlussstelle

endgültig den Geist aufgab, stiegen Triffy und Bilal aus und winkten Hilfe heran. Drei Wagen mit Beduinen aus der Gegend fuhren rechts ran. Triffy erklärte ihnen gerade die Sachlage und bat darum, Sujood ins Krankenhaus zu bringen, als sich schon wieder ein weißer Lieferwagen näherte. Sechs oder sieben Hamas-Terroristen schossen wahllos auf die Beduinen, die sie auf Arabisch anflehten aufzuhören. Unter den Beduinen waren Frauen in schwarzen Hidschabs, wie auch Sujood auf dem Beifahrersitz von Triffys Auto einen trug. Eine Kugel streifte Bilal am Hals, und Triffy drängte ihn, hinter dem Wagen in Deckung zu gehen, bevor er noch einmal nach Sujood sah. In diesem Augenblick traf eine weitere Kugel Sujood ein zweites Mal im Unterleib.

»Zwei Kugeln im Bauch? Ist es schon so weit gekommen mit den Beduinenstreitigkeiten?«, spottete der Fahrer des Krankenwagens völlig gefühllos, als er endlich eintraf.

»Hier schießen Terroristen auf Zivilisten«, brüllte Triffy ihn an. »Machen Sie schon, nehmen Sie sie mit und fahren Sie schnell zum Soroka.«

Dr. Eyal Sheiner, Chefarzt der Abteilung für Geburtshilfe und Gynäkologie am Soroka-Krankenhaus, war gerade damit beschäftigt, zusammen mit seinem Team werdende Mütter in raketensichere Gebäude zu verlegen, als er die Nachricht von der ersten Verletzung des Tages erhielt: »Fortgeschrittene Schwangerschaft, Granatsplitter im Unterleib, auf dem Weg in den Schockraum …«

Sujood war nur halb bei Bewusstsein, als Dr. Sheiner und sein Team, bestehend aus zwei Oberärzten, zwei Gynäkologen, einem Assistenzarzt und einem Kinderarzt, mit der Erstuntersuchung begannen.

Der Ultraschall zeigte einen lebensfähigen Fötus mit

normalem Herzschlag und ausreichender Fruchtwassermenge. Sie verzichteten auf weitere bildgebende Verfahren und beeilten sich, in den Operationssaal zu kommen. Das Team entschied sich für einen Kaiserschnitt per Längsschnitt, um Verletzungen an Sujoods Darm zu vermeiden. Die Ärzte stellten verblüfft fest, dass eine Kugel durch die Gebärmutter hindurchgegangen war und den Fötus getroffen hatte. Der Kinderarzt verzeichnete Eintritts- und Austrittswunden im Unterbauch und im Bein des Fötus, der inzwischen ein Neugeborenes war und sofort auf die Intensivstation gebracht wurde. Sujoods innere Organe waren unverletzt, ihr ungeborenes Kind hatte als Schutzschild gedient. Die Ärzte vernähten ihre intakte Gebärmutter. Im ganzen Raum, der Hunderte von Jahren an medizinischer Erfahrung in sich vereinte, hatte noch niemand einen solchen Fall erlebt.

Während Triffy auf das Ende von Sujoods Operation wartete, traf er Said Al-Kran, den ältesten Sohn der Familie Al-Kran. Sie umarmten sich. Triffy hatte bereits von dem Unglück gehört, das die Al-Kran-Kinder getroffen hatte. Nachdem die Rakete in unmittelbarer Nachbarschaft zu ihrem Haus eingeschlagen war, hatte sich die Familie im Shige, dem traditionellen Besucherraum der Beduinen, der normalerweise den Männern vorbehalten ist, versammelt und Gott dafür gedankt, dass sie noch lebten. Nach dem Gebet gingen sie auseinander. Ebrahim sah sich die Raketenteile genauer an, während Said Tee kochte. Die Kinder wollten sich etwas hinlegen und blieben mit Onkel Taleb im Haus. Da schlug eine zweite Rakete im Shige ein, mitten zwischen die roten Teppiche und die orangegelben Kissen. Said zog die Kinder aus den Trümmern. Ebrahims beide Söhne, der sechzehnjährige Malak und der elfjährige

Jawad, waren auf der Stelle tot. Den sechzehnjährigen Muhammad und den zehnjährigen Amin trug Said auf seinen Armen zu einem Auto und fuhr mit ihnen in aller Eile zum Soroka, wo sie schon bei der Ankunft für tot erklärt wurden. Ihr schwerverletzter Onkel Taleb war der einzige Überlebende dieses zweiten Raketeneinschlags.

Auf einer anderen Station des Krankenhauses, in der Inneren Medizin, war unterdessen Adal Abu Sabeih eingetroffen, als sein Großvater, Faizas zweiundachtzigjähriger Vater, zufällig an seinem Bett vorbeikam. Der alte Mann war seit dem Vortag zu einer seiner regulären Dialysebehandlungen hier. Bei ihm war sein Enkel Hitam, Adals Vetter.

»Hitam, weißt du, was zu Hause los ist? Haben May und Faiza überlebt?«

»Wir müssen abwarten, Adal, wir wissen es noch nicht.«

»Sind sie am Leben?«

»Alles wird gut, alles wird gut, Adal.«

Sie konnten sich nicht weiterunterhalten, da die Ärzte Adal eilig in den OP schoben. Als er nach der Operation wieder zu Bewusstsein kam, war er von Familienmitgliedern umgeben. Man sagte ihm, dass es den Ärzten gelungen war, die Granatsplitter weitestgehend aus seinem Körper zu entfernen. Er würde wieder gesund werden – anders als Faiza und May.

Sanitäter hatten bereits vor Ort ihren Tod festgestellt. Sie hatten es gar nicht erst bis ins Krankenhaus geschafft. Adal durfte für ein paar Stunden das Krankenhaus verlassen, um an der Beerdigung der beiden teilzunehmen. Er trug noch sein Krankenhaushemd, da er nichts anderes zum Anziehen dabeihatte.

Am 7. Oktober wurden im Soroka-Krankenhaus insgesamt 676 Verwundete behandelt. Zur Mittagszeit, etwa zwei

Stunden, nachdem er mit der Behandlung von Sujood begonnen hatte, kam Dr. Sheiner aus dem Operationssaal und rief Triffy herein, damit der seine neugeborene Tochter sehen konnte. Er erklärte außerdem, dass Sujood außer Lebensgefahr war. Das Baby hatte die Kugeln abgefangen und seiner Mutter das Leben gerettet. Der Arzt versicherte ihm auch, dass Sujoods Gebärmutter unversehrt war und sie durchaus wieder schwanger werden konnte.

Triffy schaute sich seine winzige, zusammengenähte Tochter an, die eine auffallende Ähnlichkeit mit seiner Frau erkennen ließ. Er durfte sie aber nicht auf den Arm nehmen. Als Sujood am Nachmittag aus der Narkose aufwachte, berichtete Triffy ihr, dass ihr Baby lebte und intensivmedizinisch behandelt wurde. Danach schlief Sujood schnell wieder ein. Um 22.24 Uhr tat das 14 Stunden alte kleine Mädchen seinen letzten Atemzug. Sujood hatte sie gar nicht zu Gesicht bekommen. Am folgenden Morgen bat sie Triffy, ihre gemeinsame Tochter im Dorf zu begraben, ohne dass sie dabei war. Sie konnte es nicht ertragen, das Gesicht ihres erstgeborenen Kindes zu sehen.

Adal Abu Sheikh stattete dem Trauerzelt der Familie Al-Kran einen Besuch ab. Ebrahim, der Vater von zwei der getöteten Kinder und ein Kollege von Adal, unterrichtete an der Grundschule in einem der Beduinendörfer Mathematik. Jawad, sein jüngster Sohn, war mit seinen elf Jahren bekannt dafür gewesen, dass er sich sein Haar mit Gel stylte, Markenhemden trug und jeden Freitag den Erwachsenen laut aus dem Koran vorlas. Amin, Akals Sohn und ungefähr im gleichen Alter wie Jawad, war für seinen Humor bekannt gewesen. Er stand in dem Ruf, der Witzigste unter den fast dreißig Al-Kran Vettern zu sein. Malak, Ebrahims sechzehnjähriger mittlerer Sohn, zeichnete sich durch

seine Reife und sein mathematisches Talent aus. Er wirkte außerdem als junger Naturguide in einem Programm des Bildungsministeriums mit, was ihn mit seinem Klassenkameraden Mohammed, Dibs einzigem Sohn, verband.

Nach ihrem Tod veröffentlichte das Ministerium die folgende Würdigung der beiden Jungen: »Mohammed und Malak waren überdurchschnittlich begabte Schüler. Sie besaßen eine außergewöhnlich hohe soziale Kompetenz, und ihre Führungsqualitäten fanden weithin Beachtung. Das Ausbildungsprogramm zum Jugend-Naturguide schlossen sie mit Auszeichnung ab. Malak wollte später Medizin studieren, und Mohammed wollte Lehrer werden.«

Im Trauerzelt der Al-Kran Familie sahen die drei trauernden Mütter verächtlich mit an, wie eine Abordnung von Männern mit gesenkten Köpfen ihnen einen Besuch abstattete und behelfsmäßige Luftschutzbunker mitbrachte. Die erste Gruppe, Angehörige der Islamischen Bewegung in Israel, hatte große Betonzylinder dabei. Die sollten vier Gehminuten von ihren Häusern entfernt aufgestellt werden. Die Mütter bezweifelten stark, dass sich diese Schutzräume rechtzeitig erreichen ließen, vor allem angesichts des fehlenden Alarmsystems. Einige Tage später kamen noch Beamte vom israelischen Heimatfront-Kommando, um ihr Beileid auszusprechen und Hesco-Barrieren zu installieren. Diesen Gebilden aus großen mit einem Stahlgeflecht und Jutegewebe überzogenen Sandsäcken fehlte ein wirksames Dach zum Schutz vor Raketen. Schließlich spendete noch Israel Chemicals, ein Unternehmen, das regelmäßig vom Umweltschutzministerium als einer der größten Umweltsünder des Landes entlarvt wurde, einen Schutzraum aus Beton, der unmittelbar an die Häuser angrenzend platziert werden sollte. Während die Mütter die

Geste zu schätzen wussten, fragten sie sich dennoch, wie sie entscheiden sollten, welche der Kinder, die ihnen noch geblieben waren, denn von dem Schutz profitieren sollten. Die Familie bestand inzwischen noch aus sechsundfünfzig Mitgliedern, und in den Schutzraum passten sechs.

Väter und Söhne

1

Es war die Zeit der Hochzeiten.

Der Kibbuz Nahal Oz war 1956 erst fünf Jahre alt. Er war der erste im Nahal-Programm, einer Regierungsinitiative, die den Dienst in den neu formierten israelischen Streitkräften mit dem Aufbau landwirtschaftlicher Kooperativen verband. Der Kibbuz wurde überwiegend von in Palästina geborenen Juden sowie von Zuwanderern, darunter Flüchtlinge und Holocaust-Überlebende, bewohnt. Hochzeiten waren ein Signal des Neubeginns.

Vier Paare wollten den Bund der Ehe schließen. Eine fünfte Hochzeit musste verschoben werden, weil der Bräutigam unter Beschuss aus Gaza geraten war.

Moshe Dayan, Stabschef der israelischen Streitkräfte und ein Verwandter eines der vier Bräutigame, war auch zur Feier eingeladen.

Die Vorbereitungen waren so gut wie abgeschlossen. Ein großes Schild mit der Aufschrift »Ich gehöre meinem Geliebten, und mein Geliebter gehört mir«, einem Zitat aus dem Hohelied, stand in der Mitte der Farm. Vier Tischreihen, flankiert von Heuballen, sollten als Bänke dienen, Chor und Akkordeonspieler steckten mitten in den Proben, und die Bräute bügelten ihre Kleider.

Doch sieben Stunden vor dem großen Ereignis, um halb sieben am Morgen, fielen zwei Schüsse. Die Hochzeitsplaner, die schon früh auf den Beinen waren, beobachteten, wie eine Gruppe Araber aus dem von Ägypten kontrollierten Gazastreifen nur wenige Kilometer vom Kibbuz entfernt die offene Grenze überschritt.

Roi Rotberg, ein 21 Jahre alter, magerer Sicherheitskoordinator mit Brille, der immer einen kleinen Kamm für seine blonden Haare in der Tasche hatte, ritt unbewaffnet auf die Eindringlinge zu in der Absicht, sie wieder zu verjagen, wie er es sonst auch tat. Doch er geriet geradewegs in einen Hinterhalt. Eine Gruppe bestehend aus Jamil Wadiyah, einem dreißigjährigen Unteroffizier von der Polizei in Gaza, Mahmoud Zaira, einem fünfzigjährigen Farmer aus Gaza sowie einem ägyptischen Armeeoffizier und zwei Soldaten, tötete Rotberg und verschleppte seinen Leichnam nach Gaza, wo sie ihm die Augen ausstachen – in Anlehnung an die Geschichte von Simson und den Philistern.

Die Feier fiel aus, die Eheschließung aber wurde mit tränenüberströmten Bräuten wie geplant durchgeführt, getreu Dayans Diktum: »Sage niemals eine Hochzeit ab.«

Zur Mittagsstunde am nächsten Tag brachten UN-Beobachter aus der israelisch-ägyptischen Waffenstillstandskommission Rotbergs geschändeten Leichnam zurück nach Israel. Da Nahal Oz noch keinen Friedhof hatte, bestimmten zwei Kibbuz-Bewohner kurzerhand einen Hügel einen Kilometer von ihrer Farm entfernt als Ort für die Beerdigung. Auf der einen Seite ging der Blick hinaus auf die Häuser von Gaza, auf der anderen Seite auf die Felder des Kibbuz.

Zvi Gershuni, der vierundvierzigjährige Sekretär des benachbarten Kibbuz Nir Am, kam geradewegs aus dem

Hühnerstall zur Beerdigung und trug noch Khakihemd und -hose, seine Arbeitskleidung. Während der Trauerfeier stand er neben Moshe Dayan. Dessen Uniform unterschied sich gar nicht so sehr von dem, was Gershuni trug – es war dasselbe Khaki –, doch Dayan war mit den höchsten Rangabzeichen und Auszeichnungen der Armee geschmückt, und wie immer, seit er fünfzehn Jahre zuvor im Kampf sein linkes Auge verloren hatte, trug er eine Augenklappe.

Insgesamt versammelten sich an diesem Nachmittag um die tausend Menschen auf dem Hügel, alle in nahezu identischer Khakikleidung und Anglerhut, als wollten sie sich in ihrer neuen Umgebung gut tarnen. Dayan hielt die Trauerrede. Vor dem frisch ausgehobenen Grab und mit Gershuni an seiner Seite verlas er einen von ihm selbst mit der Hand geschriebenen Text:

> »Gestern in aller Frühe wurde Roi ermordet. Die Stille des Frühlingsmorgens blendete ihn, und er sah sie nicht, die da im Hinterhalt auf ihn lauerten, am Rand der Ackerfurche. Wir wollen heute nicht den Mördern Vorwürfe machen. Warum sollen wir ihren brennenden Hass auf uns zu erklären versuchen? Seit acht Jahren sitzen sie in den Flüchtlingslagern in Gaza und sehen zu, wie wir das Land und die Dörfer, in denen einst sie und ihre Väter lebten, in eine Heimat für uns verwandeln. Nicht an den Händen der Araber in Gaza klebt Rois Blut, sondern an unseren. Wie konnten wir die Augen verschließen vor dem Schicksal unserer Generation und es nicht in all seiner Brutalität erkennen? Haben wir vergessen, dass diese jungen Menschen, die in Nahal Oz leben, die schweren Tore von Gaza auf ihren Schultern tragen? Hinter der Grenzfurche schwillt ein Meer

des Hasses und des Rachedursts heran und wartet nur auf den Tag, an dem Gleichmut uns abstumpft, auf den Tag, wenn wir auf die Vertreter einer heimtückischen Verlogenheit hören, die uns auffordern, die Waffen niederzulegen. Rois Blut ruft zu uns, und zu uns allein, aus seinem zerschundenen Körper. Obwohl wir schon tausendfach geschworen haben, dass unser Blut nicht umsonst vergossen wird, sind wir gestern erneut in Versuchung geraten. Wir hörten zu, wir glaubten. Heute müssen wir uns Rechenschaft ablegen. Wir sind eine Generation von Siedlern, und ohne den Stahlhelm und das Kanonenrohr werden wir keinen Baum pflanzen und kein Haus bauen können. Scheuen wir uns nicht, dem Hass ins Auge zu sehen, der in Hunderttausenden Arabern um uns herum brennt. Wenden wir nicht den Blick ab, damit unsere Kraft nicht nachlässt. Das ist das Schicksal unserer Generation. Dieses Leben haben wir gewählt: Bereit und gerüstet zu sein, stark und entschlossen, damit uns das Schwert nicht aus der Hand geschlagen und unser Leben nicht ausgelöscht wird. Der junge Roi, der aus Tel Aviv fortgegangen ist, um sich an den Toren zu Gaza niederzulassen und für uns eine Mauer zu sein, wurde geblendet von dem Licht in seinem Herzen und sah nicht das aufblitzende Schwert. Die Sehnsucht nach Frieden machte seine Ohren taub für die Stimme aus dem Hinterhalt, die Mord rief. Die Tore von Gaza lasteten zu schwer auf seinen Schultern und bezwangen ihn.«

Am Tag nach der Beerdigung verlas Dayan die Grabrede noch einmal für die Allgemeinheit im Radio, allerdings hatte er dafür drei Zeilen aus dem Originalmanuskript ge-

strichen: die Worte, mit denen er Sympathie für das Leid der Mörder aus Gaza erkennen lässt. Im Jahr 1956 wäre das für Israelis zu schwer zu verdauen gewesen. Innerhalb des ersten Jahrzehnts nach der Staatsgründung kamen um die tausend Israelis bei Hunderten von Terroranschlägen ums Leben, die palästinensische Fedajins aus dem von Ägypten kontrollierten Gaza und aus Jordanien verübten.

Die Öffentlichkeit, an die sich Dayan über das Radio wandte, erinnerte sich noch gut an den Besuch von Amin Al-Husseini, dem muslimischen Führer im britischen Mandatsgebiet Palästina, im November 1941 bei Adolf Hitler in der Reichskanzlei in Berlin. Dort hatte er, den offiziellen Naziberichten über das Treffen zufolge, die Gelegenheit genutzt, um klarzustellen, dass »die Araber Deutschlands natürliche Freunde sind, da sie die gleichen Feinde haben wie Deutschland, nämlich die Engländer, die Juden und die Kommunisten«. Hitler seinerseits hatte verkündet, ein wichtiges Ziel der Nazipolitik sei es, eine jüdische Heimat in Palästina zu verhindern. Vier Jahre später war ein Drittel der jüdischen Weltbevölkerung ausgelöscht, und für den verbliebenen Rest war Palästina nur noch ein nahezu unerreichbarer Traum.

Nicht weniger lebhaft hatte Dayans Zuhörerschaft noch die Weigerung seiner arabischen Nachbarn im Gedächtnis, den Teilungsplan der Vereinten Nationen für zwei unabhängige Staaten, einen jüdischen und einen arabischen, zu billigen, den die UN-Generalversammlung und die Jewish Agency im November 1947 verabschiedet hatten. Ein Volk, das nur knapp der vollständigen Vernichtung durch die Nazis entgangen war, hatte breite internationale Unterstützung für sein Recht auf einen autonomen jüdischen Staat gefunden, auch wenn die Nachbarn dieses neuen Staates

die Rechtmäßigkeit der UN-Entscheidung bestritten. Das Arabische Hohe Komitee des Großmufti von Jerusalem prangerte den Plan öffentlich an: Es sei ungerecht, dem jüdischen Staat 52 Prozent des Landes zuzugestehen und nur 45 Prozent einem arabischen. Jamal al-Husseini, Anführer der arabischen UN-Delegation, prophezeite: »Die Grenzlinie wird nichts weiter sein als eine Spur aus Feuer und Blut.« Azzam Pascha, Generalsekretär der Arabischen Liga, war sich sicher: »Es wird einen Vernichtungskrieg geben und Massaker von großer Tragweite.«

Der jüdische Staat wurde in einen Krieg hineingeboren.

Zwei Drittel der 67000 Israelis, die gegen die sie angreifenden vereinigten fünf arabischen Armeen antraten, waren neu ins Land gekommen, zu einem Großteil aus den Konzentrationslagern der Nazis.

Nach mehr als eineinhalb Jahren der Kämpfe gewann Israel den Krieg, den es selbst als seinen Unabhängigkeitskrieg bezeichnet, allerdings um den Preis von etwa sechstausend Menschenleben, also rund einem Prozent der Bevölkerung der jungen Nation. Ungefähr die Hälfte der Toten waren Holocaust-Überlebende, einige davon die Letzten ihrer Familie.

Auch die Araber verloren Tausende Menschen in dem Krieg, den sie ihrerseits »Nakba« (die Katastrophe) nannten. Teils fielen sie im Kampf, teils wurden sie Opfer von Massakern, die Juden an ihnen begingen. So geschehen in Deir Yasin, Dawayima, Lydda, Ramle und Safsaf. Schätzungsweise die Hälfte der arabischen Bevölkerung in der Region, zwischen 700000 und 750000 Menschen, wurde entweder von ihrem Land vertrieben oder floh und durfte nie wieder zurückkehren. Israel zerstörte etwa vierhundert verlassene oder evakuierte palästinensische Dörfer ebenso

wie größere palästinensische Wohnviertel in von Juden besetzten Städten. Die Namen dieser Dörfer und Stadtviertel wurden aus den Karten gestrichen und durch hebräische Versionen ersetzt.

Viele Palästinenser flohen in den Gazastreifen. Nach Beendigung des Krieges wurde das Gebiet von Ägypten besetzt. Den Palästinensern wurde die ägyptische Staatsbürgerschaft verweigert, die somit, da sie ja auch nicht in ihre Heimat zurück konnten, staatenlos wurden.

Es war dieses Erbe palästinensischen Leids, auf das Dayan in seiner Grabrede für Roi Rotberg anspielte.

2

Moshe Dayan war im Mai 1915 das zweite Kind, das im allerersten Kibbuz, dem Kibbuz Degania im Norden Israels, geboren wurde. Vier Monate davor, im Januar 1915, kam in Balti, im damaligen Bessarabien (heute Republik Moldau), Zvi Gershuni zur Welt. Zu dessen prägendsten Kindheitserinnerungen gehörte die politische Verfolgung seines zionistisch engagierten Vaters durch die sowjetischen Behörden. Von frühester Kindheit an sehnte er sich nach der Zugehörigkeit zur Kibbuz-Bewegung, die Dayan schon in die Wiege gelegt worden war.

Als Gymnasiast trat Gershuni deshalb Gordonia bei, einer sozialistisch-zionistischen Jugendorganisation, die nach Aharon David Gordon benannt war, einem der Väter des Arbeiterzionismus. (Der aus Trojanow in Russland gebürtige Gordon verbrachte seine letzten Lebensjahre im Kibbuz Degania, wo er 1922 auch starb.)

Für Gordonia und den Arbeiterzionismus waren die körperliche Arbeit auf dem Feld und die Wiederbelebung der hebräischen Sprache entscheidende Kriterien für die

Entstehung eines eigenen Staates. Gershuni wurde schnell einer der führenden Köpfe Gordonias in Bessarabien. Mit 21 wanderte er, zusammen mit fünfzehn weiteren jungen Männern und Frauen aus der Bewegung, auf einem der illegal gecharterten, chronisch überfüllten und virenverseuchten Maapilim-Schiffe nach Israel aus. An Bord begegnete er Hana Roitkov, einem aus Orgeye in Bessarabien stammenden jungen Mädchen, und lud sie ein, sich seiner Gruppe anzuschließen. Nicht lange danach heirateten die beiden. Die wachsende Gruppe ließ sich zunächst in Rechovot nieder, wo sie auf Obstplantagen aushalf, bevor sie später im Hafen von Haifa arbeitete. Doch wuchs der Wunsch nach einer dauerhaften Heimat in der Landwirtschaft, und so sah man sich in der oberen Galiläa-Region nach geeignetem Land um. Vom Knesset-Abgeordneten Avraham Herzfeld, der schon viele Kibbuzim gegründet hatte, kam jedoch der Rat, sich doch besser auf den kargen, unwirtlichen Negev zu verlegen. »Wenn ihr zu lange sucht«, scherzte er, »bleibt ihr alte Junggesellen wie ich. Nehmt das, was gebraucht wird. Derzeit wird der Negev gebraucht – dorthin müsst ihr gehen.«

Im Jahr 1943 folgten die jungen Leute seinem Vorschlag und gründeten Nir Haim, seinerzeit der südlichste Kibbuz in Israel, der später in Nir Am umbenannt wurde (nachdem die für Ortsnamen zuständige Behörde befunden hatte, es gebe schon »zu viele Orte mit Haim darin«).

In den folgenden beiden Jahren steckten die frischgebackenen Kibbuzniks all ihre Energie in die Errichtung von Wohnhäusern, den Anbau von Nahrungsmitteln und die Suche nach Wasser. Letzteres mussten sie zunächst den Arabern in Beit Hanun in Fässern abkaufen.

Generell unterhielt der Kibbuz freundschaftliche Be-

ziehungen zu den umliegenden arabischen Dörfern und insbesondere zur Familie Mahuj Abul Eish. Diese half mit Vorräten und Gerätschaften aus, stellte Kontakte zu den Dorfbewohnern her und klärte die Kibbuz-Bewohner über arabische Sitten und Gebräuche auf, um Missverständnisse zu vermeiden.

Das alles änderte sich schlagartig nach der Verabschiedung des Teilungsplans der Vereinten Nationen. Diesem Plan zufolge lag der Kibbuz jetzt an der neuen südlichen Grenze, die Israel anerkannte, die Araber jedoch nicht. Im Januar 1948, zwei Monate nach der Vorstellung des Plans, wurden zwei Söhne der Familie Mahuj Abul Eish aufgrund ihrer Zusammenarbeit mit den Juden von Nir Am in Gaza von Arabern ermordet. Und das war erst der Anfang der Spirale der Gewalt.

Vier Monate später griffen die Streitkräfte Syriens, Jordaniens, des Iraks und Ägyptens Israel an, und auch der Kibbuz Nir Am geriet unter Beschuss. In dieser Zeit hatte Zvi Gershuni den Vorsitz des Regionalverbands Negev inne. Auf der Gründungsversammlung der Israelischen Arbeiterpartei im Juni 1948 berichtete er im Beisein von David Ben-Gurion über die Auswirkungen des Krieges auf den Negev: »Ich komme aus einer Region, die Angriffen ausgesetzt war, sogar schweren, und dennoch hat sich der Negev nicht unterkriegen lassen. Wir erkannten die Notwendigkeit, das Leben weiterzuleben. In diesem Sinne haben wir im Untergrund einen Speisesaal und Küchen eingerichtet und nicht nur Schutzräume. Im Untergrund herrscht Leben, eine Entschlossenheit, den Umständen zum Trotz durchzuhalten.«

1952 war Gershuni bereits zum Staatssekretär im Innenministerium für die Kibbuzim aufgestiegen und hatte sich

als einer der zielstrebigsten und begabtesten Nachwuchsmitglieder der jungen Regierungspartei allgemeinen Respekt verschafft. 1969 wurde er als Vertreter eines Wahlbündnisses mit Namen »Die Verbindung« – entstanden aus der Vereinigung der Arbeitspartei Awoda mit der Vereinigten Arbeiterpartei Mapam – in die Knesset gewählt. Das Bündnis gewann eine Mehrheit von sechsundfünfzig Sitzen. Ministerpräsidentin Golda Meir kam bei der Wahl an erster Stelle, Moshe Dayan an vierter und Gershuni an siebenunddreißigster.

»Ich glaube an ein unermüdliches Streben nach Frieden und an eine Gesellschaft, die von größerer Gerechtigkeit und Gleichheit gekennzeichnet ist«, erklärte Gershuni bei seiner Vereidigung und fügte hinzu: »Ich möchte nicht vergessen, dass mein Zuhause der Hühnerstall ist und es auch noch sein wird, wenn die Zeit kommt, mich zur Ruhe zu setzen.«

3

Ebenfalls 1969 begegnete bei einem staatlich geförderten Hebräisch-Intensivsprachkurs in der Stadt Migdal HaEmek ein bärtiger achtundzwanzigjähriger Immigrant aus Rosario (Argentinien) namens Alfredo Wax der lebhaften, blonden neunzehnjährigen Suzy Galnik aus Queens in New York. Die deutschstämmige Suzy war mit ihren Eltern vor den Nazis in die USA geflohen. Der Trubel und die Hektik New Yorks wurden Suzy schnell zu viel, und so beschloss sie schon bald, einmal mehr – und diesmal ganz alleine – von vorne anzufangen.

Alfredo und Suzy machten beide die Aliyah nach dem Sechstagekrieg, der dritten der arabisch-israelischen militärischen Auseinandersetzungen, die Ägypten, Syrien und

Jordanien gegen Israel anzettelten. Am 13. Mai 1967 ließen sowjetische Regierungsvertreter Syrien und Ägypten wissen, Israel habe nahe der syrischen Grenze Truppen zusammengezogen. Obwohl es sich bei dem Hinweis allem Anschein nach um eine gezielte Desinformation handelte, verlegte der ägyptische Präsident Gamal Abdel Nasser ein umfangreiches Truppenkontingent auf die Sinai-Halbinsel. Israel erklärte, jeglicher Versuch der Ägypter, die Straße von Tiran für die israelische Schifffahrt zu blockieren, werde als Kriegserklärung aufgefasst. Nasser kündigte dennoch die Sperrung der Straße von Tiran für israelische Schiffe an und verfügte die Mobilmachung der ägyptischen Streitkräfte entlang der Grenze zu Israel. Zudem verlangte er den Rückzug der United Nations Emergency Force (UNEF).

Am 5. Juni startete Israel eine Reihe von Luftschlägen gegen ägyptische Luftwaffenbasen und andere militärische Einrichtungen. Innerhalb von fünf Tagen bezwang Israel die vereinten Streitkräfte von Ägypten, Jordanien und Syrien und besetzte dabei noch ägyptisches Territorium im Sinai und im Gazastreifen, die vordem zu Jordanien gehörende Westbank und Ostjerusalem sowie die syrischen Golanhöhen.

Auf den nun israelischen Sinai fiel die Wahl der neuvermählten Suzy und Alfredo für ihr neues Zuhause. Sie hatten es mit Tel Aviv, Herzliya und sogar noch einmal mit New York versucht, schließlich aber eingesehen, dass das Stadtleben nichts für sie war. Ein weißer Peugeot 203 brachte das junge Paar samt Baby Yigal und Hund Shiba an den weißen Sand des Sinai, den Inbegriff einer biblischen Landschaft. Sich an die Hitze zu gewöhnen stellte schon eine ziemliche Herausforderung dar, ebenso das Fahren

eines Traktors, vor allem für die schwangere Suzy. Ihren zweiten Sohn nannten sie Amit, aber alle riefen die beiden Jungs nur »Vex« und »Vexy« in Anlehnung an den Klang von Alfredos Nachnamen.

Alfredo und Suzy züchteten Gurken und Blumen und erlebten zum ersten Mal ein echtes Gemeinschaftsgefühl. Zusammen mit achtundfünfzig weiteren Familien schufen sie in der Wüste eine kleine Stadt, die sie Moschaw Netiv HaAsara nannten, den Pfad der Zehn, im Gedenken an zehn Soldaten, die dort bei einem Hubschrauberabsturz ums Leben gekommen waren.

Zu den Gründerfamilien gehörten auch die Taasas, Vater, Mutter und drei Söhne ungefähr im gleichen Alter wie die Wax-Jungs. Shoshana und Abraham Taasa waren jemenitische Juden, die im Moschaw Mishan in der Nähe von Ashkelon gelebt, sich aber schon lange eine eigene Farm gewünscht hatten. Im Jahr 1972 empfahl ihnen ein Freund, sich doch einmal im Sinai umzusehen. »Als ich das Meer sah, war die Entscheidung gefallen«, erinnerte sich Shoshana Jahre später in einem Dokumentarfilm über die Gemeinschaft. Bei ihrer Ankunft erwartete sie ein Haus voller Sand. Er war überall, in der Küche, in den Schubladen, sogar in der Dusche. Ihr vierter Sohn, Gil, kam bald darauf mitten in diesen endlosen Sandmassen zur Welt.

Kaum jemand von den neuen Bewohnern von Moschaw Netiv HaAsara wusste zu diesem Zeitpunkt, dass etwa 1500 Beduinenfamilien auf Anordnung von Verteidigungsminister Moshe Dayan und dem Befehlshaber des Südkommandos Ariel Sharon in aller Stille und ohne Genehmigung durch die Regierung aus dem Gebiet vertrieben worden waren.

Als die Vertreibung im Frühjahr 1972 publik wurde, ver-

langten die Bewohner der Kibbuzim Wiedergutmachung für die Beduinen. Generalstabschef David Elazar bildete eine Untersuchungskommission, und Ariel Sharon wurde für die Überschreitung seiner Befugnisse gerügt. Am Ende legitimierte der Oberste Gerichtshof die Zwangsenteignung nachträglich aus »Sicherheitsgründen«. Die Beduinen erhielten eine Entschädigung, einige in finanzieller Form, andere in Form von Land im Gazastreifen.

4

Der Knessetabgeordnete Gershuni trat nie wie versprochen in den Ruhestand.

Stattdessen stieg er die Karriereleiter in der Knesset hinauf und wurde nacheinander zum Vorsitzenden der Landwirtschaftslobby, Mitglied des Finanzausschusses, Mitglied des Wirtschaftsausschusses sowie Mitglied des Ausschusses für die Verfassung, Recht und Gerichtsbarkeit ernannt. Er verbrachte seine Tage damit, diverse Minister mit »Hausaufgaben« zu versorgen. Einmal brachte er ein Gesetz für eine bessere Regulierung der Wasserpreise auf den Weg; ein anderes Mal focht er eine Entscheidung an, die den Knessetabgeordneten eine bessere Krankenversicherung verschaffen sollte und die er als Teil »eines Feudalsystems aus Sonderprivilegien für Menschen mit Privilegiertenstatus« bezeichnete. Unermüdlich setzte er sich für ein Gesetz ein, mit dem das Wahlsystem in der Knesset von einem nationalen auf ein regionales System umgestellt werden sollte. Damit wollte er die gewählten Vertreter stärker an ihre Wahlkreise binden. Als zu Beginn des Jahres 1974 in der Folge des Jom-Kippur-Krieges die Regierung von Ministerpräsidentin Golda Meir ins Wanken geriet, gehörte Gershuni zu den Ersten, die sich für Yitzhak Ra-

bin als neuen Regierungschef starkmachten. Er spekulierte darauf, dass Meir ihr Amt nicht mehr lange innehaben würde, da sie aufgrund ihrer umstrittenen Handhabung der Krise unter enormem öffentlichen und parteiinternen Druck stand. Für Gershuni war Rabin, zu der Zeit israelischer Botschafter in den USA, der einzige geeignete Kandidat für ihre Nachfolge. Nach Meirs Rücktritt unterstützte Gershuni Rabins Kandidatur mit einem Eifer, der die drei schweren Herzinfarkte, die er im Lauf seiner politischen Karriere erlitten hat, nur allzu begreiflich macht.

Am Mittwoch, dem 1. September 1976, sollte Zvi Gershuni eigentlich im Finanzausschuss ein neues Vorhaben erläutern, die Idee für die Gründung einer staatlichen Wohnungsbaubank. Er hatte eine Rede vorbereitet, in der er sich für ein Ende der staatlichen Förderung von Privatbanken starkmachte, denn er glaubte, dass diese nur Privatleute auf Kosten des Steuerzahlers reicher machten. Er wollte für eine Staatsbank plädieren, die an Menschen Darlehen vergab, die für den sozialen Wohnungsbau infrage kamen, und damit Hunderttausenden neuer Immigranten zu Hilfe kommen.

Als an jenem Morgen Adi Amorai, ein Parteikollege und Mitglied im Finanzausschuss, vor der Knesset aus dem Bus stieg, sah er Hana, Gershunis Frau, an der Haltestelle stehen. Er wunderte sich, dass Hana Zvi Gershuni zu einem normalen Ausschusstreffen begleitet hatte. Als er das Parlamentsgebäude betrat, fand Amorai Gershuni im Flur auf einem Stuhl sitzend, wo er die Schuhe wechselte. Er war blass und aufgeregt. »Gershuni, immer mit der Ruhe«, mahnte Amorai.

Während der Aussprache im Ausschuss machte sich Gershuni akribisch Notizen. Kurz bevor er mit seiner Rede

an der Reihe war, entschuldigte er sich dann, um zur Toilette zu gehen. Als sein Thema aufgerufen wurde und er nicht da war, schickte der Ausschussvorsitzende einen Bediensteten los, um den Abgeordneten Gershuni ans Podium zu rufen. In diesem Augenblick platzte der Abgeordnete Gideon Patt in den Raum und rief: »Da liegt ein Mann bewusstlos auf der Toilette.«

Alle rannten dorthin und fanden Zvi Gershuni auf dem Boden. Er hatte einen weiteren Herzinfarkt erlitten und sich beim Fallen am Kopf verletzt, als er auf das Emaillewaschbecken aufgeschlagen war. Adi Amorai fuhr im Krankenwagen mit, der Gershuni so schnell wie möglich ins Shaare-Zedek-Hospital brachte.

Eine halbe Stunde später verstarb Zvi Gershuni im Alter von 61 Jahren. Vor seinem Tod hatte er noch als die größte Genugtuung in seinem Leben nicht etwa seine politischen Erfolge bezeichnet, sondern die Tatsache, dass alle seine Kinder und Enkel im Kibbuz Nir Am geblieben waren, in der Heimat, die er mitgegründet hatte.

Das Friedensabkommen mit Ägypten drei Jahre später erlebte Gershuni nicht mehr. Und er kehrte auch nicht mehr in seinen Hühnerstall zurück.

5

Israels Rückzug aus dem Sinai im Jahr 1982 bedeutete, dass neunundsechzig Familien umziehen mussten – darunter auch die Waxes und die Taasas. Sie beschlossen zusammenzubleiben mit dem Ziel, ihre landwirtschaftliche Gemeinschaft innerhalb von Israels neu gezogenen Grenzen zu erhalten.

An ihrem letzten Tag in Netiv HaAsara erlaubte Suzy Wax ihren Söhnen, die Wände in dem Haus, das nun bald

nicht mehr ihres sein würde, zu bemalen. Sie hinterließen den Ägyptern ihre Tomaten und die Wandmalereien der Kinder.

Die Familien verpflanzten ihre Sinai-Palmen in ihren neuen Moschaw nahe dem Strand von Zikim, unmittelbar nördlich der Grenze zum Gazastreifen, und behielten den Namen Netiv HaAsara bei. Dort fanden sie den gleichen weichen Quarzsand vor, der seinen Ursprung in den Bergen Äthiopiens und des Sudans hat, vom Nil weitergetragen und aus dem ägyptischen Delta ins Mittelmeer gespült wird und so nach Israel gelangt. Jede Familie bekam ein 2,5 Dunam (2500 Quadratmeter) großes Wohngrundstück zuzüglich vierzig Dunam (40 000 Quadratmeter) zur landwirtschaftlichen Nutzung zugewiesen. Shoshana pflanzte ihre Japanische Wollmispel um, die auch weiter Früchte trug.

Als sich die Familien aus Netiv HaAsara ihr neues Zuhause schufen, beschäftigten sie für die Bauarbeiten größtenteils arabische Arbeiter.

Viele von diesen Arbeitern, so zum Beispiel Hamis und Halil aus der Stadt Beit Lahiya, schlossen enge Freundschaften mit den israelischen Familien. Sie luden sich gegenseitig zu Geburtstags- und Hochzeitsfeiern ein, bekochten einander und halfen sich im Notfall auch finanziell aus. Als eins von Hamis' Kindern medizinisch behandelt werden musste, fuhr Alfredo alle ins israelische Krankenhaus. Diese außergewöhnliche Freundlichkeit war nichts Ungewöhnliches, und das blieb auch so, sogar noch nach der neuen Grenzziehung zwischen Israel und Gaza.

6

Fünfzehn Jahre nach Zvi Gershunis Tod verließ sein Sohn Yakovi Inon den Kibbuz, den seine Eltern gegründet hatten, und zog in den umgesiedelten Moschaw Netiv HaAsara, sieben Kilometer von Nir Am entfernt an der Grenze zu Gaza.

Zu der Zeit standen viele Kibbuzim unter starkem wirtschaftlichem Druck, und die Inons wollten ein Familienleben ohne Einmischung des gesamten Kibbuz in ihre Arbeit und ihre Geldangelegenheiten. Yakovi, seine Frau Bilha und ihre fünf Kinder machten es ganz demokratisch und stimmten ab. Sie entschieden sich dafür, den Kibbuz zu verlassen (wo alle Geldmittel gleichmäßig unter den Mitgliedern verteilt wurden) und in einen Moschaw zu ziehen (in dem auch Privateigentum zugelassen ist).

Yakovi, der dem jungen Gershuni sehr ähnlich sah, hatte auch die tiefe Verbundenheit seines Vaters zur Landwirtschaft geerbt. Er wurde ein renommierter Agrarwissenschaftler mit Schwerpunkt Ackerbau. Auf den Feldern entlang der Grenze zwischen Israel und Gaza baute er Weizen, Gerste, Kichererbsen, Mais, Erbsen und Kartoffeln an. Seine Frau Bilha, die aus dem benachbarten Kibbuz Ruhama stammte, war ein koboldhaftes Wesen mit einer hohen Stirn, hellen Haaren und tiefblauen Augen. Ursprünglich war sie Kunstlehrerin gewesen, hatte sich dann aber mit eigenen Mandalas und Kunst aus recycelten Materialien selbständig gemacht und veranstaltete auch Kunstworkshops für Frauen. Häufig beschwerte sie sich über den wachsenden Einfluss der »Konsumkultur« auf die israelische Gesellschaft.

Sie zogen in die Familienfarm Nummer 11 in unmittelbarer Nachbarschaft der Familie Wax in Nummer 7 und der Familie Taasa in Nummer 6.

Dort kauften sie sich ein 160 Quadratmeter großes umweltfreundliches Fertighaus aus Holz, das einzige Holzhaus im Moschaw, dessen Gebäude ansonsten aus verputztem Beton waren. Aus dem Eingangsbereich machten sie einen Ausstellungsraum für Bilhas recycelte Kunst, der sie noch mit Pflanzen bewachsene alte Mühlräder, eine ausrangierte Nähmaschine samt Löwenstatuette, Hühner aus Keramik und Fische aus Metall hinzufügten. Die dunklen Küchenschränke aus Holz waren mit Bilhas Mandalas belebt, und im Wohnzimmer lagen farbenfrohe Afghanteppiche. Suzy Wax kam in Bilhas Kunstkurs, während Hadar Taasa, der Sohn von Shoshana und Avraham, Pferdeställe baute. Die Familie Inon züchtete in ihrem Obstgarten Mandarinen, Guaven und Kaktusfeigen.

Ende Juli 1997 arbeitete Yakovi während der ersten Woche der Wassermelonensaison im Bergland von Judäa zusammen mit palästinensischen Erntearbeitern aus der Westbank und Gaza, als zwei als ultraorthodoxe Juden verkleidete Hamas-Terroristen auf den Machane Yehuda Markt in Jerusalem einen Bombenanschlag verübten. Sechzehn Menschen starben und 178 wurden verletzt. Nach diesem Überfall verließen alle palästinensischen Arbeiter die Region, und die jüdischen Farmer standen mit Tausenden von Wassermelonen auf ihren Feldern da. Im darauffolgenden Monat schlugen Hamas-Attentäter in der Ben-Yehuda-Fußgängerzone in Jerusalem erneut zu und töteten fünf Israelis. Die palästinensischen Arbeiter kehrten den ganzen Sommer über nicht zurück. Frustriert über den eskalierenden Konflikt und die Verluste an Menschenleben konzentrierte sich Yakovi auf das, was er selber leisten konnte, um die Melonenernte ohne die Arbeiter erfolgreich durchzuführen. Er bekam Fördermittel für die Entwick-

lung mechanischer Gerätschaften, und innerhalb von zwei Jahren hatte er eine Maschine konstruiert, mit der sich effizient die Kerne aus den Wassermelonen entfernen lassen. Auf diese Weise wurden seitdem schon jedes Jahr achttausend Tonnen Kerne gewonnen, unabhängig von politisch-militärischen Konflikten.

Der Umzug in den Moschaw war für die Familie auch ein Anlass, sich Gedanken über ihren Nachnamen zu machen. In Bessarabien hatte Zvi Gershuni noch Zvi Pinkonzon geheißen. Als er nach Israel kam, hatte er, wie viele Immigranten zu der Zeit, einen hebräischen Namen angenommen. Der gleiche »Israelisierungsprozess« machte aus David Green David Ben-Gurion und aus Golda Meirson Golda Meir. In dem Wunsch nach einer Rückkehr zu ihren Wurzeln änderten Gershunis Kinder fünf Jahrzehnte nach der ersten Abwandlung ihren Namen ein weiteres Mal, diesmal in »Inon«, ein hebräisches Wort, das auch in »Pinkonzon« steckt.

7

Am Montag, den 19. Juni 2023, trat der Finanzausschuss der fünfundzwanzigsten Knesset zu einer Aussprache über die Grenzsituation am Gazastreifen zusammen, mit der er sich in diesem Jahr bis dahin nur selten beschäftigt hatte. Eine Mutter von vier Jungen aus der etwa eintausend Einwohner zählenden Gemeinde Moschaw Netiv HaAsara, hatte darum gebeten, angehört zu werden.

SABINE TAASA: »Hallo. Ich heiße Sabine Taasa. Ich wohne seit dreiundzwanzig Jahren in Netiv HaAsara und bin Kosmetikerin.«

VORSITZENDER MOSHE GAFNI: »Netiv HaAsara?«

SABINE TAASA: »Netiv HaAsara ist ein Moschaw, der direkt an der Grenzmauer von Gaza liegt. Mein Haus ist knapp einen halben Kilometer von der Stadt Beit Lahia in Gaza entfernt.«

VORSITZENDER MOSHE GAFNI: »Ich hatte angenommen, dass dort nur Bauern leben. Jetzt erfahre ich, dass es dort auch Kosmetikerinnen gibt.«

SABINE TAASA: »Ich bin hier, um Ihnen ein klareres Bild der Situation zu zeichnen. Ich bin heute gekommen, weil ich mit Ihnen über mein Leid sprechen möchte.«

VORSITZENDER MOSHE GAFNI: »Fassen Sie sich kurz.«

SABINE TAASA: »Euer Ehren, ich bin eine einfache, hart arbeitende Frau. Ich bin seit über fünfzehn Jahren selbständig. Ich habe jede Militäroperation und jeden Krieg mit Gaza erlitten. Und ich bin EU-Bürgerin – ich könnte überall auf der Welt neu beginnen, aber ich habe mich entschieden, hier zu leben. Nun bin ich aber an einen Punkt gekommen, an dem der Staat Israel mich an meine Grenzen bringt. Mein Dorf, das sich noch nicht von der COVID-Pandemie erholt hat, muss nun auch noch diese neuerlichen Militäroperationen verkraften. In der Nähe meines Hauses schlug eine Korent-Rakete ein. Ich musste Netiv HaAsara um vier Uhr morgens verlassen und war sechs Tage lang mit meinen vier Kindern unterwegs. Der Schrecken und die Angst begleiten einen auch dann noch, wenn die Schießerei vorbei ist. Alle Kinder von Netiv HaAsara leiden, sogar das Vieh leidet. Alle Kinder, die in Netiv HaAsara aufwachsen, haben Probleme mit Bettnässen, Stottern und Angstzuständen, müssen Medikamente nehmen oder sonst wie behandelt werden. Und ich gebe gerne zu, dass ich selbst Cipralex einnehme und zum Psychologen gehe. Wir investieren sehr viel in die psy-

chische Gesundheit unserer Kinder. Mein Geschäft geht zugrunde. Ich bin erschöpft. Wir wissen, dass es weitere Kriege geben wird, sei es mit der Hamas oder dem Islamischen Dschihad. Ständig heulen Sirenen, weil Raketen auf uns abgefeuert werden, und ohne Hilfe kommen wir nicht mehr damit zurecht.«

VORSITZENDER MOSHE GAFNI: »Okay, ich werde eine Debatte über Netiv HaAsara ansetzen.«

SABINE TAASA: »Lassen Sie mich zu Ende erzählen, bitte.«

VORSITZENDER MOSHE GAFNI: »Fahren Sie fort.«

SABINE TAASA: »Bitte helfen Sie mir, dass ich und meine Kinder hierbleiben können ...«

VORSITZENDER MOSHE GAFNI: »Ja –«

SABINE TAASA: »Meine Mutter kommt aus Frankreich. In Paris war sie massiven antisemitischen Übergriffen ausgesetzt. Sie hat in ihrem Leben alles aufgegeben, um ihren zionistischen Traum zu verwirklichen. Ich möchte diesen Traum weiterführen. Er darf nicht scheitern. Helfen Sie mir und allen Bewohnern von Netiv HaAsara und den Menschen, die an der Grenze zum Gazastreifen leben.«

VORSITZENDER MOSHE GAFNI: »Ich danke Ihnen. Wir werden darüber diskutieren. Sie haben nicht umsonst gesprochen. Ich glaube nicht, dass es jemanden in diesem Land gibt, der Ihnen nicht zustimmt – man muss Ihnen helfen, und der Staat Israel ist verpflichtet, Ihnen zu helfen. Wir werden darüber diskutieren.«

Trotz ihrer Hilfsapelle hätte der Vorsitzende Gafni im Sommer 2023 wohl kaum eine israelische Bürgerin vor seinen Ausschuss laden können, die mehr mit der Regierungspolitik sympathisierte als Sabine Taasa.

Die rechtsextreme Regierung von Ministerpräsident

Benjamin Netanjahu, der Gafni angehörte, war damals gerade dabei, das sogenannte Justizreformpaket zu verabschieden, das die israelische Justiz schwächen und die Knesset ermächtigen sollte, Entscheidungen des Obersten Gerichtshofs außer Kraft zu setzen. Im ganzen Land protestierten Hunderttausende Israelis als Teil einer nationalen und sogar internationalen Bewegung, die sich in einem Kampf um die Zukunft der Demokratie im Land sah. Nur zwei Tage vor Sabines Aussage hatten in Dutzenden von Städten Demonstrationen stattgefunden, es war bereits die vierundzwanzigste Woche des Protests.

Sabine gehörte nicht zu diesen Demonstranten. Sie befürwortete die Justizreform, wie sie überhaupt die meisten Maßnahmen und Vorhaben der Regierung Netanjahu unterstützte. Bei jeder Wahl, in der Netanjahu in den letzten zwei Jahrzehnten angetreten war, hatte sie für ihn gestimmt, weil sie glaubte, dass unter seiner Führung und nur unter seiner Führung ihre Familie in Sicherheit leben könne. Genau um diese Sicherheit ging es ihr auch, als sie vor dem Knessetabgeordneten Gafni aussagte, dessen zugesagte Debatte über ihr Anliegen nie zustande kam. Sabine verbrachte den Freitag, 6. Oktober, mit der Lektüre von Netanjahus kürzlich veröffentlichter Autobiographie »Bibi: My Story«.

Am 7. Oktober um 6.29 Uhr war Sabine noch nicht wach, als drei Hamas-Terroristen mit dem Fallschirm über Netiv HaAsara absprangen. Zohar, ihr fünfzehnjähriger Sohn schlief in seinem Zimmer. Ihr Ehemann Gil Taasa, von dem sie getrennt, aber nicht geschieden war, übernachtete in einem kleinen Wohnkomplex auf der gegenüberliegenden Straßenseite. Bei ihm waren der zwölfjährige Sohn Koren und das jüngste Kind, der achtjährige Shai.

Sabine, Brillenträgerin, gewelltes Haar, hatte sich immer etwas von der kultivierten, attraktiven Ausstrahlung einer Französin bewahrt. Geboren in Paris, aufgewachsen im noblen Vorort Neuilly-sur-Seine, wanderte sie nach den antisemitischen Übergriffen im Alter von vierzehn Jahren mit ihren Eltern und Geschwistern nach Israel aus. Die israelischen Behörden wiesen der Familie eine Wohnung in einem Elendsviertel in der südisraelischen Stadt Ashkelon zu. Die Familie war mit der hebräischen Sprache und der regionalen Mentalität der verarmten Einwandererstadt nicht vertraut und tat sich schwer mit der Eingewöhnung.

Nach drei Monaten verließ ihr Vater die Familie und kehrte nach Paris zurück. Sabine blieb bei ihrer Mutter und lernte, in dieser von Gewalt und Armut geprägten Stadt zu überleben. Hier entwickelte sie ihre politische Einstellung, denn sie war der Meinung, dass die israelische Linke zu naiv sei, was die Friedenschancen mit Menschen betraf, die ihr Haus ständig mit Raketen beschossen.

Mit Anfang zwanzig lernte die junge Frau aus der Stadt ihren zukünftigen Ehemann kennen, den fast 1,80 m großen dunkelhäutigen Gil Taasa. Ein gemeinsamer Freund aus Netiv HaAsara hatte sie miteinander bekannt gemacht. Sie heirateten im Jahr 2004 und bauten in Netiv HaAsara ein Haus, in unmittelbarer Nähe zu seinen Eltern und drei Geschwistern.

Im Oktober 2004, nur wenige Monate nach ihrer Hochzeit, zog sich Israel aus dem Gazastreifen zurück, übertrug den Palästinensern die Kontrolle über das Land und räumte alle zweiundzwanzig jüdischen Siedlungen in dem Gebiet. Seit der »Abkoppelung« – wie der Rückzug auf Hebräisch genannt wird – war Netiv HaAsara der israelische Moschaw, der am nächsten zum Gazastreifen gelegen war.

Einige seiner Häuser sind nur einhundert Meter von der Grenze entfernt.

Der damalige Ministerpräsident Ariel Scharon wandte sich anlässlich des Abkoppelungsplans in einer Rede an die Nation und sagte: »Ich bin zutiefst und von ganzem Herzen davon überzeugt, dass diese Abkoppelung Israels Position in Gebieten stärken wird, die für unsere Existenz lebenswichtig sind. Sie wird uns Beifall und Respekt von nah und fern einbringen, Feindseligkeiten abbauen, den Boykott und die Blockade überwinden und uns dem Frieden mit den Palästinensern und unseren Nachbarländern näherbringen.« Wie beim Sinai-Deal wurde auch hier von der politischen Maxime »Land für Frieden« ausgegangen.

US-Präsident George W. Bush, der gerade seine »Roadmap«, seinen Friedensplan zur Lösung des israelisch-palästinensischen Konflikts, eingebracht hatte, lobte Scharon für die Entscheidung zum Rückzug: »Dies sind historische und mutige Maßnahmen. Wenn alle Parteien bereit sind, diesen Moment zu nutzen, kann das Tor zum Fortschritt geöffnet und einer der am längsten andauernden Konflikte der Welt beendet werden.«

Der Plan von Präsident Bush verlangte von den Palästinensern, den Terrorismus zu bekämpfen, Israel als jüdischen Staat anzuerkennen und Reformen zur Einführung der Demokratie in die Wege zu leiten. Im Gegenzug verpflichtete sich Israel unter anderem, den Bau von Siedlungen zu stoppen und illegale Stellungen im Westjordanland aufzulösen, sich aus den besetzten Gebieten zurückzuziehen und Angriffe auf palästinensische Zivilisten zu verhindern. Nichts davon ist jemals umgesetzt worden.

Im Juli des Jahres 2005 saß die zweiundzwanzigjährige Studentin Dana Galkovich mit einer Freundin auf dem Bal-

kon ihres Hauses in Netiv HaAsara, als eine Qassam-Rakete einschlug und sie tötete. Sie war das erste Hamas-Opfer in Netiv HaAsara.

Als Antwort auf die zunehmende Intensität und Häufigkeit der Beschießungen und Raketenangriffe errichtete Israel zum Schutz der Bewohner eine 8,5 m hohe Sicherheitsmauer um den Moschaw. Die graue Wand wurde mit bunten Steinen verziert und mit Segenssprüchen und Gebeten bemalt, die von Tausenden von Menschen beigesteuert wurden. Der Name des gemeinschaftlich geschaffenen Kunstwerks, »Path to Peace«, steht in großen Buchstaben auf Hebräisch, Arabisch und Englisch darauf. Die Bemalungen können von beiden Seiten der Mauer aus betrachtet werden.

Im Mai 2008 zündete ein palästinensischer Selbstmordattentäter einen mit rund vier Tonnen Sprengstoff bestückten Lastwagen in der Nähe der israelischen Grenze. Die Explosion beschädigte etwa hundert Häuser in Netiv HaAsara, die Wucht der Explosion warf Menschen aus ihren Betten und riss Wassertanks von den Dächern. Gil Taasa, der damalige Sicherheitskoordinator des Moschaws, schilderte Reportern die Szene: »Als die Explosion erfolgte, dachte ich zunächst, eine Granate hätte das Haus getroffen. Ich packte sofort meinen zweijährigen Sohn Or und rannte in den Schutzraum.«

Im Jahr 2010, dem Jahr, als der dritte Sohn Koren zur Welt kam, wurde ein thailändischer Gastarbeiter im Moschaw durch eine Rakete aus Gaza getötet. Im Mai 2019 wurde Ors Bar-Mizwa-Feier durch einen Raketenangriff der Hamas gestört.

In derselben Woche wurden 690 Raketen auf Israel abgefeuert. Vier israelische Zivilisten und vier Soldaten kamen

dabei ums Leben. Bei der Antwort der israelischen Streitkräfte (IDF) wurden etwa fünfundzwanzig Palästinenser getötet. Die Familie Taasa musste Ors Bar-Mizwa-Torte im Schutzraum verspeisen. Am nächsten Morgen wurde eine Waffenruhe ausgerufen.

Nach der Trennung von Gil war Sabine froh, dass ihr ältester Sohn Or, der jetzt siebzehn Jahre alt und im letzten Jahr auf der Highschool war, ihr zur Seite stand. Or passte auf, dass seine Mutter nicht zu lange arbeitete. Er kümmerte sich darum, dass sie im Auto genügend Nüsse zum Knabbern hatte, damit sie während der Fahrt nicht einschlief. Er achtete darauf, dass sie keinen Alkohol trank, wenn sie Auto fahren musste, und er half ihr sogar bei der Gartenarbeit und beim Saubermachen. Er nahm in einer nahe gelegenen Fabrik einen Job an, um Geld zum Haushalt beizusteuern. Sabine freute sich über die Unterstützung, machte sich aber auch ein wenig Sorgen, dass er zu schnell erwachsen wurde. Manchmal neckte sie ihn und nannte ihn eine »alte Frau«, sagte, sie könnte ihn sich vorstellen, wie er in einem Altersheim mit Strickzeug sitze.

An jenem Samstag, den 7. Oktober, verließ Or gegen 6.10 Uhr das Haus, um mit seinen Schulfreunden am Strand von Zikim surfen zu gehen. Genau dieser Strand hatte seine Großmutter seinerzeit bewogen, den angrenzenden Moschaw zu gründen. Kurz nachdem er das Haus verlassen hatte, wurden seine Mutter Sabine und sein fünfzehnjähriger Bruder Zohar vom vertrauten Sirenengeheul geweckt, das vor Raketenangriffen warnte. Sie verriegelten die schwere Eisentür, auf deren Einbau Gil bestanden hatte und die Sabine oft wegen ihres unschönen Aussehens kritisiert hatte, und rannten, so schnell sie konnten, in den Schutzraum.

»Or, wo bist du? Hier fliegen Raketen, geht es dir gut?«

»Maman, die Hamas schießt wie verrückt auf den Strand. Mach dir keine Sorgen, ich bin in einem Schutzraum und werde mich nicht vom Fleck rühren.«

»Schwöre mir, dass du nicht rausgehst.«

»Maman, ich verspreche es, du kennst mich, ich bin vorsichtig.«

Sie schickte Gil eine Nachricht: »Geh zum Strand von Zikim und bring unseren Sohn zurück.«

Gil und seine Söhne Koren und Shai, zwölf und acht Jahre alt, waren gerade aufgewacht und verließen, nur mit Unterwäsche bekleidet, das kleine Haus und flüchteten in den mobilen Schutzraum. Gils Haus besaß keinen richtigen Schutzraum, der Einbau wäre zu teuer gewesen. Er hatte aber eine der billigen provisorischen Anlagen aus Aluminium und Beton ergattert, die er direkt gegenüber der Eingangstür seines Häuschens hatte aufstellen lassen. Es war nicht weit zu laufen, und er vertraute darauf, dass er, wenn nötig, schnell genug dorthinkäme. Wenn eine Sirene losgeht, haben die Bewohner von Netiv HaAsara etwa fünfzehn Sekunden Zeit, sich in Sicherheit zu bringen – zu wenig Zeit für Gil, um die Jungen in den Schutzraum im Haus ihrer Mutter zu bringen.

Von ihrem mobilen Schutzraum aus hörten die drei Taasas arabische Laute und Schüsse. Gil ermahnte Koren und Shai: »Seid still, sagt kein Wort. Ich hole eine Waffe und bin gleich wieder da.« Er rannte los, holte seine eigene Schusswaffe und war gerade auf dem Rückweg zu seinen Jungs, als er von drei Terroristen überrascht wurde. Gil feuerte dreimal seine Waffe ab und rannte in den Schutzraum zurück.

Sabine hörte die Schüsse von ihrem Schutzraum im

Haupthaus aus. »Das ist bestimmt Papa, das ist Papa, der kämpft und uns rettet«, beruhigte sie Zohar. Ein paar Minuten später hörte sie ein lautes Klopfen an ihrer Haustür. Dann noch einmal.

Vor ihr standen zwei Männer mit grünen Stirnbändern. Einer hatte eine Waffe auf sie gerichtet, der andere hielt eine Granate in der Hand und rief: *»Allahu Akbar, Tod allen Juden.«* Sabine schlug den beiden Männern die Tür vor der Nase zu – jene Eisentür, die sie immer so verabscheut hatte, hielt nun die Kugeln ab.

Kaum hatte Gil Taasa den mobilen Schutzraum, in dem seine beiden Jungs waren, erreicht, traf eine Handgranate den Eingang. Gil Taasa schrie: »Verschwindet!«, warf sich auf die Granate, um seine Kinder zu retten, und war auf der Stelle tot. Die Jungen waren über und über mit seinem und ihrem Blut bedeckt, in Korens Bein und Shais Auge steckten Granatsplitter.

Die Terroristen drangen in den Schutzraum ein und schossen noch ein paarmal auf den bereits toten Gil Taasa, dann führten sie die Jungen in die Küche. Als diese weinend nach ihrer Mutter schrien, trank einer der Angreifer ungerührt eine Coca-Cola aus ihrem Kühlschrank. Shai war still, er weinte nicht. Koren versuchte, mit Hilfe von Google Translate mit den Terroristen auf Arabisch zu verhandeln, und bat sie, ihn und seinen jüngeren Bruder zu ihrer Mutter zu lassen.

»Übersetze«, sagte Koren dem Terroristen auf Englisch.

»Rede Arabisch, rede Arabisch.«

»Übersetze.«

»Rede Arabisch.«

»Aber ich kann das nicht! ... Können wir nach Hause gehen, bitte? Bitte!«

»Wisch das Blut weg. Nein, nein.«

»Bitte, können wir nach Hause gehen?«

»Mach das so. Mach das so.«

»Was ist mit meinem Vater? Was ist mit meinem Vater?«

Korens Übersetzungsversuch wurde mit einer Ohrfeige und der Konfiszierung seines Handys erwidert, das die Täter dann dazu nutzten, ein Video von Gils Leiche auf Facebook hochzuladen. Schließlich reichten die Terroristen den Jungen eine Decke und verließen das Haus, um die Bewohner eines anderen Hauses zu überfallen. Diesen kurzen Augenblick nutzten die Jungen, um zu fliehen.

Sie rannten zum Haus ihrer Mutter: »Mama, ich bin's, Koren. Mach auf!«

»Mach bloß nicht auf!«, flehte Zohar sie an.

»Ich muss aber. Vielleicht sind es deine Brüder und dein Vater«, sagte sie, ließ ihn im Schutzraum zurück und öffnete die Haustür.

Vor ihr standen ihre beiden kleinen Kinder blutüberströmt und nur mit ihrer Unterwäsche bekleidet. Bevor sie sie umarmen konnte, platzte Koren heraus: »Auf Papa wurde geschossen, er ist tot.«

Sabine trug die verletzten Jungen in den Schutzraum. Sie nahm ein Video von ihren im Bett liegenden Kindern auf, während sie verzweifelt um ärztliche Hilfe flehte: »Bitte, es ist dringend. Meine Kinder sind verletzt und brauchen sofort Hilfe. Meine Söhne sind angeschossen worden, sie sind traumatisiert. Unser Haus ist voller Blut.«

Sabine wusste nicht, dass ihr ältester Sohn, der sich in der Toilettenanlage am Strand von Zikim versteckt hatte, etwa fünfzehn Minuten zuvor ermordet worden war. Terroristen hatten Or und seinen beiden Schulfreunden aus nächster Nähe in den Kopf geschossen. Sie erfuhr von der

Ermordung ihres Sohnes am nächsten Tag, als ein Hamas-Terrorist ihr ein Video von Ors Ermordung schickte.

Sie befand sich mit Koren und Shai im örtlichen Krankenhaus, als sie das Video erhielt. Die Jungen blieben zehn Tage lang im Krankenhaus, Shai wurde in dieser Zeit dreimal am rechten Auge operiert. Er verlor schließlich sein Augenlicht. Koren erholte sich schnell. Erst nach sieben Tagen konnte Ors Leiche identifiziert werden. Er wurde neben seinem Vater Gil begraben.

Nach der Beerdigung der beiden schrieb Sabine auf Facebook an den Vorsitzenden des Ausschusses, der nur vier Monate zuvor versprochen hatte, sich um die Sicherheit in ihrer Gemeinde zu kümmern: »Lieber Herr Gafni, ich habe meine Liebsten verloren, meinen Sohn Or und meinen Mann Gil. Ich wäre Ihnen dankbar für eine Rückmeldung hinsichtlich der uns, den Bewohnern von Netiv HaAsara, versprochenen Sondersitzung.«

8

Seit dem 7. Oktober wurden etwa 200 000 Israelis aus ihren Häusern evakuiert und in Hotels und Privatwohnungen untergebracht, darunter auch diejenigen, deren Häuser zerstört waren oder in Gebieten mit schwerem Beschuss lagen. Die Taasas waren eine dieser Familien.

Der fünfzehnjährige Zohar, nun der älteste Sohn der Taasas, erfuhr in der neuen Übergangswohnung in Netanya, dass Yigal Wax, ein langjähriger Nachbar der Familie, der für ihn immer wie ein Onkel gewesen war, an diesem schrecklichen Morgen ebenfalls ermordet worden war.

Yigal, dreiundfünfzig Jahre alt, Grafiker, Hobbyschreiner und Maler, war erst zwei Jahre zuvor, nach seiner Scheidung, in den Moschaw zurückgekehrt.

Sabine und Gil Taasa, die eng mit ihm befreundet waren, hatten ihm das Häuschen, das sie eigentlich zu Vermietungszwecken gebaut hatten, mietfrei zur Verfügung gestellt – jenes Häuschen, in dem Gil nach seiner Trennung von Sabine wohnte. Einige Monate nach seiner Rückkehr in den Moschaw zog Yigal in das Häuschen seines Vaters Alfredo. Seine Mutter Suzy war einige Jahre zuvor an Krebs gestorben, doch drei der vier Wax-Brüder lebten noch im Moschaw, um in der Nähe des dreiundachtzigjährigen Alfredo zu sein.

Yigal Wax hörte nicht, wie die Hamas-Terroristen am Morgen des 7. Oktobers versuchten, in das Haus seines Vaters einzudringen. Der erste Warnhinweis, den er hörte, war die Explosion der Granate, die die Terroristen in das zweite Häuschen der Taasas geworfen hatten.

Amit Wax, sein achtundvierzigjähriger Bruder, der wusste, dass Yigal unbewaffnet, aber impulsiv war, beschwor ihn, zu Hause zu bleiben. Doch Yigal machte sich große Sorgen um Gil und seine Kinder und bewaffnete sich – aber nur mit einer Machete. Als er die Haustür öffnete, um von Ziv Volk, dem derzeitigen Sicherheitskoordinator des Moschaws, eine ordentliche Waffe zu holen, wurde er in den Rücken geschossen. Trotz seiner Verletzung schaffte er noch die einhundertfünfzig Meter bis zu Zivs Haus. »Mach auf, mach bitte auf«, flehte er. Ziv zögerte. »Wer ist da?« »Ich bin's, Yigal, bitte.« Ziv ließ ihn hinein, und Yigal erklärte kurz, was geschehen war, und murmelte: »Es sind so viele von ihnen«, dann starb er in Zivs Armen.

Als bewaffnetes Mitglied der Eingreiftruppe des Jischuv war Amit Wax einer der Ersten, die sich den Terroristen entgegenstellten. Sie erschlugen ihn in der Nähe des Spielplatzes. Bevor er losgerannt war, hatte Amit kurz seinen Va-

ter Alfredo angerufen und ihn beschworen, in den Schutzraum zu gehen. Er kannte seinen Vater genauso gut wie seinen Bruder – der dickköpfige Alfredo versteckte sich nie bei einem Raketenangriff. Seine Befürchtung war nicht unbegründet, denn als er anrief, stand Alfredo am Fenster und rührte in seinem schwarzen türkischen Kaffee, ohne sich vom Lärm der einschlagenden Raketen beeindrucken zu lassen. Der Hund schlief noch auf dem Sofa.

Während die Terroristen seine beiden Söhne ermordeten, hatte der ahnungslose Alfredo trotz Amits Warnungen bereits den Schutzraum verlassen und sah sich im Fernseher im Wohnzimmer einen Actionfilm in hoher Lautstärke an.

9

Nicht weit von den Familien Wax und Taasa entfernt, auf dem Hof Nummer 11, wohnten der fünfundsiebzigjährige Yakovi und die einundsiebzigjährige Bilha Inon, wie sie jetzt hießen.

Die Entscheidung, das Kibbuzleben gegen das Leben im Moschaw zu tauschen, hatte sich für sie bezahlt gemacht. Sie hatten es in den vergangenen zweiunddreißig Jahren zu Wohlstand gebracht. Bilha hatte ihr langes Haar abgeschnitten, das im Laufe der Jahre weiß geworden war, Yakovi hingegen hatte immer noch sein volles, nur teilweise ergrautes Haar. Sie war immer noch eine passionierte Malerin, und er arbeitete noch jeden Tag auf der Obstplantage. Ihr Haus war ein bunt geschmücktes Museum ihrer vielfältigen Interessen: Kunsthandwerk, Holzarbeiten, Mosaike. Als überzeugte Linke nahmen sie fast jeden Samstag vor dem Regionalverband von Sha'ar HaNegev an den Protestdemonstrationen gegen die Justizreform teil.

Als Vorsitzender des Gemeindekomitees des Moschaws leitete Yakovi eine neue Initiative zur Errichtung eines Krankenhauses für die in der Nähe des Moschaws lebenden palästinensischen Bewohner des Gazastreifens und Israelis.

Sie weigerten sich, den Bitten ihrer Kinder nachzukommen und wegen der eskalierenden Kriege und der Terroranschläge auf den Moschaw nach Zentralisrael umzuziehen. Sie glaubten sich in Sicherheit. Sie glaubten, dass eines Tages Frieden herrschen würde.

Ihr einziges Zugeständnis war der Anbau eines Schutzraums an ihr Holzhaus, den Bilha mit großformatigen Mandalas ausschmückte und an dessen Wand sie, wie sie es nannte, »Worte, die Kraft und Ermutigung geben« schrieb. »Ich habe diesen Ort von einem Ort der Raketen und des Krieges in einen Hort der Kunst verwandelt«, erklärte sie.

Seit 1992 nahm Yakovi jeden Freitagnachmittag an den Sitzungen eines informellen »Parlaments« in einem Restaurant in Ashkelon teil. Die Gruppe – eher ein lockerer Männerclub als eine politische Gruppierung – besteht aus etwa zehn Mitgliedern aus verschiedenen Kibbuzim und Moschawim entlang der Grenze zwischen Israel und Gaza. Yigal Flash aus Kfar Azza kam am Freitag, dem 6. Oktober, nach längerer Abwesenheit wieder in das »Parlament«. Er war mit Renovierungsarbeiten in seinem Haus im Kibbuz beschäftigt gewesen und zeigte stolz neue Bilder der abgeschlossenen Arbeiten.

Nach der »Parlamentssitzung« fuhren Yakovi und Bilha nach Tel Aviv zu einem Feiertagsessen mit ihren fünf Kindern und elf Enkelkindern, die alle aus dem Moschaw weggezogen waren. Maoz Inon, ehemals ein Reitsportler,

war ein Unternehmer geworden, der sich für den sozialen Wandel und die jüdisch-arabische Koexistenz einsetzte. Er hatte ein altes Herrenhaus aus osmanischer Zeit in Kooperation mit einer palästinensischen Familie umgebaut und das Fauzi Azar Inn in Nazareth eröffnet – ein besonderes jüdisch-arabisches Projekt. Die Abraham Hostel Group, sein Vorzeigeprojekt, ist ein Hotelunternehmen, das die Toleranz stärken und durch nachhaltigen Tourismus Brücken bauen will. Es beschäftigt viele Asylbewerber aus Eritrea und dem Sudan und gibt ihnen Obdach. Vor kurzem gründete er die Abraham Tours, die Touren zu beliebten Orten anbietet, welche sowohl die palästinensische als auch die israelische Geschichte repräsentieren.

Yakovi und Bilha waren stolz auf ihren Sohn und übernachteten bei militärischen Operationen und Kriegen manchmal in einem seiner Hostels – seltene Gelegenheiten, in denen sie bereit waren, den Moschaw für ein paar Tage zu verlassen. Nach dem Abendessen in Tel Aviv war es spät geworden, und obwohl die Kinder ihnen vorschlugen, über Nacht zu bleiben, zogen sie es wie immer vor, in ihr eigenes Bett im Negev zurückzukehren.

Gegen 7.30 Uhr am nächsten Morgen schlug eine Panzergranate im Haus von Yakovi und Bilha ein. Das einzeln stehende Holzhaus wurde von einer bis zu zwanzig Meter hohen Feuersbrunst verschlungen. Ihr Öko-Haus war das einzige Gebäude in Netiv HaAsara, das bei dem Überfall vollständig zerstört wurde. Yakovi und Bilha Inon konnten den Flammen nicht entkommen.

Jahre zuvor hatten sie den Wunsch geäußert, nicht nach jüdischer Tradition beerdigt, sondern eingeäschert zu werden, da sie der Meinung waren, dass das Land für den Anbau und nicht für Gräber genutzt werden sollte.

Nachdem die Kinder in den Ruinen ihres Elternhauses zwei verkohlte, nebeneinanderliegende Skelette gefunden hatten, begannen sie, ohne die offizielle Bestätigung abzuwarten, am nächsten Morgen mit dem Schiwa-Sitzen.

Während der Schiwa erfuhr Maoz Inon, dass viele Mitglieder des »Parlaments« seines Vaters ebenfalls Opfer zu beklagen hatten: Yigal Flash und seine Frau Cindy wurden in ihrem frisch renovierten Haus getötet. Yonatan, der Enkel von Dodo Elazari aus dem Kibbuz Beit Nir, wurde in Ofakim ermordet, als er während seiner militärischen Ausbildung gerade Pause machte. Eshel Gat aus dem Kibbuz Be'eri überlebte einen Angriff, da er sich gerade im Badezimmer aufhielt. Seine Familie, die über die Feiertage nach Be'eri gekommen war, hatte nicht so viel Glück. Seine Frau Kinneret, sein Sohn Alon, seine Schwiegertochter Yardenne und seine Enkelin Gefen wurden bei dem Angriff entführt. Kinneret wurde ermordet, Alon und Gefen konnten fliehen, aber Yardenne und Carmel wurden als Geiseln genommen und nach Gaza verschleppt.

Zwölf Tage nach der Ermordung seiner Eltern bekam Maoz Inon in seinem Haus in Binyamina Besuch von einem Armeeoffizier. Dieser teilte ihm offiziell den Tod seines Vaters mit, der durch die Identifizierung der verbrannten Überreste bestätigt worden sei. Bilhas Überreste waren zu diesem Zeitpunkt immer noch nicht identifiziert worden.

»Okay, okay«, quittierte Maoz die Nachricht des Offiziers und hatte eine eigene Antwort: »Ich gebe dem Ministerpräsidenten vierundzwanzig Stunden Zeit, um zurückzutreten, weil die Regierung es nicht geschafft hat, für Frieden und Sicherheit zu sorgen.« Der Offizier hörte sich diese Worte schweigend an und ging.

Einen Monat später begann Maoz Inon, vor der Knesset zu demonstrieren. Aus seinem Protest wurde ein Protestcamp mit Hinterbliebenen und Familien von Geiseln, die ein Ende des Krieges und den Rücktritt von Netanjahu forderten. Er glaubt, seine Eltern hätten gewollt, dass er verzeiht und nicht Rache sucht.

»Das ergäbe keinen Sinn. Ich trauere um jeden Tropfen Blut, der vergossen wird, um jede Ausweitung des Hasses. Es ist an der Zeit, dass Israelis und Palästinenser die Narrative und den Schmerz des jeweils anderen verstehen, dass sie sich gegen ihre Politiker verbünden und für den Frieden eintreten.«

10

Am 8. Oktober richtete Isaac Herzog, Staatspräsident Israels und langjähriges Mitglied der Arbeitspartei, das Wort an die Nation:

> »Meine israelischen Schwestern und Brüder, ich spreche heute zu euch inmitten eines erbitterten Krieges ... Wir alle haben die unmenschliche Grausamkeit unserer Feinde miterlebt, die ältere Menschen, Frauen, Kinder, ganze Familien, Menschen jeder Herkunft und jeden Glaubens in Kibbuzim, Moschawim, Städten und Dörfern überfallen haben. Diese ungeheuerlichen menschlichen Tiere machen bei der Wahl ihrer Opfer keinen Unterschied und zielen auf unschuldige junge Menschen auf einer Party, deren einzige ›Sünde‹ darin bestand, Israelis zu sein und Glück und Freude zu suchen.«

In seiner Rede zitierte Herzog auch aus der Grabrede, die Moshe Dayan im Jahr 1956 für Roi Rotenberg gehalten

hatte: »Dies ist die Entscheidung unseres Lebens – vorbereitet und bewaffnet, stark und entschlossen zu sein, damit uns das Schwert nicht aus der Faust gerissen und unser Leben nicht ausgelöscht wird.«

Herzog ließ jedoch einige der höchst umstrittenen Sätze von Dayan weg: »Lasst uns die Mörder heute nicht beschuldigen. Warum sollten wir ihren brennenden Hass für uns beklagen? Seit acht Jahren sitzen sie in den Flüchtlingslagern in Gaza, und vor ihren Augen haben wir das Land und die Dörfer, in denen sie und ihre Väter wohnten, in unser Land verwandelt.«

Diese Empathie, die Dayan im Jahr 1956 so selbstverständlich über die Lippen kam, war für Herzog und für nahezu jeden Israeli im Jahr 2023, einen Tag nach dem größten Massaker in der Geschichte Israels, unmöglich zu äußern.

In den sieben Jahrzehnten Krieg, die zwischen diesen beiden Erklärungen liegen, hat sich das komplexe Erbe der Staatsgründung Israels in zwei gegensätzliche und letztlich widersprüchliche Narrative aufgespalten, eine tiefe Kluft ist entstanden. Sowohl auf der israelischen als auch auf der palästinensischen Seite weigern sich weite Teile, die jeweils andere Seite anzuerkennen: in ihren Forderungen, ihrem Leid und ihrer unveräußerlichen Menschlichkeit.

Krieg: Eine Geschichte von 1948 bis 2024

Der Krieg von 1948 hat eigentlich nie aufgehört: In gewissem Sinne geht er für Israel auch im Jahr 2024 noch weiter, gegen die Palästinenser, gegen die arabischen Nachbarn und sogar im eigenen Land, mit der Folge, dass dieser existenzielle Konflikt zu einem israelischen Dauerzustand geworden ist.

Der Sechs-Tage-Krieg im Jahr 1967, der Jom-Kippur-Krieg 1973, die vielen Scharmützel mit dem Libanon in den 1980er Jahren und danach – all dies waren Fortsetzungen der Gewalt, die mit der Gründung Israels verbunden war und die meine Generation als Erbe und unabänderliche Realität betrachtete.

Die Hoffnungen, die durch die Ermordung von Yitzhak Rabin zunichtegemacht worden waren, wurden unter der Regierung von Ehud Barak erneut enttäuscht. Er hatte den Palästinensern den größten Teil des Gazastreifens und des Westjordanlandes als Gegenleistung für den Frieden angeboten, was diese jedoch ablehnten. Weitere Enttäuschungen folgten – im Jahr 2005 veranlasste Ministerpräsident Ariel Sharon den einseitigen Rückzug aus dem Gazastreifen und ließ alle israelischen Zivilisten ohne Vorbedingungen aus dem Land evakuieren, doch dann wählten die Palästinenser eine weltweit als Terrorgruppe eingeschätzte Organisation,

die Hamas, zu ihrer Führung und für die Verwaltung ihres Gebiets. Und im Jahr 2008 bot Ministerpräsident Ehud Olmert einen vollständigen Rückzug Israels auf die Grenzen von vor dem Krieg von 1967 sowie einen Gebietsaustausch und die Teilung Jerusalems an, was abermals abgelehnt wurde.

Die palästinensische Seite argumentierte damit, dass keines dieser Angebote voll umfänglich auf ihre Forderungen einginge, darunter vor allem auf das Recht auf Rückkehr der palästinensischen Flüchtlinge in einen künftigen palästinensischen Staat mit Jerusalem als Hauptstadt. Doch von Jahr zu Jahr wurde das von Israel besetzte Gebiet dieses vermeintlichen Staates durch den von der Regierung genehmigten Bau israelischer Siedlungen immer weiter zerstückelt – eine jüdische Verhinderung des liberalen Ziels von »zwei Staaten für zwei Völker«.

Das Scheitern von fünf israelischen Ministerpräsidenten, in einer Atmosphäre eskalierender Gewalt ein Abkommen auszuhandeln, führte dazu, dass viele Israelis das Ideal einer Koexistenz einfach aufgaben und stattdessen der Überzeugung anhingen, dass ein Frieden nicht möglich sei.

Unter Netanjahus Führung – die seit über sechzehn Jahren und damit länger als die von David Ben-Gurion andauert – ist das Friedenslager an den Rand gedrängt worden, seine Mitglieder sind in den Untergrund, ins Internet oder ins Ausland ausgewichen. An die Stelle der Stimmen, die ein »Ende des Konflikts« forderten, sind jene getreten, die ein »Management des Konflikts« fordern – »Frieden« ist von »Sicherheit« ersetzt worden.

Alle paar Jahre oder Monate, wenn ein größerer Angriff auf israelische Zivilisten erfolgte, zog die Armee los, um

»den Rasen zu mähen«, was zum Standardbegriff für militärische Vergeltungsmaßnahmen geworden ist, obwohl nur wenige Israelis einen Rasen haben, geschweige denn ihn mähen. In der Regierung und in der Presse war man sich einig, dass Technologien wie das Iron-Dome-Verteidigungssystem Israel schützen würden, ebenso wie die großen Summen – Bargeld, in Koffern transportiert –, die an die Hamas gezahlt wurden, genau genommen Bestechungsgelder, um ihre Duldung zu erkaufen.

Jahr für Jahr wurden diejenigen, die an eine Lösung des Konflikts auf nationaler Ebene glaubten, an den politischen Rand gedrängt. Sie wurden aus dem Kabinett verbannt und scheiterten erst knapp, dann endgültig an der Zwei-Prozent-Hürde für die Wahlen in die Knesset. Das Wort »Frieden« verschwand allmählich aus den Wahlkämpfen und den Medien: Es wurde zu einem Wort, fast zu einem Schibboleth (Erkennungszeichen) einiger weniger, der neuen Radikalen, die sich weigerten, die Vergangenheit loszulassen.

Jahr um Jahr sprachen wir Israelis immer weniger über die Palästinenser, geschweige denn über einen palästinensischen Staat, aber immer häufiger über uns selbst. Wir versanken in internen Kämpfen, in Auseinandersetzungen zwischen Säkularen und Religiösen, zwischen Aschkenasim und Mizrachim, und vor allem zwischen Linken und Rechten. Wir glaubten tatsächlich, dass Israel trotz der gelegentlichen Terroranschläge und der zunehmenden Raketenangriffe – trotz der hohen Lebenshaltungskosten und der zahlreichen militärischen »Operationen« (wir nannten es nie »Kriege«) – seine eigene Identität gefunden hätte. Israel war zu einer internationalen Hochburg des Technologiesektors geworden, zu einem fortschrittlichen west-

lichen Land, das sich der Demokratie und dem Liberalismus verschrieben hatte sowie der Verbreitung von Gleichheit, bürgerlichen Freiheiten und Menschenrechten. Für einen schwulen Juden – und für schwule Araber – war Tel Aviv angesagt. Haifa wurde zu einer der bedeutendsten und erfolgreichsten, multikulturell geprägten Städte mit einem hohen Anteil an israelisch-arabischen Hochschulabsolventen. Jerusalem war immer noch Jerusalem, aber der Tourismus boomte und Hotels, Restaurants und Bars waren ebenso überfüllt wie die Synagogen, Moscheen und Kirchen.

Die schreckliche Lebensrealität der Palästinenser im besetzten Westjordanland – die alltäglichen Demütigungen bei den langen Wartezeiten an den Grenzkontrollpunkten und den Mauern, die ihre Wohnviertel durchschneiden, bis hin zu willkürlichen Verhaftungen, Tötungen und der Zwangsumsiedlung von Dörfern – war in der öffentlichen Diskussion nicht präsent, ebenso wenig wie die Situation der Palästinenser im Gazastreifen.

Meine Zeitung, *Haaretz*, war die einzige Zeitung, die mit einiger Regelmäßigkeit und Sensibilität über palästinensische Themen berichtete, und meine Arbeit für die Zeitung brachte mich geradezu in Verruf: Für *Haaretz* zu arbeiten bedeutete, regelmäßig angeschrien, angespuckt und des Verrats beschuldigt zu werden – des Landesverrats. Meine Kollegen und ich wurden online und persönlich bedroht, unsere Arbeit und unsere Motivation wurden hinterfragt, wir wurden persönlich in den Schmutz gezogen.

Nachdem ich zusammen mit der Journalistin Gidi Weitz einen Artikel verfasst hatte, in dem dem ehemaligen Vorsitzenden der Likud-Koalition, David Bitan, kriminelle Handlungen angelastet wurden, wurde Bitan von der Polizei

dabei gefilmt, wie er Rachepläne gegen uns schmiedete: »*Haaretz* ist ein Killerkommando ... es muss zerschlagen werden«, sagte er, »sie werden uns nie in Ruhe lassen.« Enge Mitarbeiter von ihm in der Netanjahu-Regierung wurden ebenfalls dabei gefilmt, wie sie damit prahlten, dass sie Leute beauftragt hätten, mich zu verfolgen und über meine Kontakte und Kommunikation zu berichten.

Das war beängstigend, aber nicht zu vergleichen mit dem, was Journalisten durchgemacht haben, die direkt aus den besetzten Gebieten berichtet haben. Kolleginnen und Kollegen wie Gideon Levy, Amira Hass und Hagar Shizaf, die Reportagen über die Gewalt israelischer Siedler im besetzten Westjordanland veröffentlicht haben, erhalten fast täglich Morddrohungen. Der Großteil der Israelis beschränkt sich darauf, das Elend der anderen Seite zu ignorieren, und in dieser Ignoranz des palästinensischen Lebens liegt auch eine Entmenschlichung der Palästinenser.

Diese Marginalisierung der Linken in den Medien setzt sich fort in einer Marginalisierung der Linken in der Gesellschaft und hat zu einer Verunglimpfung ihrer Werte geführt. Die Voreingenommenheit der Medien und die Voreingenommenheit der Gesellschaft beeinflussen sich gegenseitig ganz unmittelbar, besonders in kleinen Ländern wie Israel mit kleiner Medienlandschaft, in der es wenige Zeitungen und wenige Sender gibt. Nachdem die Rechte Jahr um Jahr immer mehr die Printmedien, den Äther und schließlich die Sozialen Medien beherrschte, verschob sich die Perspektive: Aus den Rechten wurde die Mitte, aus der Mitte wurde die Linke, und die Linke wurde illegitim. Es war eine neue Ära, in der Idealismus gleichgesetzt wurde mit Unterstützung und Zuspruch für den

Feind. Aus dem Ziel der Koexistenz wurde das Streben nach »Eindämmung« und »Konfliktverdrängung«.

Der Höhepunkt dieses Prozesses waren die »Abraham-Abkommen«, eine Reihe von Vereinbarungen zwischen Israel und ausgewählten arabischen (oder muslimischen) Ländern, darunter die Vereinigten Arabischen Emirate, Bahrain, Marokko und der Sudan. Die gemeinsame Furcht vor dem schiitischen Iran veranlasste diese sunnitischen Staaten dazu, neue Beziehungen zum jüdischen Staat aufzunehmen – zum großen Entsetzen der Palästinenser. Auf amerikanischen Druck hin öffneten sich diese Länder gegenüber Israel, ohne irgendwelche Forderungen zur Unterstützung ihrer Glaubensgenossen im Westjordanland und im Gazastreifen zu stellen.

Im Zuge dieses Erfolgs zielte Netanjahu auf einen noch größeren Coup: ein Normalisierungsabkommen mit Saudi-Arabien, dem reichsten und einflussreichsten sunnitischen Land der arabischen Welt. Ansätze, die unter der Trump-Administration begonnen und auf Drängen von US-Präsident Biden fortgesetzt worden waren, erschienen vielversprechend. Ende September 2023 erklärte Netanjahu vor der UN-Vollversammlung, er sei davon überzeugt, dass »wir an der Schwelle eines noch dramatischeren Durchbruchs stehen – eines historischen Friedens zwischen Israel und Saudi-Arabien. Ein solcher Frieden wird wesentlich dazu beitragen, den arabisch-israelischen Konflikt zu beenden.« Er verwies damit auf einen seit langem gehegten Plan, nicht über eine Friedensregelung zu verhandeln, sondern eine solche zu erzwingen. In seinen Worten: »Ich meine, dass wir den Palästinensern kein Vetorecht bei neuen Friedensverträgen mit arabischen Staaten gewähren dürfen.«

Man rechnete damit, dass ein saudi-arabisches Normalisierungsabkommen irgendwann im Oktober, kurz nach dem jüdischen Neujahrsfest, zustande kommen würde – der Beginn eines neuen Nahen Ostens.

Trotz dieser neuen Ära verlief nicht alles rund für die Regierung Netanjahu. Der Samstag, 7. Oktober, war der erste Samstag seit dem Beginn des Jahres 2023, an dem nicht gegen die Regierung Netanjahu demonstriert wurde.

An neununddreißig aufeinanderfolgenden Samstagen waren Zehntausende und oft Hunderttausende Israelis nach dem Ende des Schabbat auf die Straße gegangen, um gegen den von der Regierung Netanjahu angestrebten »Justizumbau« zu demonstrieren. Dieser »Umbau« war in Wirklichkeit ein Gesetzgebungsprogramm, das es der Regierung ermöglichen sollte, das Justizsystem so zu schwächen und zu kontrollieren, dass es bestimmte Entscheidungen der Knesset nicht mehr zurückweisen konnte.

Netanjahu, gegen den immer noch mehrere Strafverfahren wegen Korruption anhängig sind, verfolgte bei der Unterstützung des Gesetzes eigene Interessen, ebenso seine Koalitionspartner – jüdische Rechtsextreme, die von antiarabischer Rhetorik besessen sind und die die völkerrechtswidrige jüdische Besiedlung des Westjordanlandes vorantreiben.

An diesen Protesten nahmen Israelis aus allen Gesellschaftsschichten teil: junge und alte, rechte und linke, religiöse und säkulare Menschen, darunter viele Angehörige des Militärs, die nicht mehr bereit waren, ihren Dienst auszuüben, solange die Regierung sich nicht zur Aufrechterhaltung der Demokratie und des Systems der gegenseitigen Kontrolle verpflichtete. Militärpiloten drohten damit, dem Training fernzubleiben, Reservisten drohten damit,

den Dienst zu verweigern, Wirtschaftsführer und Unternehmer warnten vor schlimmen wirtschaftlichen Folgen, sollte das Gesetz durchkommen, und einfache Bürgerinnen und Bürger marschierten, skandierten und schwenkten israelische Flaggen, einige blockierten wichtige Straßenkreuzungen und zündeten Feuer an.

Die fanatischsten Anhänger Netanjahus versuchten alles, um die Demonstranten als Verräter zu brandmarken. Sie seien Menschen, die nicht von ihrer Bürgerpflicht, sondern von ihrem Hass auf Netanjahu getrieben seien. Sie würden das elitäre Ziel verfolgen, die bürokratische Vorherrschaft eines Gerichtssystems zu erhalten, das nach ihrer Interpretation dem Land regelmäßig die Hände binde, indem es die Rechte von Minderheiten, einschließlich der israelischen Araber, schütze.

Der Riss zwischen den Demonstranten und den »Bibiisten« war so tief, so hasserfüllt, dass nicht nur Satiriker, sondern schließlich auch mehr oder weniger seriöse Nachrichtenmoderatoren von einem Bürgerkrieg sprachen – oder von einer »Drei-Staaten-Lösung«.

Der »Justizumbau« wurde von einer Regierung betrieben, die so weit rechts stand wie keine Regierung zuvor in der Geschichte Israels, einer spiegelverkehrten Version der letzten Rabin-Regierung. Ihre Akteure, die nie zuvor ein so hohes Amt bekleidet hatten, waren schlicht jene Leute, die Netanjahu für seinen Machterhalt benötigte und die sich häufig als extrem unterqualifiziert für ihre Positionen erwiesen – fachlich, moralisch und ethisch. Eine der Schlüsselfiguren der Koalition, der für die Polizeiverwaltung zuständige Minister für Nationale Sicherheit, war Itamar Ben Gvir, der Vorsitzende der rechtsextremen Partei Otzma Yehudit (Jüdische Kraft), der wegen zahlreicher Straftaten

verurteilt worden war. Er ist ein glühender Bewunderer von Baruch Goldstein, jenem Terroristen, der im Jahr 1994 in Hebron neunundzwanzig Araber massakrierte und dessen Porträt in Ben Gvirs Haus hing. Ein anderes prominentes Mitglied der Koalition, Finanzminister Bezalel Smotrich, war einer der Anführer einer Bewegung, die sich gegen Israels Rückzug aus dem Gazastreifen im Jahr 2005 stellte. Er wurde wegen der von ihm mitorganisierten zivilen Aktionen – im Wesentlichen Ausschreitungen gegen den Rückzug – verhaftet.

Nach dem 7. Oktober meldeten sich genau jene Israelis für den Kampf in Gaza, die für die Demokratie auf die Straße gegangen sind und angekündigt haben, ihren Dienst zu verweigern, wenn der Justizumbau durchkomme. Sie wussten, dass das Schicksal ihres Landes auf dem Spiel stand und dass es an ihnen lag, weitere willkürliche Morde an israelischen Bürgerinnen und Bürgern zu verhindern, und dass sie versuchen mussten, die Hunderte von Geiseln zurückzubringen. Einer dieser Reservisten war Gal Eisenkot, ein fünfundzwanzigjähriger Student der Informatik und Bioinformatik. Er hatte als Sanitäter Syrer behandelt, die im syrischen Bürgerkrieg verwundet worden waren, und wollte sein Leben medizinischen Innovationen widmen. Er bewohnte ein Zimmer in einem kleinen Apartment im Süden von Tel Aviv und hatte gerade die Beziehung zu seiner Jugendliebe wieder aufgenommen. Er war seit Kindertagen ein guter Freund von mir und meinem Bruder und war zu einem großherzigen, bescheidenen und sensiblen Mann herangewachsen. Er war der Sohn des ehemaligen Generalstabschefs Gadi Eisenkot, der heute Minister in der Notstandsregierung und Mitglied des Kriegskabinetts ist. Dennoch war Gal selbst kein Mann des Militärs.

Er wollte keinen Krieg, er wollte niemandem weh tun, und er wollte gewiss nicht sterben. Er wurde in die Reservearmee eingezogen, zusammen mit Hunderttausenden seiner Altersgenossen, die ihr Leben aufs Spiel setzten, um ihr Land zu schützen. Er wurde in einen Krieg geschickt, den er für gerechtfertigt hielt: Er glaubte, wenn Israel nicht reagiere, würde es aufhören zu existieren. Er war gerade inmitten des Gazastreifens auf einem Einsatz zur Geiselbefreiung, als in einem Tunnelschacht ein Sprengsatz hochging – eine Sprengfalle – und alles vorbei war: Er wird für immer fünfundzwanzig sein. Dieses Buch ist seinem Andenken gewidmet.

Rave

»Wie lange braucht ein Leichnam, bis er verwest ist?«

»Ich glaube, ich habe Sie nicht richtig verstanden. Können Sie das noch einmal wiederholen?«

»Wie viel Zeit, wie viele Stunden braucht ein toter Körper zum Verwesen?«

Es war gegen 19.30 Uhr am Abend des 7. Oktober, als bei Haim Utmazgin das Telefon klingelte. Der orthodoxe Vater von sechs Kindern hatte in seinem Haus in Petach Tikwa zum Feiertag zwanzig Personen zu Gast – einschließlich der angeheirateten Verwandtschaft. Den Mann am anderen Ende der Leitung, einen jungen Rabbi, kannte Haim Utmazgin kaum; sie hatten sich erst ein-, zweimal getroffen.

»Und warum fragen Sie mich das?«

»Ich bewache hier gerade ungefähr 125 Leichname ... es könnten auch mehr sein ... ich kann im Augenblick nicht richtig zählen ... Sie wurden vor ein paar Stunden beim

Musikfestival getötet ... Mir wurde die Verantwortung für diese Toten übertragen, und ich weiß nicht recht, was ich machen soll. Wissen Sie vielleicht Rat?«

»Sie sind auf dem Musikfestival beim Kibbuz Re'im? In den Nachrichten sprechen sie von nur dreißig oder fünfzig Toten. Sind Sie sich bei der Zahl sicher?«

»Ich habe keine Nachrichten gesehen. Ich bin hier vor Ort, und ich sage Ihnen: Es ist ein Massaker.«

»Können Sie Ihre Kamera einschalten?« Haim musste sich selbst überzeugen.

Es war zwar dunkel, doch das Video zeigte klare Bilder. Er sah die Leichen von jungen Ravern aufgestapelt neben einer Bar liegen; tote Menschen auf einem Haufen bei einer DJ-Kabine, eingezwängt zwischen den Lautsprechern; ungelenk über einen Yogabereich verstreute Leichen, wie in einer grotesken Gruppenübung; Leichen von halbnackten und nackten Frauen nahe dem Zeltlager; vor einer riesigen Buddha-Statue aufgestapelte Körper wie blasphemische Opfergaben. Einige Körper waren so stark verbrannt, dass sie miteinander verschmolzen waren.

»Haben Sie ein Team bei sich?«

»Ich bin allein. Es sind immer noch schießwütige Hamas-Terroristen in der Gegend. Alle haben damit zu tun, sie abzuwehren, deshalb haben sie dem Rabbi die Leichen überlassen. Ich brauche Hilfe.«

»Ich bin schon unterwegs.«

Haim Utmazgin ist Gründer und Leiter der Spezialeinheiten von ZAKA, einer regierungsunabhängigen Hilfsorganisation, die Unfall- und Terroropfer identifiziert und Leichenteile zusammensucht, um eine angemessene Beerdigung zu ermöglichen. Die Organisation wurde gegründet als Reaktion auf die Flut von palästinensischen Selbst-

mordanschlägen auf israelische Busse während der ersten Intifada, die häufig grausige Schauplätze mit verstümmelten Körpern und abgetrennten Gliedmaßen zurückließen.

Haim Utmazgins »Spezialeinheiten«, die sich, wie die ZAKA selbst auch, überwiegend aus orthodoxen jüdischen Männern zusammensetzen, waren Experten im Identifizieren und Aufspüren von Leichen. Immer wenn seine regulären freiwilligen Helfer es mit einem besonders schweren Problem zu tun bekamen, wenn sie zum Beispiel Leichen aus dem Meer, dem Gebirge, aus Wald oder Wüste bergen mussten, schuf Haim eine neue Spezialeinheit: eine Taucheinheit, eine Hundestaffel und so weiter. Für die aktuelle Aufgabe rief er alle Einheiten zusammen und begann noch von unterwegs aus mit der Koordinierung des Notfalleinsatzes. Obwohl das Grenzgebiet ein noch aktiver Terrorschauplatz war, wurden so schnell wie möglich die Rettungswagen der ZAKA benötigt – diese Maßnahme sollte vor allem verhindern, dass die Leichen als Geiseln nach Gaza verschleppt wurden.

Um das Ausmaß des Geschehens besser einschätzen zu können, rief Haim noch einmal den jungen Rabbi an.

»Was meinen Sie, wie viele Rettungswagen werden wir wohl brauchen?«

»Wie viele? Ich kann hier keinen Schritt tun, ohne auf eine Leiche zu treten. Bei jedem neuen Raketenangriff muss ich mich zur Deckung unter die Toten legen. Da haben Sie Ihre Antwort.«

Haim erledigte noch weitere Anrufe. Er versuchte, Kühltransporter aufzutreiben, die größere Kapazitäten als normale Rettungswagen hatten. Ein Freiwilliger bot seinen Laster an, mit dem er Brot ausfuhr. Kapazität: mindestens fünfzig Leichen.

Auf der Regionalstraße 232 nahe der Stadt Netiwot, vierzehn Kilometer von der Grenze zu Gaza entfernt, winkten zwei ultraorthodoxe Männer den Rettungswagen heran und baten eindringlich um Hilfe. Langsam ließ Haim sein Fenster herunter und fragte, was denn so dringend sei, dass sie einen Rettungswagen aufhielten.

»Helfen Sie uns, bitte. Wir haben zwei Tote im Kofferraum.«

»Wie bitte?!«

»Wir waren auf der Party und haben einfach schon mal angefangen, alle Leichen aufzulesen, die auf der Straße lagen.«

Haim forderte die beiden auf, den Kofferraum zu öffnen. Zwei tote junge Mädchen, beide mit Kopfschuss, lagen dort aufeinander.

Haim setzte sich mit der Polizei in Verbindung, die ihn anwies, sich mit ihnen auf ihrer Einschätzung nach sicheren GPS-Koordinaten in der nahe gelegenen Obstplantage zu treffen, die auch der Sammelpunkt für später noch eintreffende Freiwillige werden sollte. Von diesem Camp aus brachten die Polizisten Haim dann zum Festivalgelände, da die Hauptstraßen immer noch zu gefährlich waren. Auf ihrer Route durch die bestellten Felder und Reihen von Zitrusbäumen stießen sie auf ein Polizeiauto, das von einer Rakete getroffen worden war. Der Wagen war ausgebrannt, und im Innern war ein verkohlter Körper mit dem Sitz verschmolzen. Haim gab den Polizisten Leichensäcke und erklärte ihnen, wie sie die Überreste sichern und transportieren mussten.

Gegen 21 Uhr traf Haim dann schließlich auf dem Gelände des Nova-Musikfestivals ein. Am Himmel leuchteten die Sterne ohne Konkurrenz von Lasern und Lichtern der

Tanzfläche. Die Polizisten, die Haim hergebracht hatten, erklärten ihm, dass die ZAKA in völliger Dunkelheit ihre Arbeit tun müsse, da jegliche Lichtquelle neuen Beschuss durch die Hamas zur Folge haben könne. »Sie haben Zeit bis zum Sonnenaufgang, um alle Toten wegzubringen, dann erwarten wir, dass wieder geschossen wird.«

Etwa vierzig Freiwillige waren Haims Aufruf gefolgt und verteilten sich über das Festivalgelände. Sie legten alle Leichen unter ein großes Zelt und schufen damit eine makabre Tanzfläche der Toten. Die ganze Nacht über schlugen in ihrer Nähe weiter Raketen ein, und zeitweise mussten sie sich zu ihrem eigenen Schutz zwischen die Toten legen. Sie mussten sich mit der Arbeit beeilen. Die Freiwilligen wurden in Teams eingeteilt, denen jeweils zwei Reihen mit zehn bis fünfzehn Leichen zugeteilt waren. Ein Körper nach dem anderen wurde fotografiert, gesäubert, eingewickelt. Haim gab den Teams nur sechs Minuten für jede Leiche. Nach früheren Terrorangriffen hatten sie in der Regel mindestens eine Stunde Zeit gehabt.

Nachdem er die Teams eingewiesen hatte, suchte Haim den Campingbereich ab – einen Ruheplatz zwischen einem Event und dem nächsten, eine ziemlich chaotische Lichtung mit Dutzenden von Zelten und noch glimmenden Lagerfeuern mit Grills und Kannen zum Aufbrühen von türkischem Kaffee.

Neben einem der Zelte fand Haim die Leiche einer jungen Frau in den Zwanzigern. Ihr lilafarbener Rock war bis zum Bauch hochgezogen, die Unterwäsche entfernt worden. Man hatte ihr mindestens einmal in die Vagina geschossen und dann noch mitten in den Kopf. Haim zog den Rock der jungen Frau herunter, bevor er sich behutsam ihrem Körper widmete, ihn fotografierte, säuberte, um-

wickelte und in einen Sack steckte. Ganz in der Nähe fand er eine zweite tote Frau, ebenfalls mit Schusswunden, eine im Kopf und eine im Ohr. Ihre Kehle war durchgeschnitten, und sie hatte kein Oberteil mehr an. Noch eine junge Frau lag tot auf dem Rücken. Man hatte ihr die Eingeweide aus dem Leib gerissen, die zwischen ihren Beinen herunterhingen. Haim bedeckte sie.

Etwas weiter entfernt fand er die Leiche einer halb nackten Frau, der man ihr weißes Kleid vom Körper gerissen hatte. Eine andere Frau mit Kopfschuss hatte grasgrüne Wandersocken an den Füßen. Es waren so viele, und sie waren auf so ähnliche Weise hingerichtet, dass man sie nur anhand ihrer Kleidung unterscheiden konnte: Die eine trug einen Jogginganzug, die zweite weiße Jeans, eine dritte ein rückenfreies violettes Oberteil – und alle Kleidungsstücke waren blutdurchtränkt.

Drei Frauen waren ineinander verschlungen, allen dreien hatte man in die Vagina geschossen. Darin konnte Haim ein Muster erkennen, das sich noch viele Male wiederholen sollte: eine geradezu rituelle Hinrichtung, bei der Frauen ihre Party-Outfits vom Leib gerissen worden waren, bevor man ihnen aus nächster Nähe in die Brust und in die Geschlechtsorgane geschossen oder ihnen Brüste und Geschlechtsorgane aufgeschlitzt und verstümmelt hatte. In einigen Fällen waren ihre Geschlechtsorgane gezielt verbrannt worden. Der restliche Leichnam war unversehrt, aber die Vagina war in Brand gesetzt worden.

Als mehr und mehr Tote gefunden wurden, korrigierte Haim die Vorgabe: Sie konnten nicht mehr als eineinhalb Minuten auf jeden Leichnam verwenden.

Bis 4 Uhr morgens hatten sie 257 Tote weggebracht – und das waren nur die, die sich leicht identifizieren ließen.

Céline

Es war das letzte Wochenende von Céline Ben-David Nagars sechsmonatigem Erziehungsurlaub. Das wollte die Zweiunddreißigjährige, die mit 16 aus Lyon nach Aschdod in Israel ausgewandert war, besonders feiern, bevor sie in ihren stressigen Job als Leiterin des Tel Aviver Büros der Anwaltskanzlei Kasuto & Partner zurückkehrte.

Ihr Ehemann, Ido Nagar, ein Anwalt bei Kasuto & Partner, war von Anfang an nicht begeistert von der Idee, als Céline ihm die Einladung zeigte, in der stand:

> »Wir freuen uns, eine neue Ausgabe des Nova-Festivals ankündigen zu können: zwei volle Tage Trance-Raving ... Das Grundkonzept [hinter dem Festival] ist ein Zusammenspiel elementarer menschlicher Werte: freie Liebe und ein freier Geist verbunden mit Umwelt- und Naturschutz.«

Es war mehr als nur eine Gelegenheit für »Trance and Dance«. Es war eine internationale Zusammenkunft einer Community von Gleichgesinnten, jungen Leuten mit dem gemeinsamen Wunsch nach spiritueller Transzendenz und einer kurzen Atempause von der Alltagsrealität in einer Neo-Hippie-Atmosphäre ohne Werturteile.

Ido ging es mehr um das Hier und Jetzt. »Was ist mit der Milch, die du abpumpst? Wird sie nicht verderben?«

Die beiden waren eifrig darauf bedacht, so viel Muttermilch wie möglich einzufrieren, bevor Céline wieder arbeiten ging und Baby Ellie zur Tagesmutter kam.

Es war ihr erstes Kind – jeder Tropfen Milch war wichtig. »Vielleicht könnten wir ja auf andere Weise feiern?«, regte er an. Der versierte Prozessanwalt Ido musste allerdings

die Erfahrung machen, dass seine Frau nicht so leicht zu überzeugen war wie die meisten der Richter, mit denen er tagtäglich zu tun hatte.

»Das ist nicht verhandelbar. Ich – werde – auf – diese – Party – gehen«, beharrte Céline.

Ido konnte sich selbst nicht erklären, warum ihn die Aussicht, ein paar Stunden alleine mit ihrem Baby zu verbringen, so beunruhigte. Warum war er nicht entgegenkommender? Was bewog ihn, sich dem Wunsch der Frau mit den schwarzen Locken und dem französischen Akzent zu widersetzen, die so viel Freude in sein Leben gebracht hatte, seit er ihr an jenem Vormittag im Büro seine Zuneigung gestanden hatte.

Es gab eigentlich nur eine richtige Antwort: »Solange du glücklich bist, bin ich es auch.«

Der erste Schwung Tickets war innerhalb von elf Stunden ausverkauft. Céline konnte gerade noch Karten für sich selbst und zwei Freunde ergattern, Shiraz Tamam, die Sekretärin im Büro, und deren Mann, Adir Tamam, den Lehrer in Ellies Säuglings-Schwimmkurs.

Céline stand am Samstagmorgen früh auf, um Ellie die Brust zu geben. Um 5.40 Uhr machten die drei sich dann auf die eine Stunde und fünfzehn Minuten lange Fahrt von ihrer Heimatstadt Holon, zehn Kilometer südöstlich von Tel Aviv, in Richtung Süden zum Rave, der in der Nähe des Kibbuz Re'im stattfinden sollte.

Raz

Zur selben frühen Stunde brach aus derselben Stadt der dreiundzwanzigjährige Raz Perry zur selben Party auf. »Nova ist eine Reha-Party«, begründete er seiner Schwester gegenüber seine Teilnahme. Er steckte mitten in der

Behandlung seines Hodgkin-Lymphoms, und seine Ärzte hatten ihm zur Ablenkung Musik empfohlen.

Shani und Orión

Ricarda Louk hatte eigene Pläne für das Wochenende.

Soeben hatte sie nicht nur erfahren, dass ihre zweiundzwanzigjährige Tochter Shani wieder mit ihrem mexikanisch-französischen Freund zusammen war, sondern auch, dass der Freund auf Israel-Besuch war.

Sie beschloss, das Feiertagsessen an diesem Freitag zu nutzen, um Orión endlich einmal kennenzulernen.

»Komm doch heute Abend zum Essen«, lud sie Shani ein. »Und bring Orión mit.«

Ricarda gehörte nicht zu den Müttern, die sich in das Leben ihrer Kinder einmischen oder ständig etwas zu meckern haben, und wenn, hätte Shani ohnehin nicht viel darauf gegeben. Von Kindesbeinen an war Shani Louk kompromisslos selbständig und eigenwillig gewesen. Sie wechselte mehrfach die Schule und weigerte sich, ihrer Wehrpflicht nachzukommen. Auf ein Studium legte sie keinen Wert, brachte sich lieber selbst bei, was sie gerade interessierte – mal war es der Buddhismus, mal Musik, vor allem aber interessierte sie bildende Kunst. Ricarda respektierte die Unabhängigkeit ihrer Tochter und gab nur eine einzige feste Regel vor: keine Tattoos. Also wurde Shani Tätowiererin. Sie selbst hatte allerdings nur ein einziges Tattoo, nach ihrem eigenen Entwurf gestochen von einem ihrer Lieblingskünstler, ein Geschenk von Orión zu ihrem 22. Geburtstag. Seine abstrakten Formen zogen sich über ihre Unterschenkel wie die Beinschienen der Ritter oder Superhelden.

Shani Louk und Orión Hernández Radoux waren, mit

Unterbrechungen, seit ungefähr acht Monaten zusammen. Gemeinsam mit einer Clique von Freunden veranstalteten sie in ganz Europa und Südamerika Technopartys und übernachteten in Jugendherbergen oder Zelten. Sie war einfühlsam, draufgängerisch, jemand, der sich kümmert, zuweilen allerdings auch launisch und gedankenlos mit ihrer dichten schwarzen Haarmähne. Er war witzig, rührig, ein Abenteurer mit Pferdeschwanz, der ebenso gerne Veranstaltungen organisierte wie das Leben anderer Menschen. Kennengelernt hatten sie sich auf einem Musikfestival in Kroatien, und seitdem waren sie zusammen in der Schweiz, in Italien, Frankreich, Ungarn, Tschechien, Guatemala und Mexiko gewesen, wo sie Oriόns Familie in Tulum besucht hatten. Shani hatte auch schon seine Ex-Freundin und seine kleine Tochter Iyana kennengelernt. Oriόn hatte ein Tattoo mit dem Namen seiner Tochter auf Arabisch auf seiner Brust.

In den letzten beiden Septemberwochen stellte Oriόn ein dreitägiges Trance-Musikfestival in Griechenland auf die Beine, zu dem Shani die Designs beisteuerte. Am Ende des Festivals hatten sie dann allerdings Schluss gemacht, und Shani war alleine nach Israel zurückgekehrt. Sie spielte mit dem Gedanken, Tel Avivs immer teurer werdendem Hipsterviertel Florentin den Rücken zu kehren und sich ein ruhiges, kleines Dorf zu suchen, wo sie eine Firma für Partydesign aufziehen wollte.

Unterdessen stellte Oriόn fest, dass er Shani vermisste. »Sie macht mich glücklich«, gestand er seinen Freunden Anfang Oktober, bevor er in den Flieger nach Israel stieg, um Shani zu überraschen und sich um eine Versöhnung zu bemühen. Das Paar fing da wieder an, wo es aufgehört hatte, und kaufte sich zwei der letzten noch übrigen Tickets

für das Nova-Festival, wo es sich zu den circa 4400 anderen Teilnehmern an dem zweitägigen Peace-and-Love-Rave gesellen wollte.

Auf die Einladung ihrer Mutter antwortete Shani: »Können wir es auf nächste Woche verschieben? Dieses Wochenende läuft eine Party, auf der unsere Freunde die DJs machen.«

Matan und Alexandra

Auf der Hauptbühne wurde das Festival am Freitagabend von DJ Kido eröffnet, seinen Freunden besser bekannt unter dem Namen Matan Elmalem.

»Kido« war seine Variante des Spitznamens »Kiddo«, den er sich als Zehnjähriger erworben hatte, als er den Luftschutzbunker seines Wohnviertels in einen Jugendclub verwandelte. Mit 20 flog er nach Japan, um dort mit sehr viel älteren und bekannteren DJs Aufnahmen zu machen, und heute, mit 42, hatte Matan bei den meisten großen Festivals in Europa, Südamerika und Indien aufgelegt und war in der Trance-Szene im Mittelmeerraum eine ziemliche Berühmtheit. Auch half er mit, die nächste Generation junger DJs im boomenden Genre der repetitiven Beats zu schulen, die einen hypnotischen, rauschartigen Zustand heraufbeschwören sollen.

Tatsächlich war Matan so gefragt, dass er gleich für zwei Trance-Partys nacheinander in derselben Wüstenregion nur wenige Kilometer von der Grenze zu Gaza gebucht war. Die erste Party, »UNITY«, war für Donnerstagabend geplant, Freitag und Samstag waren für »Nova« reserviert, wo Matan die Eröffnung bestreiten und dann zum Sonnenaufgang auflegen sollte, was als Highlight des Festivals angekündigt war.

»Spiel gut, mein Schatz«, schrieb ihm seine Freundin Alex am Freitagabend als Textnachricht.

»Ich liebe dich«, antwortete er, während er seine Setlist zusammenstellte.

Alex hatte Matan gesagt, sie würde es zu keinem der beiden Events schaffen – die Fahrt wäre zu weit und sie müsse auch arbeiten –, in Wahrheit plante sie aber, ihn am Samstagmorgen auf dem Nova-Festival zu überraschen. Sie hatten sich schon seit Wochen nicht mehr gesehen.

Zweieinhalb Jahre zuvor hatte Matan Alex Korobka auf einer Party kennengelernt. Sie hatte ein ansteckendes Lachen, lange blonde Haare und trug einen roten Hosenanzug. Matan dagegen trug immer schwarz und dazu einen Ring mit violettem Stein und ein Totenkopf-Armband. Seine schwarzen Haare und sein Bart waren mit Silber durchzogen und betonten damit noch seine schwermütigen braunen Augen. Sie hatten zwei Jahre zusammengelebt und auch schon an Heirat gedacht, bevor sie beschlossen, eine Weile getrennt zu leben, wobei das Problem weniger seine Lebensweise als DJ war als die Tatsache, dass sie sich in verschiedene Richtungen bewegten.

Matan war wieder in sein Elternhaus in Dimona gezogen zu seinen schon in die Jahre gekommenen Eltern Sherry und Shimon und seiner jüngeren Schwester Lin.

Mit 42 Jahren war DJ Kido wieder zum Kind geworden.

Maya, Karina, Maayan und Raz

Stundenlang hatten sie verschiedene Outfits anprobiert und sich am Ende dafür entschieden, eine zweite Garnitur mitzunehmen, um sich zum Sonnenaufgang noch einmal umzuziehen. Die brünette Maya Haim hatte jetzt ein enges weißes Bikinioberteil und eine weiße Schlaghose an. Die

blonde Karina Prithika wählte ein schwarzes, bauchfreies Top zu einer schwarzen Jogginghose. Maayan Tzubri, ihr schwuler Freund und der Make-up-Spezialist der Clique, trug Jeansshorts und ein Tanktop.

Die Frauen waren beide 22 Jahre alt und wohnten noch bei ihren Eltern. Maya war das einzige Kind einer polnischen Mutter und eines jemenitischen Vaters, Karina die Tochter russischer Immigranten. Zusammen mit Maayan arbeiteten sie als Servicekräfte in einem kleinen Strandlokal in Tel Aviv. Sie sparten für eine Reise nach Südamerika, die sie für November geplant hatten. Maya ging seit zwei Monaten mit dem vierundzwanzigjährigen Raz Cohen und hatte ihn eingeladen, mit ihnen auf die Party zu kommen. In der zurückliegenden Woche hatten die beiden viel Zeit miteinander verbracht. Er war gerade erst beruflich in Afrika gewesen, während sie sich auf ihre Südamerikatour vorbereitete. Als ihnen klargeworden war, dass sie sich bald auf verschiedenen Kontinenten befinden würden, beschlossen sie, die Nova-Party als Abschied zu betrachten.

Um 2 Uhr am Samstagmorgen tanzten Maya, Karina und Maayan bereits ausgelassen vor der Hauptbühne. Raz traf gegen 4 Uhr ein.

Sich bei einer Veranstaltung dieses Ausmaßes zu finden war eine ziemliche Herausforderung. Das Festivalgelände umfasste zwei zentrale Piazze, einen Zeltplatz, weitläufige Bars und Fressmeilen, Bereiche für Yoga und Meditation sowie einen mit geschultem Personal bestückten »Schutzraum« für diejenigen auf einem schlechten Trip (Ecstasy und LSD waren die bevorzugten Drogen).

Bis Raz die Mädchen ausfindig gemacht hatte, waren sie bereits, tanzend und küssend, ganz in der Musik und ineinander versunken.

Shani, Orión, Jose, Dani, Sasha und Keshet

Shani und Orión befanden sich auf der größten Tanzfläche. Sie waren ziemlich bekifft – sie schwebten.

»Das ist die beste Party, auf der ich jemals war!«, schrie Jose Soto Grotewold ihnen zu. Jose war einer ihrer engsten Freunde, ein Partyproduzent aus Südamerika. »Alle sind so schön, alles ist schön, ich liebe euch alle!«

Jose stammte aus Guatemala. Zusammen mit Sasha aus Frankreich und Danny aus Argentinien war er schon seit Monaten unterwegs.

Sie waren nach Israel geflogen, um sich mit Shani und Orión zu treffen. Die Nova-Party war nur ein weiterer Zwischenstopp auf ihrer scheinbar endlosen Rave-Tour durch die Welt.

Orión und Jose waren sich vier Jahre zuvor in Guatemala das erste Mal über den Weg gelaufen. Zwei Jahre danach hatten sich Jose und Shani auf der Tanzfläche eines Festivals in Kroatien kennengelernt. Im Jahr darauf hatte Orión dann Jose mit seiner neuen Freundin bekannt gemacht: Shani. Im Juli trafen sie auf einem Musikfestival in der Schweiz Keshet Casarotti aus dem Kibbuz Samar, ein Frauenschwarm und Star jeder Party, auf der er sich blicken ließ. Den vergangenen September hatten die Freunde miteinander in Griechenland verbracht. Nach dem Nova-Festival wollten sie ein paar Tage in dem Wüstenkibbuz verbringen, in dem Keshet aufgewachsen war. Seine Mutter Natalia hatte schon für alle die Betten bezogen. Für die Zeit danach hatte die Truppe in einem Beduinen-Strandcamp im ägyptischen Sinai gebucht, denn Jose wollte Kamele sehen.

Keshets Ankunft beim Festival hatte sich verzögert. Er war noch in seiner Synagoge in Tel Aviv gewesen, um Sim-

chat Tora zu begehen, und kam erst auf der Party an, als um halb sechs gerade die Sonne aufging. »Freunde, jetzt, wo wir alle zusammen sind, lasst uns anstoßen«, sagte Jose. »Ich habe eine Flasche Tequila im Auto«, und alle zogen Arm in Arm singend zum Parkplatz.

Sie prosteten sich vor dem rot eingefärbten Morgenhimmel zu und riefen »L'chaim« – auf das Leben.

Matan und Alexandra

Alex traf ungefähr um die gleiche Zeit auf dem Parkplatz ein: bei Sonnenaufgang. Sie kam gerade noch rechtzeitig, um ihren DJ-Freund zu überraschen, bevor er wieder loslegte.

»Matan, meine Freundin Shani Hadar ist gerade auf die Party gekommen. Sie hat eine Überraschung für dich mitgebracht. Ihr trefft euch auf dem Parkplatz«, textete sie ihm und verschwieg dabei, dass sie selbst die Überraschung war.

»Bin schon unterwegs«, lautete seine Antwort.

Die ersten Raketen kamen geflogen, noch bevor Matan am Treffpunkt angekommen war.

Um 6.22 Uhr entluden sich am Himmel Lichtblitze, die viele der nicht aus Israel stammenden Besucher zunächst für ein neuartiges Feuerwerk hielten. Die Veranstalter erlagen dieser Illusion nicht und stoppten sofort die Musik, was die Menge mit Buhrufen quittierte. Denn selbst einige der Einheimischen waren kurzzeitig verunsichert. Soweit sie wussten, war es an der Grenze zu Gaza schon seit Monaten ruhig geblieben, die Armee hatte den Veranstaltungsort gebilligt, und Dutzende Polizisten überwachten das Partygelände.

»Leute verteilt euch ... sucht Schutz ... Alarmstufe rot!«,

kam die Durchsage und dann die Anweisung: »Auf den Boden, die Hände über den Kopf.«

Drei Minuten darauf, um 6.25 Uhr, beendete die Polizei offiziell die Party: »Alle zu den Ausgängen ...«

Alex scherte sich nicht um irgendwelche Sirenen oder Kommandos der Heimatfront, sie wollte einfach nur Matan finden. Also stieg sie aus ihrem Auto und begann, sich nach einem bärtigen Mann in Schwarz umzusehen.

Er entdeckte sie zuerst. Sie umarmten sich, doch Matan sagte ihr, sie solle gleich wieder umkehren – und zwar allein.

»Die Party ist vorbei, hier gibt es nichts mehr zu unternehmen. Steig wieder ins Auto und verschwinde vor hier. Ich möchte mir keine Sorgen um dich machen müssen.«

»Ich kann nicht glauben, dass ich gerade drei Stunden bis hierher gefahren bin, und in dem Moment, wo ich ankomme, ist die Party zu Ende?«

Ganz in der Nähe hatten ein paar junge Frauen Panikattacken. Matan gab ihnen Wasser und half ihnen, sich zu beruhigen. »Mit Raketen ist nicht zu spaßen. Fahr los, bevor der Verkehr zum Albtraum wird.«

»Komm mit uns«, flehte Alex ihn an.

Er lehnte ab mit der Begründung, er fühle sich verpflichtet, zuerst noch bei der Evakuierung der Besucher mitzuhelfen.

Maya, Karina, Maayan und Raz

Raz Cohen suchte fieberhaft sein Date, Maya. Vielleicht war sie ja auf dem Parkplatz bei der Bühne. Kurz vor dem Luftalarm hatten sie sich getrennt, um sich nach ihren jeweiligen Freunden umzusehen ... Nach etwa fünfzehn Minuten hatte er sie und Maayan endlich gefunden. Er gab ihr

einen Kuss und fragte, ob sie das Auto nehmen und heimfahren wollten oder ob sie lieber hierbleiben und auf der Party Unterschlupf suchen wollten. Maya wollte so schnell wie möglich weg; Karina war schon auf dem Zeltplatz und packte ihre Sachen zusammen. Raz dagegen glaubte, der Raketenbeschuss wäre bestimmt bald vorbei. Er hätte Maya gern gebeten, mit ihm zu bleiben, sagte aber nichts. Ganz überzeugt war er nämlich doch nicht, ob das das Sicherste war.

Céline, Shiraz, Adir und Raz

Nachdem sie ihrem Mann Ido versichert hatte, dass nichts sie von einer Teilnahme abhalten könne, kam Céline – und mit ihr ihre Freunde Shiraz und Adir – gar nicht bis zur Party.

Sie waren noch gut dreißig Kilometer vom Festivalgelände entfernt, als die Raketenangriffe einsetzten. Daraufhin beschlossen sie, in einem Luftschutzbunker am Eingang des Kibbuz Mefalim Unterschlupf zu suchen, etwa drei Kilometer von der Grenze zu Gaza entfernt.

Kurz nach ihrer Ankunft betrat der am Morbus Hodgkin leidende Raz Perry den Bunker. Auch er hatte auf dem Weg zur Party angehalten, um Deckung zu suchen. Nachdem sie ein paar Worte gewechselt hatten, stellten die vier fest, dass sie Nachbarn waren.

Ido, der sich zu Hause um das Baby kümmerte, war von dem Sirenengeheul aufgewacht. Sofort schickte er Céline eine Nachricht.

»Wir sind im Schutzraum, ich stehe unter Schock ... es kommen Raketen ...«, antwortete sie.

»Ich wusste doch, dass du besser hiergeblieben wärst.«

»Shiraz hat eine Panikattacke.«

»Soll ich Ellie wecken?«

»Nein, auf keinen Fall. Sobald die Raketen aufhören, steige ich wieder ins Auto und komme heim.«

»Willst du nicht versuchen, doch noch zur Party zu kommen?«

»Wir sind schon auf einer Party – einer Bombenparty!«

»Soll ich dich abholen?«

»Auf keinen Fall! Wir warten noch ein bisschen im Schutzraum ab, dann fahren wir los.«

Shani, Orión, Jose, Danny, Sasha und Keshet

Eine weinende Shani Louk schrie ihren Freunden zu, sie sollten sich beeilen, während die Sirenen immer weiter heulten. Orión versuchte, sie zu trösten: Sie wären ja bald zu Hause, doch die Suche nach Keshet hielt sie auf. Er war noch einmal auf das Partygelände gegangen, und sie konnten ihn nicht finden.

Die Gruppe beschloss, sich aufzuteilen. Jose, Danny und Sasha wollten versuchen, Keshet zu finden, Shani und Orión sich auf den Weg nach Tel Aviv machen in der Hoffnung, dem zu erwartenden Verkehrschaos zuvorzukommen.

Auf ihrem Weg zum Ausgang stießen Shani und Orión dann aber auf Keshet, der über den Parkplatz humpelte. Er war von einem Auto angefahren worden, dessen Fahrer so schnell wie möglich wegwollte. Sie halfen Keshet zu ihrem Wagen und schafften es loszufahren – das heißt, sich zumindest in die Schlange zur Ausfahrt einzureihen. Keshet rief Jose an: »Fahrt ohne mich. Ich bin bei Shani. Sehn uns dann in Tel Aviv.« Das war um 6.37 Uhr.

Céline und Raz

Céline telefonierte noch mit Ido und besprach mit ihm, wann er am besten Ellie die Flasche geben sollte, als die ersten Schüsse fielen. Sie beendete das Gespräch, und die kleine Gruppe kauerte sich zitternd und ängstlich zusammen.

»Was ist da los?«, textete Ido eine Minute später.

»Alles gut, wir sind in Sicherheit.«

»Wird immer noch geschossen?«

»Ja.«

»Wow!«

»Klingt, als wären Soldaten eingetroffen«, schrieb Céline, als die Schüsse näherzukommen schienen. »Ich kann es kaum erwarten, hier rauszukommen.«

Alexandra und Shani

Matans Rat schien sich zu bewähren. Alex und ihre Freundin Shani Hadar waren unter den Ersten, die vom Festivalgelände wegkamen. Zwanzig Kilometer hatten sie auf der Regionalstraße 232 schon in Richtung Norden zurückgelegt.

Gerade als sie an einem Luftschutzbunker am Straßenrand vorüberkamen, ging ein massiver Raketenhagel auf das Gebiet nieder.

Alex schlug vor anzuhalten, doch das wollte Shani auf keinen Fall: »Ich habe eine dreizehnjährige Tochter – ich muss so schnell wie möglich heim.« Sie hielt es für unwahrscheinlich, dass eine Rakete in ein fahrendes Auto einschlagen würde.

Doch nur ein paar Minuten später, gegen 6.55 Uhr, sahen sie, wie vor ihnen ein Auto auseinanderbrach und die Einzelteile durch die Luft flogen.

»Stopp!«, schrie Alex. »Halte sofort an! Die nächste Rakete wird uns treffen!«

Sie suchten am Straßenrand Schutz, streng nach Vorschrift, indem sie sich mit dem Gesicht nach unten und den Händen über dem Kopf auf die Erde legten.

Von dort unten aus sah Shani Hadar, wie sich zwei Beine näherten – zwei Beine und ein Gewehr. Sie rannte zurück zum Wagen und drängte Alex, ihr zu folgen. Ihr gelang es zwar noch, die Tür zu schließen, doch wurde ihr vorher zweimal in den Arm geschossen.

Eine große Gruppe bewaffneter Männer positionierte sich entlang der Straße, von wo aus sie auf vorbeifahrende Autos feuerten. »Ich blute! Sie haben mich getroffen!«, schrie Shani und raste, eine Hand am Steuer, so schnell sie konnte los.

»Bleib nicht stehen, egal was passiert ... Wenn wir anhalten, sind wir tot!«, kreischte Alex. Shani Hadar bog scharf nach links auf einen Acker ab und fuhr dann über einen mit Gestrüpp bewachsenen Hügel hinein in den Wüstensand.

Dort draußen im Sand hielten sie an und untersuchten erst einmal Shanis Wunden. Sie war von mindestens zwei Kugeln getroffen worden und verlor immer mehr Blut.

Alex nahm Shanis Umhängetuch und benutzte es als Druckverband. Nachdem sie den Notruf gewählt hatte, wo man ihr sagte, sie könne nicht mit schneller Hilfe rechnen, rief Alex Matan an. »Shani wurde angeschossen. Es sind nicht nur Raketen. Kannst du unseren Standort an die Polizisten auf der Party weitergeben? Vielleicht kommen sie uns ja retten.«

Matan lief zwischen den Sicherheitsleuten auf der Party hin und her, gab ihnen Alex' GPS-Daten und flehte sie an, etwas zu unternehmen. Er versuchte mehrmals, Alex zurückzurufen, aber der Empfang war schlecht, und die Ver-

bindung wurde immer wieder unterbrochen. »Alex, bitte, antworte doch!«

Shani Hadar lag auf einer Matte neben dem Auto, in der Hand eine kleine Puppe ihrer Tochter, und bemühte sich, die Schmerzen zu ignorieren und gleichmäßig zu atmen.

Shani, Orión, Jose, Danny, Sasha und Keshet

Sie fuhren Richtung Norden, Shani Louk am Steuer, Orión neben ihr und Keshet, der nach dem Unfall auf dem Parkplatz immer noch Schmerzen hatte, auf dem Rücksitz.

Es trennten sie nur ein paar Minuten von Alex und Shani Hadar, als sie, etwa zwanzig Kilometer von der Party entfernt, in die Gegend des Kibbuz Mefalsim kamen.

Plötzlich fuhr ein anderer – israelischer – Wagen auf sie auf. Insgesamt waren zwölf Autos in diesen Auffahrunfall verwickelt, der von teilweise verletzten Fahrern in ihrer Hast, den Raketen zu entkommen, verursacht worden war.

»Ich bin an der Grenze nach Gaza, wir brauchen einen Krankenwagen, meine Freundin wurde angeschossen, sie wurde am Bein getroffen.«

Shani war verletzt und konnte nicht mehr laufen. Um 6.59 Uhr gelang es Keshet schließlich, zum nationalen medizinischen Notfalldienst durchzukommen. Er gab ihre Koordinaten an. »Sie müssen einen Krankenwagen schicken ... Sie wissen ja nicht, was mit ihrem Bein los ist ... wir brauchen hier sofort einen Krankenwagen. Wir sitzen im Auto, aber sie kann nicht raus, hier sind überall zerbeulte Autos, bitte schicken Sie jemanden.«

Um 7.06 Uhr rief er noch einmal an und fragte, wo der Krankenwagen denn bliebe. Man sagte ihm, es dauere nur noch ein paar Minuten.

Was aber nicht stimmte.

Etwa dreißig schwerbewaffnete Terroristen hatten sich entlang der Regionalstraße 232 aufgestellt und schossen auf die Fahrzeuge aus dem Auffahrunfall und auf alle anderen flüchtenden Autos. Ein Bewohner von Mefalsim schaute aus seinem Fenster und sah, wie die Islamisten jubelten und sich gegenseitig zu jedem Treffer gratulierten. »Hi, Dad, ich rufe von Mefalsim aus an«, erzählte Mahmoud, einer der Terroristen, über das Mobiltelefon eines Opfers seinem Vater. »Geh mal auf WhatsApp und schau dir an, wie viele ich schon umgebracht habe. Du wirst dich wundern, wie viele ich mit meinen eigenen Händen erledigt habe! Dein Sohn hat Juden getötet!«

»Gott schütze dich«, antwortete sein Vater.

»Dad, ich habe mit meinen eigenen Händen zehn Menschen getötet! Dad, zehn mit meinen eigenen Händen! Geh auf WhatsApp und schau dir an, wie viele ich umgebracht habe!«

Keshet gelang ein weiterer Anruf, diesmal bei Jose. Eindringlich warnte er ihn: »Kommt nicht hier entlang, fahrt nicht weiter, sie zerschießen die Autos ... steigt einfach aus und rennt, was ihr könnt ...«

Da hörte Jose durch das Telefon Schüsse fallen und Shani kreischen. Dann brach die Verbindung ab.

Keshet bemerkte einen älteren Mann, den vierundsiebzigjährigen Moti Zuarman, einen Alt-Hippie, der auf den Partys zum festen Inventar gehörte. Er kam mit seinem Wagen an ihnen vorbeigefahren, und Keshet hielt ihn an und bat ihn um eine Mitfahrgelegenheit zum Krankenhaus. Man entschied, dass Orión und die verletzte Shani wohl besser in ihrem Auto auf den Krankenwagen warten, während Keshet, der noch laufen konnte, sich selbst um medizinische Behandlung bemühen wollte.

Nur einen Augenblick, nachdem Moti mit Keshet davongefahren war, packten einige Männer Shani und Orión und verschleppten sie nach Gaza.

Moti und Keshet fuhren noch vier Minuten weiter bis an die Anschlussstelle Scha'ar HaNegev in der Nähe von Sderot, wo eine Gruppe von Terroristen sie aus nächster Nähe erschoss.

Maya, Karina, Maayan und Roy

Maya, Karina, Maayan und ein weiterer Freund, Roy, fuhren in entgegengesetzter Richtung auf der Regionalstraße 232 nach Südwesten.

Karina auf dem Beifahrersitz war abwechselnd heiß und kalt, so dass sie immer wieder irgendein Kleidungsstück aus- und kurz darauf wieder anzog. Maya hinter ihr berichtete den anderen aufgeregt von Gerüchten über eine akute Terrorgefahr. »Man erzählt sich, da wären Terroristen unterwegs – was meint ihr dazu?« Maayan, der neben ihr saß, beruhigte sie: »Das halte ich für Unsinn.«

Er tätschelte ihr tröstend den Rücken, als plötzlich Schüsse fielen. Sie kamen aus mehreren Richtungen gleichzeitig. Die Windschutzscheibe zersprang in tausend Stücke. Karina hatte ein Schuss in den Kopf getroffen. Maayan, der sich tief auf den Rücksitz duckte, spürte, wie Maya auf ihn fiel und ihm kräftig in die Schulter biss, wohl, um einen Schrei zu unterdrücken. Es hatte sie in der Brust erwischt. Maayan selbst war am Becken getroffen und Roy an den Beinen, von Kugeln, die durch die Blechkarosserie des Wagens gedrungen waren. Roy wich zur Seite aus, auf eine Schlucht mit einem Bach zu. Die »Mädelsseite« des Wagens war von Dutzenden Kugeln durchsiebt, während die »Jungsseite« viel weniger abbekommen hatte.

Maayan und Roy schleppten sich blutend aus dem Auto auf ein Gestrüpp zu. Dort krochen sie unter und versuchten, Hilfe herbeizutelefonieren, während sie den Blick nicht von Karinas und Mayas Leichen abwandten.

Raz

Raz Cohen hockte immer noch unter dem Baum auf dem Partygelände, unter dem er Schutz gesucht hatte, lauschte den fallenden Raketen und scherzte mit seinem Freund Shoham, als seine Mutter anrief. Es sei ein Terrorangriff im Gange. Das tat er mit einem Lachen ab: »Du spinnst doch.«

Zwei Minuten später erkannte er dann jedoch die typischen Geräusche, die vom Laden einer Kalaschnikow herrührten. Sie kamen aus der Richtung der Straße.

»Angriff! Terrorangriff!« Zwei Polizisten waren ganz plötzlich aufgetaucht und wiederholten die Warnung seiner Mutter. »In Deckung! Alles in Deckung!«

Die jungen Leute zerstreuten sich. Einige versteckten sich in Kühlboxen und -schränken in der Bar, andere schlossen sich in den mobilen Toilettenhäuschen ein, und wieder andere rannten auf die Felder hinaus. Raz und sein Freund Shoham suchten, zusammen mit vielen weiteren, Schutz unter der Bühne. Sie lagen still da und bemühten sich, wieder zu Atem zu kommen.

Nach etwa zwanzig Minuten hörten sie Schreie. »Die Terroristen kommen, sie sind hier! Lauft!« Raz und Shoham stürmten auf die Bühne und rannten so schnell sie konnten, während die Schüsse immer näherkamen. Das gesamte Gelände wimmelte nur so von schwer bewaffneten Killern, die Hunderte Magazine auf die noch immer berauschten Partygäste auf ihrer überstürzten Flucht ab-

feuerten. Kugeln kamen aus allen Richtungen geflogen, und niemand wusste, wo er hinsollte.

Ein Schuss.

Ein Schrei.

Ein Fall.

Gelächter.

Den Terroristen machte das Schießen Spaß.

Céline, Shiraz, Adir und Raz

In ihrem Schutzraum hörten Raz Perry, Céline, Shiraz und Adir Stimmen auf Arabisch und begriffen, dass es keine israelischen Soldaten waren, die hier schossen.

Raz Perry ermahnte die anderen, nah an der Wand zu bleiben und sich still zu verhalten.

Schutzbunker, vor allem in diesem Teil von Israel, sind, vereinfacht gesagt, Gebilde aus Stahlbeton mit drei Wänden und ohne Türen, die mehr oder weniger wirksamen Schutz gegen Raketen bieten, an diesem Tag jedoch zur tödlichen Falle für jeden wurden, der in ihnen Schutz vor Terroristen suchte.

Als in dem offenen Eingang wie in Zeitlupe eine Kalaschnikow auftauchte, konnte Shiraz ihre Angst nicht mehr zurückhalten.

Sie schrie laut auf, und der Terrorist feuerte einen Schuss ab, der Shiraz verfehlte, aber Adir am Bein traf.

Der unbewaffnete Raz Perry sprang auf und packte den Killer bei den Hoden, so dass der sich vor Schmerzen krümmte. Dann versetzte Raz ihm noch einen Schlag, der Terrorist fiel auf die Knie und feuerte noch im Fallen seine Waffe ab. Raz versuchte, ihm das Gewehr zu entwinden, wurde aber nach draußen gezerrt und fand sich unter Dutzenden von Terroristen wieder.

»Ein Jude, ein Jude«, schrie der Terrorist, während Raz ihn abzuwehren versuchte. Die übrigen Killer eröffneten das Feuer, aber die Kugeln trafen den Terroristen, der Raz nach draußen gezerrt hatte, und Raz gelang es, in den Schutzraum zurückzukriechen.

»Stellt euch tot – sie kommen!«, schrie er, und alle im Schutzraum legten sich hastig aufeinander mit dem verletzten Adir zuoberst. Daraufhin tauchten mindestens drei Terroristen auf und warfen vier Handgranaten in den Raum.

Als die Granaten geflogen kamen, lief Adir nach draußen und bekam eine Kugel in den Kopf. Shiraz, die den Tod ihres Mannes mit ansehen musste, schrie noch einmal laut auf, was neue Terroristen auf den Plan rief. Weitere Handgranaten kamen durch die Türöffnung. Eine traf Shiraz unmittelbar.

Céline sah ihre Freunde vor ihren Augen explodieren.

Obwohl ihm die Explosion noch in den Ohren klang, versuchte Raz Perry zu sprechen. »Céline, Céline, beruhige dich, du lebst noch« – doch er drang nicht zu ihr durch. Sie hatte mit beiden Armen ihre Knie umfasst und wippte vor und zurück, ohne seiner Stimme Beachtung zu schenken. Er bedeckte sie beide mit Shiraz‘ zerfetztem Körper in der Hoffnung, dass sie so vor weiteren Granaten geschützt waren. »Verzeih mir, Céline, aber wir haben keine andere Wahl.«

Raz

Raz Cohen gelang es, den Kugeln auszuweichen.

Er entdeckte am Straßenrand ein ausgetrocknetes Bachbett und einen Busch und suchte dort Deckung, zusammen mit seinem Freund Shoham.

Bald kamen noch drei weitere junge Männer zu ihnen hinter den Busch, von denen einer etwas vom Mord an einem Freund in sein Telefon brüllte. Raz befahl ihm und den anderen, still zu sein. Wenn sie weiter so schrien, würde sie das alle das Leben kosten.

Durch das Gebüsch sahen sie einen weißen Savana-Kleintransporter näherkommen. Knapp vierzig Meter von ihnen entfernt stiegen fünf in Zivil gekleidete Männer aus. Alle hatten Dolche in der Hand, einer von ihnen auch noch einen Hammer. Sie hatten eine blonde junge Frau dabei, die sie fest gepackt hielten. Raz Cohen sah mit an, wie sie der Frau die Kleider vom Leib rissen und sie in ihre Mitte nahmen.

Raz wollte dazwischengehen, wusste aber, dass er das mit dem Leben bezahlen würde. Die Terroristen hatten Waffen, er nur ein paar Zweige.

Ein Terrorist packte die Frau am Hals, ein zweiter platzierte ihre Hände auf dem Wagen, dann beugten sie sie nach vorne und fingen an, sie zu vergewaltigen. Die anderen Männer schauten zu. Raz sah auch, dass die Terroristen der Frau während der Vergewaltigung immer wieder Stiche versetzten. Irgendwann rührte sich die Frau nicht mehr und gab auch keine Laute mehr von sich, doch die Terroristen vergingen sich weiter an ihrem toten Körper.

Jose, Sasha und Danny

»Wir müssen schleunigst hier weg!«, brüllte Jose Sasha und Danny zu, nachdem er übers Telefon die Schüsse und Shani Louks Schreie gehört hatte.

Sie stiegen aus dem Auto und rannten über den Parkplatz, ohne genau zu wissen wohin. Sie waren immer noch high, wenn auch voller Adrenalin, und die Warndurchsagen

auf Hebräisch verstanden sie nicht. Ein Israeli, der ihre Verwirrung bemerkte, erbarmte sich ihrer und nahm sie mit zu einem Schutzraum. Doch als sich immer mehr Menschen in den Raum drängten, wurde es Jose mulmig. Er hielt ein offenes Gelände für sicherer. Ein paar Minuten nachdem er und seine Freunde gegangen waren, töteten Terroristen alle in dem Schutzraum versammelten Partygäste.

Sasha schlug vor, sich zu trennen, um möglichst wenig Aufmerksamkeit zu erregen. Er wollte auf einem Baum Schutz suchen, Jose und Danny liefen auf einen Acker, wo sie sich von einem Versteck zum nächsten vortasteten und dabei den umherfliegenden Kugeln auswichen. Schließlich kamen sie an einen Olivenhain, in dem bereits viele andere Unterschlupf gefunden hatten. Alle kauerten sich zwischen den Bäumen zusammen und horchten in banger Erwartung auf Schritte und Schüsse, während sie immer mehr miteinander zu verwachsen schienen.

Matan und Alexandra

Matans Akku war schon fast leer, als er Alex anrief, um zu hören, ob inzwischen Hilfe eingetroffen war. Keine Antwort. Er probierte es noch sechsundzwanzig weitere Male von einem Mobiltelefon aus, das er sich von einem der Partyorganisatoren geliehen hatte. Auf keinen Fall wollte er das Veranstaltungsgelände verlassen, bevor er ihr nicht Hilfe geschickt hatte. Gleichzeitig versuchte er, Festivalteilnehmern, die unter dem Einfluss von LSD und Ecstasy standen, so gut es ging, beizustehen. Matan redete beruhigend auf sie ein, wusch ihnen das Gesicht ab und zeigte ihnen einen sicheren Fluchtweg. Mehr als zwei Stunden lief er kreuz und quer über einen noch aktiven Terrorschauplatz und bemühte sich, Menschen unter Beschuss ein Mindest-

maß an Trost zu spenden. Erst als die Schüsse immer näherkamen, dachte er auch an seinen eigenen Schutz. »Luna, sie schießen auf uns«, sagte er zu seiner jüngeren Schwester. Er fand Unterschlupf unter einem verlassenen Krankenwagen und rief von dort aus mit dem geliehenen Telefon noch einmal bei Alex an. »Es wird brenzlig, ich bin jetzt auch in Deckung gegangen, kann nicht mehr reden, liebe dich.«

Shani

Ricarda Louk schickte ihrer Tochter immer wieder Nachrichten:

»Hast du es in einen geschützten Bereich geschafft?«

Keine Antwort.

»Gib uns ein Update.«

Keine Antwort.

»Shani, ein Update, bitte. Wir machen uns Sorgen.«

Keine Antwort.

Amit Louk, Shanis 20 Jahre alter Bruder, saß auf dem Sofa im Wohnzimmer, als er von Shanis Ex eine Nachricht mit einem Videoclip bekam. Er öffnete den Clip und stieß einen Schrei aus. Seine Eltern und seine Schwester kamen angelaufen, um zu sehen, was passiert war. Auf dem Mobiltelefon sahen sie Shani, allem Anschein nach in Gaza, auf der Ladefläche eines Jeeps liegen, halb nackt, mit einer blutenden Kopfwunde und umringt von bewaffneten Terroristen. Um sie herum jubelten Palästinenser und spuckten auf sie.

Raz

Shiraz‘ toter Körper schützte zwar Céline, aber nicht Raz Perry. Er hatte zwei Schüsse in den Bauch abbekommen. Als er blutend dasaß, hörte er schließlich die Terroristen

abziehen. Das war die Gelegenheit, schnellstens aus dem Schutzraum zu fliehen. Doch Céline rührte sich nicht vom Fleck. »Komm mit mir!«, brüllte er. »Bitte! Wir müssen uns beeilen!« Er zog an ihren Armen und Beinen, schüttelte sie und verpasste ihr sogar eine Ohrfeige, aber Céline blieb völlig teilnahmslos. Sie schaukelte nur weiter hin und her, und ihre Augen starrten ins Leere.

Da gab Raz Perry es auf und humpelte allein barfuß mit Granatsplittern im Bein und zwei Schüssen im Bauch aus dem Schutzraum. Er kämpfte sich durch ein brennendes Getreidefeld Richtung Kibbuz Mefalsim vor und betete, dass er keinen Schuss in den Rücken bekam.

Als er die Häuser erreicht hatte, lief er von Tür zu Tür, doch niemand öffnete ihm. Alle Kibbuz-Bewohner hatten sich in ihren Schutzräumen in Sicherheit gebracht. Am Ende verschaffte er sich gewaltsam Zugang zu einem Haus und brach auf dem Sofa zusammen. Er versuchte, telefonisch einen Freund zu erreichen, doch der Anruf ging nicht raus, denn das Telefonnetz war zusammengebrochen. Trotzdem versuchte er es immer weiter, bis er in Tränen ausbrach und sich den blutenden Bauch hielt. Der Besitzer des Hauses streckte zaghaft den Kopf aus seinem Schutzraum und fragte auf Arabisch: »Wie ist Ihr Name?«

»Raz Perry«, antwortete er auf Hebräisch. »Ich bin Israeli, ich bin Jude.«

Da nahm ihn der Mann mit in den Schutzraum und gab ihm ein Handtuch, um die Blutung zu stoppen.

Alexandra und Shani

Neun Stunden lagen Alex und Shani Hadar nun schon auf einer Matte auf freiem Feld in unmittelbarer Nachbarschaft des Kibbuz Mefalsim. Die Schüsse hörten nicht auf. Shani

hatte bereits eine erhebliche Menge an Blut verloren, und Alex war es immer noch nicht gelungen, Matan zu erreichen. Hilfe war nicht unterwegs.

Um Shani bei Bewusstsein zu halten, zählte Alex laut mit ihr bis hundert. Dann rief sie den medizinischen Notfalldienst an und bat ein weiteres Mal eindringlich um Hilfe. Sie fragte den Mann am Telefon: »Wie viele Terroristen sind es? Sagen Sie mir die Wahrheit!«

»Dem Vernehmen nach sind es zweitausend bis zweitausendfünfhundert Terroristen. Es tut mir leid, aber wir haben zurzeit keinen Krankenwagen für Sie. Ich kann aber am Apparat bleiben.«

»Nein danke«, erwiderte Alex. »Ich muss meinen Akku schonen.«

Als sie über sich eine Drohne entdeckten, winkten sie um Hilfe, doch da gerieten sie auch schon unter schweren Beschuss. Alex versteckte sich unter dem Auto, während Shani sich totstellte und die Augen zumachte, als die Kugeln an ihr vorüberflogen.

Dann war es auf einmal wieder still.

Noch einmal wählte Alex den Notruf. Der Telefonist am anderen Ende redete nicht um den heißen Brei herum. »Es wird niemand kommen. Sie müssen sich selber helfen. Steigen Sie ins Auto und fahren Sie, so schnell Sie können.« Noch während des Gesprächs fiel Alex auf, dass eine Gestalt auf sie zukam – ein Mann überquerte das Feld. Mit viel Mühe brachte sie ihre kreidebleiche und geschwächte Freundin auf die Beine, setzte sie ins Auto und raste davon.

Nachdem sie nach links auf einen Hügel zu abgebogen war, sah Alex eine Gruppe von Leuten. Ihre Kleidung und Orientierungslosigkeit wiesen sie als Partygäste aus, also waren es keine Hamas. Neben einem israelischen Kran-

kenwagen und Armeefahrzeugen brachte sie ihr Auto zum Stehen.

Raz

Raz Cohen wartete um die zehn Stunden im Gebüsch, bis zwölf israelische Soldaten auftauchten und riefen: »Irgendwelche Israelis hier?« Sie nahmen ihn mit zum Privathaus eines Polizisten in Ofakim, das ebenfalls in der Schusslinie stand.

»Brauchen Sie etwas?«, erkundigte sich der Polizist.

»Nur ein Glas Wasser. Und etwas zu schreiben, wenn das möglich ist.« Raz Cohen schrieb alles auf, was seit dem Morgen passiert war. Er wollte nichts vergessen.

Maayan und Roy

Maayan und Roy hatten ungefähr acht Stunden blutend unter einem Baum gekauert, bis sie ein Zivilist aus einem nahe gelegenen Moschaw mit seinem eigenen Auto ins Krankenhaus fuhr. Er hatte auf einen Aufruf reagiert, sich angesichts des Zusammenbruchs des Notrufsystems als Freiwillige um die Festivalbesucher zu kümmern.

Jose, Danny und Sasha

Soldaten befreiten ungefähr um die gleiche Zeit auch Jose und Danny aus ihrer schlimmen Lage. Spät am Abend waren sie zurück in ihrem Airbnb in Tel Aviv, wo sie wieder mit Sasha vereint wurden, der ebenfalls gerettet worden war. Alle hatten sie das Video von Shani Louk in Gaza gesehen. Anrufe und WhatsApps an Orión und Keshet blieben unbeantwortet. Zwei Tage später flogen Jose, Sasha und Danny nach Griechenland, nachdem ihre Familien sie gedrängt hatten, das Land zu verlassen. Die kleine Gruppe, die

am Ben-Gurion-Airport auf ihren Flug wartete, war auf die Hälfte ihrer ursprünglichen Größe zusammengeschrumpft.

Shani

Um 16.37 Uhr ging auf Ricarda Louks Mobiltelefon eine Warnmeldung ein:

»Hallo, ein Buchungsvorgang mit Ihrer Kreditkarte im MY PHONE Store wurde blockiert. Stets zu Ihren Diensten, Isracard.«

Jemand hatte versucht, mit Shani Louks Kreditkarte, die mit dem Konto ihrer Mutter verbunden war, in Gaza Einkäufe zu tätigen.

Ricarda rief sofort bei der Kreditkartenfirma an, fragte nach dem Ort des versuchten Kaufs und erhielt die Bestätigung, dass es Jabalia in Gaza war.

Da es ihr unwahrscheinlich erschien, dass die israelischen Behörden ihre Tochter noch rechtzeitig retten würden, nahm Ricarda ein neunundzwanzig Sekunden langes Video in deutscher Sprache auf, auf dem sie ein Handyfoto von Shani zeigte und um jede Art von Hilfe bat:

»Heute Morgen wurde meine Tochter, Shani Nicole Louk, eine deutsche Staatsbürgerin, zusammen mit einer Gruppe Touristen im Süden Israels von der palästinensischen Hamas entführt. Uns wurde ein Video geschickt, auf dem ich klar erkennen konnte, wie unsere Tochter bewusstlos auf einem Auto lag und durch den Gazastreifen gefahren wurde. Ich bitte um jegliche Hilfe und Informationen. Vielen Dank.«

Um 23.23 Uhr kam dann eine weitere Nachricht:

»Hallo, ein Buchungsvorgang mit Ihrer Kreditkarte beim Unternehmen UBER wurde blockiert. Zur Bestätigung Ihrer Identität und weiteren Nutzung dieser Karte

wählen Sie bitte 03–6364677 Anschluss 2. Stets zu Ihren Diensten, Isracard.«

Jemand hatte versucht, mit Shani Louks Kreditkarte in Gaza ein Uber-Taxi zu rufen.

Céline

Am folgenden Morgen lautete die inoffizielle Einschätzung, Céline Ben-David Nagar sei entführt worden, eine Schlussfolgerung basierend auf dem Fehlen eines Leichnams.

Zu Hause wusste Ido vor Sorge nicht mehr ein noch aus. Schon seit Tagen hatte er kein Lebenszeichen mehr von seiner Frau erhalten.

Er setzte sich mit jedem in Verbindung, von dem er sich auch nur entfernt Hilfe versprach, und kam sogar bis zum französischen Präsidenten Emmanuel Macron durch, noch bevor ein israelisches Regierungsmitglied mit ihm Kontakt hatte (Céline besaß auch die französische Staatsangehörigkeit). Jeden Tag rief er bei der französischen Botschaft, den französischen und israelischen Medien an und wandte sich an Überlebende des Festivals. Verzweifelt suchte er nach irgendwelchen Anhaltspunkten und fuhr an den Ort der letzten bekannten Ortung ihres Mobiltelefons, den Luftschutzbunker im Kibbuz Mefalsim. Dort fand er das Auto, mit dem Céline, Shiraz und Adir zum Festival gefahren waren. Die einzige Spur war etwas Blut, das in der Nähe des Wagens verschmiert war. Alle Leichen waren – ob nun vom ZAKA oder von den Terroristen – noch vor seiner Ankunft von dem Gelände entfernt worden.

In der Anwaltskanzlei Kasuto & Partner ruhte die Arbeit.

Während Célines Abwesenheit spendeten Hunderte von Israelinnen Muttermilch für die kleine Ellie.

Matan

Nachdem sie alle Krankenhäuser abgeklappert und nirgends eine Spur von Matan entdeckt hatte, richtete seine Familie bei sich zu Hause in Dimona ihr eigenes provisorisches Krisenzentrum ein. Sie durchforstete alle vom Festival geposteten Videos nach jedem noch so kleinen Hinweis auf Matans Verbleib.

Mit der Zeit kamen immer öfter Anrufe und Nachrichten von Leuten, die behaupteten, sie hätten ihn noch am späten Vormittag auf dem Gelände gesehen. Viele berichteten, dass er ihnen geholfen hatte zu entkommen. Doch niemand konnte mit einiger Sicherheit sagen, was aus ihm geworden war.

Alex erhielt einen Anruf von dem Handy, mit dem Matan sechsundzwanzigmal versucht hatte, sie zu erreichen. Es war eine Frauenstimme, und sie klang verwirrt. »In welcher Beziehung stehen Sie zu meinem Mann?«

»Wie bitte?!«, sagte Alex. »Ich kenne Ihren Mann überhaupt nicht.«

»Tatsächlich? Wie kommt es dann, dass seine letzten Anrufe alle an Sie gingen?«

»Nein, nein, mein Freund hat das Telefon benutzt – der DJ Matan Elmalem. Er hat sich ein Telefon ausgeliehen und mich unter dieser Nummer angerufen, nachdem sein eigenes Telefon den Geist aufgegeben hatte.«

Die Frau am anderen Ende suchte auch schon seit Tagen nach ihrem Ehemann.

Orión

Sergio, Orións Vater, befand sich in Mexiko, als er von Freunden in Schweden angerufen wurde. Ein arabisch sprechender Mann hatte sie von Orións Mobiltelefon aus kontaktiert. Die

Freunde und Sergio organisierten einen arabischen Dolmetscher und riefen zurück. »Orión wurde in Gaza entführt«, teilte man ihnen mit. »Er lebt, und es geht ihm gut. Wir werden ihn benutzen, um einen Austausch auszuhandeln.« Das war eine Woche nach dem Massaker. Mehrere Wochen später setzten sich die israelischen Behörden mit Sergio in Verbindung, um offiziell zu bestätigen, dass Orión lebte und von der Hamas als Geisel festgehalten wurde. Im Mai 2024 fand man seinen Leichnam in einem Tunnel in Gaza und brachte ihn zurück nach Israel. Das Militär teilte seiner Familie mit, dass Orión am 7. Oktober ermordet worden war.

Keshet

Anfangs dachte Natalia Casarotti, ihr Sohn Keshet wäre einfach nur wie so häufig unerreichbar.

Sie stellte sein Foto online und bat um Informationen. Durch seine langen blonden Haare war Keshet leicht zu erkennen. War er tot? Verletzt? Eine Geisel? Und was wäre schlimmer? Sie fragte in allen Krankenhäusern nach, für den Fall, dass ihr Sohn bewusstlos und noch nicht identifiziert war.

Am Morgen des 8. Oktober kehrte Haim Utmazgin von ZAKA noch einmal auf das Festivalgelände nahe dem Kibbuz Re'im zurück.

Unterwegs wurde sein Krankenwagen auch diesmal auf der Regionalstraße 234 von einer Gruppe von Leuten angehalten. Als er ausstieg, machten sie ihn auf ein am Straßenrand geparktes Auto aufmerksam. Haim ging hin. Auf dem Fahrersitz saß ein junger Mann mit einem Einschussloch im Kopf. Die anderen Türen des Wagens standen zu einer Obstplantage auf der anderen Straßenseite hin offen. Da er

vermutete, dass sich weitere Opfer dorthingeflüchtet hatten, ging Haim in die Plantage hinein.

Innerhalb kürzester Zeit entdeckte er drei Tote, zwei Frauen und einen Mann.

Eine der Frauen, vielleicht Mitte 30, lag mit dem Gesicht nach unten im Halbschatten eines Baumes. Ihre Jeans war mit einem Messer aufgeschnitten worden, und man hatte ihr in die Vagina geschossen. Der anderen Frau hatte man die Jeansshorts ausgezogen; sie hatte schwere Prellungen um die Vagina herum, und ihr BH war zerrissen. Sie hielt noch ihr Mobiltelefon in der Hand, und an ihrer Schulter hing eine Handtasche.

Über mehrere Wochen fanden Haim und sein Team jeden Tag weitere Leichen.

Insgesamt wurden auf dem Gelände des Nova-Musikfestivals 364 Menschen getötet und weitere vierzig entführt. Es war der schlimmste Terroranschlag in der Geschichte des Staates Israel. Überlebende und Augenzeugen berichteten von Dutzenden von Vergewaltigungen und sexueller Gewalt, doch durch das zügige Eingreifen von ZAKA war die Sicherung eindeutiger Beweise unmöglich geworden.

Am vierten Tag nach dem Anschlag erhielt Natalia Casarotti den Bescheid, dass eine von ihr bereitgestellte DNA-Probe von Keshet mit einem von den Hunderten noch nicht identifizierten Toten in einem ehemaligen Militärlager übereinstimmte. Sie bettete ihn in ihrem Wüstenkibbuz zu seiner letzten Ruhe und bat die Trauergemeinde, bei der Beerdigung zu singen und zu tanzen. Es dauerte noch einmal zwei Monate, bis sie Genaueres über die Umstände und den Ort seiner Ermordung wusste, denn sie musste sich alle Einzelheiten selbst zusammensuchen.

Am neunten Tag nach dem Angriff wurde auch Célines

Leiche geborgen. Sie war in dem Schutzbunker beim Kibbuz Mefalsim an einem Bauchschuss gestorben. Ido bereitete sich gerade auf ein Treffen mit französischen Behördenvertretern vor, als IDF-Soldaten an seine Tür klopften und ihn informierten. Er bat darum, vor der Beerdigung noch ihren Kopf sehen zu dürfen, um ihre krausen Haare zu identifizieren – nur um ganz sicherzugehen.

Kurz nach der Beerdigung fing er an, die kleine Ellie mit Milchnahrung zu füttern.

Einige Opfer waren so stark verbrannt, dass es Wochen dauerte, sie zu identifizieren. Dadurch kam es vor, dass verschiedene Leichen versehentlich zusammen beerdigt wurden, so auch einige der Toten, die an dem Ort geborgen worden waren, an dem man am Ende auch Matans Überreste fand.

Die Überreste von fünf Menschen wurden unter dem ausgebrannten Krankenwagen gefunden, aus dem Matan ein letztes Mal Alex angerufen hatte. Sie waren durch die Panzerfaust, die das Fahrzeug zur Explosion gebracht hatte, vollständig verbrannt. Nur ein großer Ring mit violettem Stein, den Matan seit Jahren nicht mehr vom Finger genommen hatte, blieb unversehrt.

Drei Wochen lang blieb die Familie Louk ohne eine Nachricht.

Hilfe erfuhr sie lediglich von der linken Friedensbewegung »Women Wage War«, die einen vertrauenswürdigen älteren Palästinenser aus Gaza beauftragte, in Krankenhäusern nach Shanis Verbleib zu forschen. Er kam mit dieser Information zurück: »Sie lebt, hat aber eine Kopfwunde.« Der Mann musste allerdings eingestehen, dass er sie nicht

persönlich gesehen hatte und nur weitergab, was man ihm erzählt hatte.

Als die israelische Armee ihre Angriffe auf Gaza verstärkte, machten sich Ricarda und Nissim zunehmend Sorgen. Konnte Shani in einer Klink ohne Strom und Wasser überhaupt angemessen medizinisch versorgt werden? Und wenn sie starb, was würde dann mit ihrem Leichnam passieren?

Ein mitternächtlicher Besuch brachte Gewissheit. Man hatte ein Schädelfragment von Shani Louk gefunden. Aller Wahrscheinlichkeit nach war sie auf der Stelle an dem Schuss in ihren Kopf gestorben, was im Mai 2024 bestätigt wurde, als die israelische Armee ihren Leichnam fand. Die Terroristen, die mit ihr im offenen Lieferwagen durch Gaza gefahren waren, hatten eine tote Frau zur Schau gestellt.

Raz Cohen blieb unverletzt. Alex blieb unverletzt. Zumindest körperlich.

Shani Hadar musste sich mehreren Operationen unterziehen, um ihre Hand zu retten. Maayan verbrachte Monate im Krankenhaus.

Raz Perry überlebte seinen Bauchschuss und nahm seine Therapie im Kampf gegen das Hodgkin-Lymphom wieder auf.

Zum Kibbutz Be'eri und zurück

1

Zwölf Stunden vor seiner Ermordung machte sich Roni Levy bereit, eine wichtige Feier zu eröffnen. Der rüstige Achtzigjährige rückte mit geröteten Wangen seine Brille

zurecht und ging mit schleppenden Schritten auf die Bühne des Gemeindesaals im Kibbuz Be'eri, wo er von einem zerknitterten Blatt Papier ablas.

An diesem Freitagabend hatten sich Hunderte von Zuhörern versammelt, um einen Festtag zu begehen – nicht den religiösen Feiertag Simchat Tora, sondern einen dezidiert säkularen Festtag zur Erinnerung an den 6. Oktober 1946, den Gründungstag des Kibbuz Be'eri. Der Kibbuz feierte sein siebenundsiebzigjähriges Bestehen mit einem großen Fest.

Als einer der ältesten Bewohner war Levy gebeten worden, von seinen Erinnerungen an die 1950er Jahre zu erzählen, als er allein aus Algerien gekommen war und nur Arabisch konnte:

»Ich sprach nicht die gleiche Sprache und konnte mich mit den anderen Kindern nicht verständigen. Man sagte mir, dass ein Privatlehrer mir die Sprache beibringen würde, bis ich mit den anderen in die Schule gehen könnte. An diesem Tag kam eine Frau aus dem Kibbuz auf mich zu. Ihre Augen waren auffallend grün und strahlten das Leuchten der Schwangerschaft aus. Sie setzte sich zu mir und führte mich in die hebräische Sprache ein. Sie war eine außergewöhnlich gute Lehrerin, so dass ich nach nur drei Monaten mit einigermaßen guten Hebräisch-Kenntnissen in die Schule gehen konnte. Sie und ihr Mann boten an, mich zu adoptieren, und wir wurden eine Familie.«

Nach Levy kamen nacheinander andere Kibbuz-Mitglieder auf die Bühne und erzählten von ihren Erinnerungen – ihrer Kindheit, den Erntezeiten, dem tiefen Gemeinschaftsgefühl, das sie in Be'eri erfahren hatten, dem mit 1200 Mitgliedern größten Kibbuz an der Grenze zum Gazastreifen, einer Gemeinschaft, die oft wie eine große Familie zusammenwirkte.

Der Wein floss in Strömen, Kerzen flackerten auf den mit karierten Tischdecken überzogenen Tischen, während auf der Bühne ein Sänger und ein Gitarrist das Publikum mit Liedern unterhielten, die von den Kibbuz-Mitgliedern ausgewählt worden waren. Ihnen zu Ehren stimmten sie »Hier hat alles begonnen« an und »Wir wagen uns ins Unbekannte / ohne zu wissen, was vor uns liegt«.

Be'eri war schon seit acht Jahrzehnten ein sozialistischer Genossenschaftskibbuz, in dem alle Mitglieder – ob Manager oder Reinigungskräfte – den gleichen Lohn erhielten, »jeder nach seinen Fähigkeiten, jedem nach seinen Bedürfnissen«, wie der Grundsatz des Sozialismus lautet, und das ist im Kibbuz keine marxistische Phrase, sondern heilige Praxis.

Im Gegensatz zu vielen anderen der 264 israelischen Kibbuzim, die in den letzten Jahrzehnten mit Privatisierungen und dem Wegzug vieler Bewohner zu kämpfen hatten, blieb der Kibbuz Be'eri stabil und galt als eine der letzten Bastionen der alten authentischen Kibbuzbewegung, die ein ausschließlich genossenschaftliches Modell vertrat. Den Mitgliedern war es gelungen, eine finanziell prosperierende Gemeinschaft zu schaffen, was die lange Liste der dort geborenen Kinder beweist, die als Erwachsene in den Kibbuz zurückkehren wollen. Über einen langen Zeitabschnitt in der Geschichte von Be'eri schliefen die Kinder in Gemeinschaftsunterkünften, getrennt von ihren Eltern. Dadurch entstanden Bindungen zwischen Mitschülern, die oft stärker waren als die zwischen Geschwistern. Da viele Familien jedoch den Wunsch hatten, ihre Kinder zu Hause aufzuziehen, schaffte der Kibbuz diese Regelung in den 1980er Jahren ab.

Der Schlüssel zum Erfolg von Be'eri waren sein stolzes

Traditionsbewusstsein und seine wirtschaftliche Diversifizierung. Die wichtigste Einnahmequelle des Kibbuz war eine in den 1950er Jahren gegründete Druckerei, die zahlreiche Regierungsaufträge, unter anderem auch den Druck von Führerscheinen, abwickelte.

Der Kibbuz baute auch Feld- und Zitrusfrüchte an und bewirtschaftete Avocado- und Mangoplantagen. Der genossenschaftliche Charakter von Be'eri erstreckte sich nicht nur auf den sozioökonomischen Bereich, sondern auch auf das kulturelle und politische Leben: Der Kibbuz gab ein Mitteilungsblatt heraus und pflegte ein eigenes historisches Archiv. Über 94 Prozent seiner Mitglieder stimmten bei den letzten Wahlen für Parteien der Linken und der Mitte. Ungeachtet des häufigen Raketenbeschusses durch die Hamas in den letzten zwei Jahrzehnten spendete der Kibbuz Be'eri, der nur vier Kilometer von der Grenze entfernt liegt, jeden Monat Tausende Schekel an palästinensische Familien im Gazastreifen. Diese Spendenaktion wurde von der ganzen Gemeinschaft getragen und ging auf die 1970er Jahre zurück, als der Verkehr zwischen dem Gazastreifen und den israelischen Siedlungen noch nicht eingeschränkt war und der Kibbuz palästinensische Arbeiter beschäftigte. Als die israelische Regierung aufgrund der Terroranschläge der zweiten Intifada keine Arbeitsgenehmigungen für Palästinenser mehr ausstellte, legten die Kibbuz-Mitglieder alljährlich zusammen, um die ehemaligen Mitarbeiter zu unterstützen. Einige arbeiteten auch ehrenamtlich für die Nichtregierungsorganisation »On the Way to Recovery« (Auf dem Weg zur Besserung). Diese wurde von einem Israeli gegründet, dessen Bruder im Jahr 1993 von der Hamas entführt und ermordet worden war. »On the Way to Recovery« bringt palästinensische Patien-

tinnen und Patienten aus dem Gazastreifen in israelische Krankenhäuser, wo sie Chemotherapien, Operationen und andere lebensrettende Behandlungen erhalten.

Bei der Jubiläumsfeier waren viele dieser ehrenamtlichen Helfer anwesend und sangen und tranken zusammen. Unter ihnen auch Hadas und Adi Dagan.

Adis Eltern waren das erste Paar, das in Be'eri geheiratet hatte – sie waren die Gründungseltern des Kibbuz. Hadas war die Tochter von Gründern eines kleineren Kibbuz, der keinen Erfolg gehabt hatte und sich auflöste. Unter dem Eindruck dieses Verlustes waren sie nach Be'eri gezogen. Obwohl Hadas und Adi in derselben Gemeinde aufwuchsen, lernten sie sich erst in ihren Zwanzigern richtig kennen, als sie eine Klassenfahrt nach Sinai leiteten. Sie war ein paar Klassen über ihm, eine zierliche junge Frau mit blondem, schulterlangem Haar, er war ein Athlet – groß und breit mit tiefen Wangengrübchen.

Sie heirateten und beschlossen, in Be'eri zu bleiben und zogen ihre vier Kinder dort groß. Hadas wurde Bildungskoordinatorin des Kibbuz und Adi in den wirtschaftlich erfolgreichsten Jahren dessen Finanzmanager. Im Ruhestand begann er, sich neu zu erfinden, und widmete viel Zeit seinen Enkeln und der Landschaftsmalerei: Er wollte seine Vorstellung der schönen Felder, die sein Haus umgaben, auf die Leinwand bringen.

Jeden Donnerstag fuhren Adi und Hadas palästinensische Patienten in israelische Krankenhäuser. Sie waren durch ihre Freundin, die Kibbuz-Mitarbeiterin Vivian Silver, auf diese Initiative gestoßen.

Silver, eine schlanke Siebzigjährige mit scharfem Blick und einem starken kanadischen Akzent, kam kurz nach einer von ihr organisierten Friedenskundgebung in Jeru-

salem, an der Tausende israelische und palästinensische Frauen aus dem Gazastreifen und dem Westjordanland teilgenommen hatten, zu der Jubiläumsfeier hinzu. Gemeinsam hatten die Frauen verkündet: »Israelische und palästinensische Frauen sind entschlossen, die Realität dieses Konflikts zu verändern! Wir möchten nicht länger zusehen, wie noch mehr Menschen zu Tode kommen. Es ist an der Zeit, dass die Frauen ihre Stimme erheben! Wir müssen diesen Kreislauf der Gewalt beenden.« Vivian hatte Jerusalem voller Optimismus verlassen, Optimismus war ihre zweite Natur.

Vivian Silver war bereits in ihren mittleren Jahren gewesen, als sie in den Kibbuz eintrat. Sie war in Winnipeg geboren und in einer gläubigen jüdischen Familie aufgewachsen. Dann erhielt sie ein Stipendium für einen einjährigen Studienaufenthalt an der Hebrew University in Jerusalem, wo sich ihre Neigung vom Judaismus hin zum Zionismus verlagerte.

Sie lernte einige Kommilitonen aus dem New Yorker Zweig der »Habonim Dror«-Bewegung kennen, schloss sich ihnen an und heiratete schließlich Marty, der ebenfalls zu der Gruppe gehörte. Im Jahr 1974 wanderten sie endgültig nach Israel aus und gehörten zur Gründergeneration des Kibbuz Gezer. Marty verließ den Kibbuz bald wieder, aber Vivian blieb und nahm bald eine gewisse Sonderstellung ein, da sie im Kibbuz Aufgaben übernahm, die sonst traditionell von Männern ausgeübt wurden. In den frühen 1980er Jahren schuf sie innerhalb der israelischen Kibbuz-Bewegung eine offizielle Abteilung, die sich für die Gleichstellung der Geschlechter einsetzte. Durch dieses Engagement lernte sie Louis Zeigan kennen, mit dem sie eine Familie gründete. Im Jahr 1990 zogen sie nach Be'eri, und

kurz darauf wurde Vivian der Posten der stellvertretenden Leiterin des Negev-Instituts angeboten, einer gemeinnützigen israelischen Einrichtung für Frieden und Bildung. Um ihr soziales Engagement und die israelisch-palästinensische Koexistenz voranzutreiben, wurde sie Mitbegründerin von »Women Wage Peace« und Mitglied des Vorstands von B'Tselem, einer bedeutenden israelischen Menschenrechtsorganisation. Sie bezeichnete sich als »bedingte Zionistin«, die eine »nationale Heimstätte des jüdischen Volkes« nur dann mit Leidenschaft unterstütze, wenn auch die Rechte und die Würde der Palästinenser gesichert seien.

In der ersten Reihe, unmittelbar vor der Festbühne, saßen die Eltern der Familie Zemach. Shlomit und Doron waren Kinder der Kibbuz-Gründer – einer aus Bagdad deportierten jüdischen Gemeinschaft, die Teil des massenhaften Zuzugs arabischer Juden waren, die zur Zeit der Staatsgründung Zuflucht in Israel fanden.

Die neunjährige Carmela Zemach lebte bis 1941 mit ihrer Familie in der irakischen Hauptstadt, in einem Viertel, das gemeinsam von Juden und Arabern bewohnt wurde. Das berüchtigte »Farhud«-Pogrom im Juni 1941 veränderte ihr Leben. Damals wurden innerhalb weniger Tage über 180 Juden aus Bagdad ermordet und Tausende weitere verwundet. Die Gräueltaten erstreckten sich auf die Misshandlung von Kleinkindern, die Schändung von Leichen, massenhafte Vergewaltigungen sowie die Plünderung und Verwüstung von Synagogen und anderen jüdischen Einrichtungen. Ein muslimischer Mob überfiel das Haus von Carmelas Familie, das verriegelt und mit schweren Möbeln verbarrikadiert war.

Carmela war achtzehn Jahre alt, als sie im Jahr 1950 nach Israel kam. Dort lernte sie Yaakov kennen, ebenfalls ein

Jude aus Bagdad, dessen Eltern ursprünglich aus Hebron stammten. Auch er war als Kind verfolgt worden, seine Familie wäre bei eben diesem »Farhud«-Pogrom fast ermordet worden. Im Alter von fünfzehn Jahren schloss er sich der jüdischen Untergrundbewegung an. Jeden Morgen, wenn er zur Schule ging, kam er an einem Galgen vorbei, an dem eine Leiche zur Schau gestellt wurde: meist die eines Juden, oft die eines Kommunisten, manchmal die eines jüdischen Kommunisten.

Shachar Zemach, der Enkel von Carmela und Yaakov, heute neununddreißig Jahre alt, ist in Be'eri geboren und aufgewachsen. Er war der junge und erfolgreiche Finanzmanager der Kibbuz-Druckerei. Er folgte auf Adi Dagan, als dieser in den Ruhestand ging. Der schlaksige bärtige Shachar war auch als Aktivist der linken Szene bekannt. Er hatte in den Streitkräften gedient und später als Zeuge vor der Organisation »Breaking the Silence« über rechtswidrige Aktionen des Militärs gegenüber Palästinensern in den besetzten Gebieten ausgesagt. Menschen, die mehr über den Konflikt erfahren wollten, führte er unentgeltlich durch Hebron.

Im hinteren Teil des Saals, an einem der Seitentische, saß die Familie Hetzroni.

Der Großvater, Avia Hetzroni, erkennbar an seinem hübschen Kinngrübchen, war im Kibbuz aufgewachsen und hatte dieselbe Klasse wie Adi Dagan besucht. Das war in jener Zeit, als die Kibbuz-Kinder gemeinsam lernten, aßen und schliefen.

Avia bat die Musiker, ein Lied zu spielen, das ihnen die Kindergärtnerin immer vorgesungen hatte, ein Lied von Peña Bergstein: »Ihr habt Melodien in mich gepflanzt, meine Mutter und mein Vater, Melodien aus vergangenen

Gesängen ... Samen, Samen ... mein Herz ist still ... bis sie keimen und wachsen ...«

Avias Eltern, Margalit und Yair, waren in Israel geborene Juden der Gründergeneration. Drei ihrer Kinder führten ihr Vermächtnis fort: Ayala, Nitza und Avia selbst.

Nitza hatte drei Söhne, Avia eine Tochter, Ayala war kinderlos.

Avia hatte auch zwei Enkelkinder, die zweieiigen Zwillinge Liel und Yanai. Bei ihrer Geburt waren Komplikationen aufgetreten, und Avias Tochter Shira musste ins Koma versetzt werden. Als sie wieder zu sich kam, war sie schwer behindert, sowohl körperlich als auch geistig.

Von diesem Tag an kümmerte sich Avia Hetzroni um seine Tochter Shira, während seine Schwester Ayala die Erziehung der Zwillinge übernahm. Sie wohnte mit den Kindern gegenüber von den Dagans, die den Kindern oft frische Orangen und selbst gebackene Kekse schenkten. Ayala nahm dies nur widerstrebend an, ließ sich aber gern von Omri und Shagi Shafrani helfen, zwei von Nitzas Söhnen. In dieser zusammengewürfelten Familie verschwammen die Grenzen zwischen Eltern und Onkeln: Alle packten mit an, um die Zwillinge aufzuziehen.

An einem der letzten Tische im Saal saßen die Geschwister Raya und Yair Rotem, neben ihnen ihre Freundin Narkis Hand. Raya war zwölf Jahre älter als ihr Bruder. Yair war Werbefotograf und Redakteur, Raya hatte erst eine Praxis für chinesische Medizin, Akupunktur und Reflexzonenmassage, war dann aber in die Druckerei gewechselt. Raya war die alleinerziehende Mutter der zwölfjährigen Hila, Yair war frisch verheiratet. Sie waren erst wenige Tage zuvor von Yairs Hochzeit mit einer Chinesin zurückgekehrt. Die Zeremonie hatte in Thailand stattgefunden.

»Thailand ist so schön, wieso leben wir nicht dort? Da gibt es keine Terroristen und keine Raketen«, sagte Hila auf der Reise zu ihrem Onkel.

Raya Rotem und Narkis Hand waren im 1969er Jahrgang derselben Gemeinschaftsunterkunft aufgewachsen. Narkis, eine Tänzerin und Kindergärtnerin, verliebte sich in den Iren Thomas Hand, der als Freiwilliger in den Kibbuz gekommen war. Sie war erst vierundzwanzig Jahre alt, als sie heirateten. Bald darauf brachte sie Eden zur Welt und zweieinhalb Jahre später Natalie. Ungefähr drei Jahre später trennten sich Thomas und Narkis. Thomas lernte Liat kennen, und die beiden bekamen eine Tochter, Emily Hand. Als Liat an Krebs starb, nahm Narkis die zweijährige Emily bei sich auf und zog sie wie ein eigenes Kind auf.

An diesem Abend hatten die Mütter ihre Töchter allein zu Hause gelassen. Während die Erwachsenen sangen und tranken, feierten die zwölfjährige Hila Rotem und die achtjährige Emily Hand eine Pyjamaparty mit Filmen und Süßigkeiten. Sie hatten das ganze Haus für sich allein, ohne die Erwachsenen.

2

Morgens, kurz nach sechs Uhr, wurde Hila Rotem von dem hohen Sirenengeheul geweckt, das vor Raketeneinschlägen warnt. Leise schlich sie sich an Emily vorbei, die kein Krach wecken konnte, und lief zum Zimmer ihrer Mutter.

»Soll ich Emily aufwecken wegen der Raketen oder hört das in ein paar Minuten auf?«, fragte Hila. Sie hatte die gleichen hellen Augen und lockigen schwarzen Haare wie ihre Mutter.

»Weck sie lieber auf, ihr Mädchen könnt im Schutzraum

weiterschlafen«, sagte Raya und beeilte sich, die normalerweise offene Haustür zu verriegeln.

Wie die meisten Kibbuz-Bewohner hatte Raya kein Schloss an der Tür ihres Schutzraums, deshalb stapelte sie zwei Sessel – die geliebten Sessel ihres verstorbenen Vaters – übereinander, stellte einen Blumentopf obenauf und schob sie vor die Tür: ein behelfsmäßiger Turm aus den schwersten Gegenständen, die sie herbeischaffen konnte.

Um 6.37 Uhr erhielten die Kibbuz-Bewohner die erste Warnung per SMS: »Bleiben Sie bis auf weiteres in einem geschütztzen Bereich.« Um 6.48 Uhr eine weitere Nachricht: »Liebe Bewohnerinnen und Bewohner, guten Morgen und Schabbat Schalom. Schweres Geschützfeuer hat Gebiete im ganzen Land getroffen. Bleiben Sie in einem geschützten Bereich, bis wir weitere Informationen für Sie haben.« Um 7.14 Uhr schrieb ein Nachbar an die Kibbuz-Gruppe: »Auf der Treppe zu unserem Haus ist ein Terrorist.« Um 7.15 Uhr kam die offizielle Warnmeldung: »Wegen des Verdachts auf terroristische Infiltration wird den Bewohnern empfohlen, sich bis auf weitere Anweisungen in ihren Häusern einzuschließen, ihre Türen zu sichern und sich von Fenstern fernzuhalten.« Um 7.16 Uhr fragte ein weiterer Nachbar: »Wo bleibt die Armee?« Um 7.34 Uhr schrieb ein anderer: »Wir hören viele Schüsse, bitte informieren Sie uns«, und um 7.35 Uhr flehte eine besorgte Mutter: »Hier draußen ist jemand, bitte kommen.«

Emily hatte kein Telefon dabei, doch Hila hatte eins. Ihre Klassenkameradinnen und -kameraden tauschten dramatischere Nachrichten aus als die Erwachsenen. Einer schrieb: »Unser Haus brennt«, und eine andere: »Sie schießen auf uns!!!«, eine dritte: »Lebt wohl, ich liebe euch alle, ich weiß nicht, was ich tun soll.«

Raya wollte die Freundin ihrer Tochter nicht beunruhigen – Emily hatte noch nicht oft bei einer Freundin übernachtet –, aber das Mädchen hatte gemerkt, dass etwas nicht stimmte, als sie hörte, wie Narkis und Thomas Hand mit Raya telefonierten. Die Erwachsenen waren sich darin einig, dass die Situation zu gefährlich war, als dass man Emily abholen und nach Hause bringen könnte.

In einem anderen Teil des Kibbuz bekam Rayas Bruder, Yair Rotem, ein kräftiger Mann Anfang vierzig, eine Panikattacke.

Er sagte sich, dass die Angst ganz normal sei, wenn man wisse, dass in den umliegenden Häusern Terroristen lauerten. Er war allein, seine Frau war nach der Hochzeit in Thailand zu Besuch bei ihren Eltern in China. Er suchte in seinem Haus nach einem Versteck.

Er leerte die Wäscheschublade unter seinem Bett, um sich darin verkriechen zu können. Dann machte er sorgfältig das Bett, denn er wollte den Eindruck erwecken, dass es ein aufgeräumtes Haus war, das wegen der Feiertage leer stand. Er beschloss, die Haustür abzuschließen, die Tür zum Schutzraum jedoch sichtbar offen zu lassen – die Terroristen würden bei dieser Szene nicht vermuten, dass sich jemand im Haus versteckt hielt.

Ihn beschäftigte das Thema Urinieren – wie sollte er am besten pinkeln? Die Toilettenspülung könnte den Terroristen verraten, dass doch jemand zu Hause war, aber wenn er nicht spülte, könnten sie am frischen Urin in der Kloschüssel seine Anwesenheit erahnen. Also nahm er sich vor, ins Waschbecken zu pinkeln. Es tat ihm leid, dass er sich an diesem Morgen nicht die Zähne geputzt hatte.

Er überlegte hin und her, ob er sich gleich unter dem Bett verstecken oder warten sollte, bis die Terroristen nä-

herkamen. Er verließ kurz sein Versteck, um aus der Küche ein Messer zu holen, vergaß aber, Wasser mitzunehmen. Einmal pro Stunde verließ er sein Versteck, um direkt aus dem Wasserhahn in der Küche zu trinken, vergaß aber jedes Mal, eine Flasche mitzunehmen.

Er überlegte, ob er seiner Frau eine Nachricht nach China schicken sollte: »Wenn mir etwas zustößt, sollst du wissen, dass ich dich liebe«, aber er unterließ es, weil er dachte, eine solche Nachricht könnte Unglück bringen.

Alle halbe Stunde tauschte er kurze Nachrichten mit seiner Schwester Raya aus. Sie bestätigten sich gegenseitig, dass sie in Sicherheit waren.

»Was ist bei dir los?«, erkundigte sie sich.

Er antwortete mit einem Smiley-Emoji.

»Und bei dir?«

Sie antwortete mit einem eigenen Smiley.

Kurz darauf fügte sie hinzu: »Bei mir ...«

»Was bei dir?«

»Wir werden gekidnappt.«

3

Adi und Hadas zogen schnell die Vorhänge zu. Sie waren durch die Anrufe ihrer Kinder geweckt worden.

Ihr jüngster Sohn, Sahar Dagan, und ihr Schwiegersohn, Dor Harari, gehörten zur zivilen Einsatztruppe des Kibbuz. Zohar, die Frau von Dor, bat Hadas, ihr mit den Kindern zu helfen, solange ihr Mann den Kibbuz verteidigte. »Ich trinke nur noch meinen Kaffee und komme dann rüber.« Als sie den ersten Schluck nahm, liefen im Kibbuz-Chat Meldungen über Terroristen im Kibbuz ein, dann wurde laut an ihre Tür geklopft.

Draußen stand das Ehepaar Porat-Katz.

Sie hatten an viele Türen geklopft, aber niemand hatte geöffnet.

»Wer ist da?« rief Hadas. Sie hatte keine Angst, weil sie annahm, dass die Terroristen nicht anklopfen würden. »Ich bin Yasmin, und das ist Tal, wir kommen aus dem Norden. Wir waren auf einer Party in der Nähe des Kibbuz Re'im und suchen Schutz, draußen sind Terroristen.«

Hadas ließ das Paar in ihr Wohnzimmer. Man sah ihnen an, dass sie die ganze Nacht gefeiert hatten. Tal Katz trug ein rotes Sportshirt und Jeans, Yasmin Porat ein schwarzes Tanktop und einen kurzen Rock. Adi bereitete eilig ein paar Sandwiches und Kaffee zu und meinte, Nahrung sei jetzt wichtiger als dieses Notquartier, zumindest im Augenblick. Das junge Paar erhob Einspruch. Tal, sichtlich mitgenommen, konnte sich kaum beruhigen, und Yasmin versuchte, die Stimmung mit Späßen aufzulockern.

Sie erzählten, was sie erlebt hatten: wie sie von der Party geflohen waren, als die Raketen einschlugen, wie sie am Straßenrand beschossen worden waren und wie sie von der Einsatztruppe aufgefordert worden waren, im Kibbuz Schutz zu suchen.

Beide Paare befanden sich im Schutzraum der Dagans, als die Schüsse und der Rauch näherkamen. Hadas rief Vivian an, die allein war, und erkundigte sich nach ihr. »Sie sind an meiner Tür, Hadas«, flüsterte Vivian.

»Pass auf dich auf«, war alles, was Hadas herausbrachte, dann beendete sie das Gespräch.

4

Vivian Silver lebte seit sieben Jahren, seit dem Tod ihres Mannes Louis, allein. Auch ihre Kinder waren längst aus dem Haus.

Ihre vielen Freunde auf beiden Seiten der Grenze, ihre Friedensarbeit und ihre Enkelkinder brachten Leben in die Stille.

Sie war vierzig, als sie ihren jüngsten Sohn, Yonatan Zeigen, auf die Welt brachte. Jahrzehntelang hatte sie ihre ganze Zeit dem Job gewidmet, aber dann hatte sie einige Jahre nicht gearbeitet, um für ihn und seinen Bruder dazusein. Als die palästinensischen Bauarbeiter, für die Vivian als Baukoordinatorin des Kibbuz zuständig war, nicht mehr aus dem Gazastreifen zur Arbeit kamen, wollte Yonatan – damals noch ein kleines Kind – wissen, was passiert war. Vivian erklärte ihm: »Es gibt einen Streit um das Land.«

Yonatan füllte einen Eimer mit Erde und sagte zu seiner Mutter: »Dann gib Khaled dieses Land, damit wir Frieden schließen können.«

An jenem Morgen, noch bevor Vivian realisierte, dass sich eine Katastrophe anbahnte, meldete sich als einer der ersten ein alter palästinensischer Freund aus Gaza bei ihr: »Vivian, was ist hier los? Was passiert da gerade? Wir hören, dass Zivilisten und Soldaten entführt wurden und bereits in Gaza sind. Es sind schreckliche Bilder. Wo bleibt eure Armee?«

Vivian wusste nicht, was sie darauf sagen sollte, sie verriegelte ihre Haustür und zog sich in ihren Schutzraum zurück. An ihre Freundinnen aus der Women of Peace-Gruppe schickte sie eine Nachricht: »Welche Ironie des Zeitpunkts« – eine Anspielung darauf, dass sie nur drei Tage zuvor gemeinsam mit ihren Freundinnen aus dem Gazastreifen an der Friedenskundgebung in Jerusalem teilgenommen hatte.

Mitten in ihren Vorbereitungen meldete sich ein großer israelischer Radiosender bei Vivian und bat um ein Inter-

view. »Ich sitze hier im Schutzraum, die Jalousien sind heruntergelassen und die Tür abgeschlossen. Es heißt, dass es Tote im Kibbuz gibt. Es ist schrecklich.«

»Hören Sie draußen Schüsse?«, fragte der Interviewer.

»Ja, sehr gut sogar.«

»Ist Ihr Haus sicher? Sind Sie an einem sicheren Ort?«

»So weit es möglich ist, ja«, antwortete Vivian.

Die Sendung wurde immer wieder von Meldungen über einschlagende Raketen unterbrochen, trotzdem drängte Vivian den Interviewer, eine Botschaft für den Frieden zu übermitteln und an die Vernunft auf beiden Seiten des Konflikts zu appellieren.

»Die Zeit ist gekommen, die Zeit ist gekommen«, wiederholte sie immer wieder.

Doch der Interviewer warf ein: »Es scheint, dass es heute Morgen nur eine vernünftige Seite gibt. Eine Diskussion mit beiden Seiten ist jetzt wohl nicht angebracht – wir werden gerade angegriffen.«

»Nun«, sagte Vivian, »dann schlage ich vor, dass wir dieses Gespräch nach dieser Krise fortsetzen.«

»Natürlich, Ihre Sicherheit geht vor. Passen Sie auf sich auf«, beendete der Interviewer das Gespräch.

Das letzte Mal, dass sie so nahe an ihrem Haus Schüsse gehört hatte, war während des Gazakrieges im Jahr 2014, für Vivian ein Jahr des Umbruchs. Sie wurde Großmutter, beendete ihre Tätigkeit in einer Organisation für die jüdisch-arabische Koexistenz im Negev und sann darüber nach, wie sie ihre Zeit in den noch vor ihr liegenden aktiven Jahren am besten nutzen sollte.

Es war nicht ihre Art, Dinge zu beschönigen: Ein Gefühl von verpassten Gelegenheiten und des Bedauerns beschlich sie. Sie wurde von bisher unerreichten Zielen

verfolgt. Sie hoffte, dass »Women Wage Peace« daran etwas ändern könnte. Fünfzigtausend Frauen hatten sich der Basisbewegung in den ersten zehn Jahren ihres Bestehens angeschlossen, sowohl Israelis als auch Palästinenserinnen, die zwei Staaten und die Gleichberechtigung aller Menschen vom Jordan bis zum Mittelmeer forderten.

Vivian telefonierte gerade mit ihrem Sohn Yonatan, als die Schüsse immer näherzukommen schienen. Sie beendeten das Gespräch, damit die Terroristen sie nicht hören könnten.

Vivian versteckte sich im Schrank ihres Schutzraums.

Nach einer Weile schrieb Yonatan eine SMS und fragte, wie es ihr gehe:

»Schreib einfach irgendetwas.«

Sie antwortete: »Irgendetwas ... Sorry, ich versuche, meinen Humor zu bewahren.«

»Humor ist super. Was ist mit dem Kibbuz? Wird da immer noch geschossen?«

»Bis vor einer Minute. Jetzt ist es merkwürdig still. Wenn ich hier lebend rauskomme, kaufe ich mir Erwachsenenwindeln, damit ich sie für das nächste Mal griffbereit habe.«

»Weißt du, ob Soldaten im Kibbuz sind? Ist jemand verletzt?«

»Ich weiß immer noch nichts. Ich kann nicht einmal sagen, ob das Geschrei da draußen arabisch oder hebräisch ist.«

Sie schrieben sich auf Englisch. Obwohl sie seit Jahrzehnten in Israel lebte, war Englisch immer noch ihre erste Sprache. »Wir sind möglicherweise Zeugen eines Massakers ...«, schrieb sie und fuhr dann auf Hebräisch fort: »Ohne Witz, ich möchte euch sagen, wie sehr ich jeden

von euch liebe und wie gesegnet ich bin, dass ich euch haben durfte.«

»Ich liebe dich, Mom.«

»Sie sind jetzt im Haus.«

5

Die Familie Tzemach lebte in sechs verschiedenen, über den Kibbuz verstreuten Häusern:

Die Eltern Shlomit und Doron bewohnten eine Wohnung, die beiden jüngeren Brüder Ido und Shai wohnten in zwei einzelnen Wohnungen für junge Erwachsene, Uri, der auf eine besondere Betreuung angewiesen war, wohnte in der vierten, Yarden in der fünften, und der Älteste, Shachar, lebte zusammen mit seiner Frau Ofri und den Kindern in der sechsten Wohnung.

Gleich nach dem ersten Sirenenalarm beschlossen Shachar und Ofri, in das Haus ihrer Familie in der Nähe von Jerusalem zu fahren, um den Kindern einen Tag der Angst zu ersparen. Sie hatten kaum mit dem Packen begonnen, als Arik Kraunic, der Sicherheitskoordinator, Shachar verständigte, dass er und die anderen Mitglieder der Truppe sich sofort zum Dienst melden müssten. Auch Yarden Zemach erhielt einen Einsatzbefehl, befand sich aber an diesem Morgen nicht im Kibbuz, da er schon seit dem Vorabend auf einem Junggesellenabschied eines Freundes war.

Der überraschende Einsatzbefehl bestätigte einen Trend, den Shachar schon ein Jahrzehnt zuvor hatte kommen sehen und den er in einem Artikel in dem kleinen unabhängigen Online-Magazin *The Hottest Place in Hell* angeprangert hatte.

»Solange das politische und militärische Establishment

die Bürger Israels beauftragt, sich privat zu verteidigen und sich nicht auf die von Armee und Polizei bereitgestellte Sicherheit zu verlassen, bilden sie die erste Verteidigungslinie gegen terroristische Angriffe bzw. werden als solche eingesetzt. Das israelische Sicherheitssystem wird derzeit auf die gleiche Weise privatisiert wie das Bildungs- und das Gesundheitswesen.« Er schloss mit einer Warnung: »Die Fortführung der Privatisierung der Sicherheit wird noch viele Opfer fordern.«

Shachar, ein großer, schlanker Mann, linker Aktivist und Gegner der Besatzung, war der Erste, der zur Waffe griff, um seinen Kibbuz zu verteidigen, als die Armee nicht vor Ort war. Um sieben Uhr war er bereits auf dem Weg zum Treffpunkt.

Er fand Arik, den Sicherheitskoordinator, jedoch nicht vor.

Elam Maor, ebenfalls Mitglied der Einsatztruppe, konnte bald den Grund für Ariks Abwesenheit berichten. Er hatte ihn, als er das Tor des Kibbuz abschließen wollte, erschossen vorgefunden. Yair Avital, ein weiteres Truppenmitglied, berichtete dann, dass er gesehen hatte, wie zwei Terroristen Gil Boym auf seinem Fahrrad angeschossen hatten. Shachar fand den verletzten, aus mehreren Schusswunden blutenden Gil schließlich. Er rief die in der Nähe wohnende vielgeliebte Kibbuz-Krankenschwester Nirit Hunwald-Kornfeld an. Nirit eilte zum Unglücksort, rief aber, aufgrund der Schwere der Verletzungen, Amit Man zu Hilfe, die neue zweiundzwanzigjährige Kibbuz-Sanitäterin.

Die blonde, kontaktfreudige Amit wachte an diesem Morgen neben ihrem Partner Ofir Peretz auf, der beim nationalen medizinischen Rettungsdienst ebenfalls als Sanitäter arbeitete. Als der Raketenbeschuss begann, wurde

Ofir zum Dienst an den Bahnhof in Netivot gerufen. Da dieser nicht weit vom Haus von Amits Mutter lag, drängte er Amit, sicherheitshalber mit ihm mitzukommen. Als engagierte Sanitäterin weigerte sie sich: »Ich muss hierbleiben, besonders wenn es gefährlich ist. Ich bin auf Abruf.«

Auf dem Weg zu Gil kontaktierte Amit den nationalen medizinischen Rettungsdienst, bei dem sie schon seit ihrer Jugend ehrenamtlich tätig war: »Im Kibbuz läuft eine terroristische Infiltration. Wir brauchen dringend einen Krankenwagen oder die Polizei.« Sie war eine der Ersten, die diese Meldung absetzten. »Wir haben Verletzte hier, beeilen Sie sich.« Man versicherte ihr, dass umgehend Hilfe eintreffen würde.

Shachar Tzemach übernahm die Sicherung des Umfelds, während Amit und Nirit Gil auf dem Bürgersteig verarzteten. Als die Schüsse näherkamen, brach Shachar die Tür der nahe gelegenen Zahnklinik auf und half ihnen, Gil hineinzubringen.

Die Klinik befand sich in einem alten Bürohaus und war medizinisch nur unzureichend ausgestattet. Die Sanitäterinnen stellten aus Mull, Kleidung und anderen verfügbaren Stoffen improvisierte Druckverbände her.

Noch vor acht Uhr traf ein weiterer Verletzter ein, er hatte eine Schussverletzung im Rücken. Das Team arbeitete nun getrennt: Nirit kümmerte sich um Gil, während Amit den neu eingetroffenen Patienten versorgte.

Innerhalb weniger Minuten traf ein dritter Verletzter ein. Yair Avital, selbst Mitglied der Einsatztruppe, hatte in der Nähe des Elternhauses eines Freundes einen Schrei gehört und wollte gerade dorthinrennen, als er von einer Granate getroffen wurde. Schwer blutend gelang es ihm, sich in die Klinik zu schleppen.

Jetzt befanden sich in einer für Zahnbehandlungen ausgelegten Einrichtung drei Schwerverletzte und zwei medizinische Fachkräfte.

Amit rief erneut den nationalen medizinischen Rettungsdienst an und erkundigte sich nach »dem nächstgelegenen Ort, den ein Krankenwagen anfahren könnte.«

Die Antwort war mitfühlend, aber bestimmt: »Gehen Sie nicht weg, wir geben uns wirklich Mühe. Wir wissen, wo Sie sind, keine Sorge, wir lassen Sie nicht im Stich.«

Als Nächstes riefen sie Dr. Daniel Levy an, einen Arzt aus dem Soroka-Krankenhaus, der ein Jahr zuvor mit seiner Frau und zwei kleinen Kindern in den Kibbuz gezogen war, nachdem er von Peru nach Israel eingewandert war. »Te amo«, sagte er zu seiner Frau, bevor er in die Zahnklinik eilte.

Doch für Gil Boym war es zu spät, er erlag seinen Verletzungen noch vor dem Eintreffen des Arztes. Er starb, ohne zu erfahren, dass sein ältester Sohn, Inbar Boym, dreiundzwanzig Jahre alt, auf der Route 34 ermordet worden war, als er versuchte, in den Kibbuz zurückzukehren, nachdem er von dem terroristischen Überfall gehört hatte.

Nirits Telefon brummte unaufhörlich, denn viele verwundete Freunde, die keine medizinische Hilfe bekommen konnten, versuchten, sie zu erreichen. Unter ihnen war auch Sandra Cohen, selbst Krankenschwester, die berichtete, dass ihr Baby Mila, noch kein Jahr alt, ermordet worden war. Ihr Mann war schwer verletzt, sie ebenfalls. Die Terroristen hatten auch ihre Schwiegermutter Yona gefesselt und ermordet. Drei Generationen der Familie Cohen waren ausgelöscht.

Shachar, der vor der Klinik Wache stand, wurde unter Beschuss genommen. Eitan Hadad, ein weiteres Mitglied

der Truppe und Vertriebsmitarbeiter der Kibbuz-Druckerei, stieß zu ihm und nutzte die Waffe und die Schutzweste eines der Verletzten für sich.

Amit versuchte weiterhin, die Klinik zu evakuieren, aber alle ihre Versuche schlugen fehl oder wurden mit Schweigen beantwortet, sogar von Avia Hatzroni, der jahrzehntelang als Sanitäter und Krankenwagenfahrer beim nationalen medizinischen Rettungsdienst gearbeitet hatte.

Avia, neunundsechzig Jahre alt, leistete erste Hilfe, wenn es nötig war, fuhr Kibbuz-Angehörige in Notfällen ins Krankenhaus und hatte mehr als einmal ein Baby entbunden. Außerdem arbeitete er ehrenamtlich in einer nahe gelegenen Krankenstation in Netivot, einer kleinen, armen Stadt in der Nähe des Kibbuz.

Er hatte alle jungen Freiwilligen im Rettungsdienst geschult, war aber einer von ihnen besonders zugetan, Amit Man. Der Vater von Amit war an Krebs gestorben, als sie vierzehn Jahre alt war. Schon im darauffolgenden Jahr begann sie, sich ehrenamtlich bei den Rettungssanitätern zu engagieren, bis sie selbst Senior-Sanitäterin und jüngste Ausbilderin im Lehrgang wurde. Avia Hetzroni war ihr Mentor und wie ein zweiter Vater für sie. Als der Kibbuz Be'eri einen Vollzeitsanitäter suchte, wusste Avia Hetzroni, wen er empfehlen wollte. Er überredete die Zweiundzwanzigjährige, die Chance zu ergreifen und zum ersten Mal von zu Hause fortzugehen.

Dutzende von verletzten Kibbuz-Bewohnern suchten an diesem Morgen Hilfe bei Avia Hetzroni. Aber er war allein und verblutete, nachdem Terroristen ihn durch die Tür angeschossen hatten.

Er schaffte es noch, einen Anruf von Sagi Shafroni,

dem Sohn seiner Schwester, entgegenzunehmen: »Ich bin durchs Feuer gerannt, meine Beine sind völlig verbrannt, alles brennt, die Haut schält sich, auch meine Hände sind verbrannt, was soll ich tun?«

6

Auch die Familie Hetzroni-Shafroni war an diesem Morgen über verschiedene Häuser im Kibbuz verteilt. Ayala Hetzroni, Avias Schwester, und seine Enkel, die Zwillinge Liel und Yanai, befanden sich im Schutzraum des einen Hauses. Sagi Shafroni, seine Frau Efrat und ihre fünfjährige Tochter Dror waren in einem anderen Haus. Ihr Sohn Tzur, der gerade seinen achten Geburtstag gefeiert hatte, übernachtete bei seinem Großvater Arnon und seinem Onkel Omri Shafroni, der wegen des Feiertags und des Geburtstags des Jungen zu Besuch im Kibbuz war. Als die ersten Raketen einschlugen, beschloss Efrat, zu Tzur zu fahren, während Sagi bei der Tochter Dror bleiben sollte.

»Dad, wollen sie uns töten?«, flüsterte die fünfjährige Dror.

»Ja, aber es wird ihnen nicht gelingen«, antwortete Sagi, nahm sie auf den Arm und versteckte sich mit ihr unter dem Bett.

Plötzlich durchlöcherten Kugeln die Tür zum Kinderzimmer. Dror hielt sich die Ohren zu, um die *»Allahu Akbar«*-Rufe nicht zu hören.

Geschützt von der verriegelten Tür, auf deren Einbau Efrat Jahre zuvor bestanden hatte – ihr Haus war vielleicht das einzige mit einem richtigen Schloss –, glaubten sie sich in Sicherheit.

Noch unter dem Bett kauernd, rochen sie Rauch und

merkten, dass das Haus in Flammen stand –, die Terroristen wollten sie bei lebendigem Leib verbrennen.

»Wie kommen wir hier raus, Papa?«, fragte Dror, als ihr Vater aufstand, die Tür öffnete und sich einem Feuerschwall gegenübersah.

Durch das Fenster sah Sagi, dass es im Hof noch nicht so stark brannte.

Er wickelte Dror in eine Decke ein, schützte ihr Gesicht mit einem Kissen und entschied, dass ein Fluchtversuch besser war, als sich ihrem Schicksal zu ergeben. »Eins, zwei, drei – bist du bereit?«

»Bereit.«

Er riss das Fenster auf und sprang hinaus. Von der Flucht aus dem Feuer erinnerte er sich später nur noch daran, dass Dror rief: »Deine Füße brennen, Dad.«

Sie rannten zum Gartenschlauch, doch das Wasser war kochend heiß. Als Sagi Schüsse hörte, ignorierte er seine verbrannten Füße und rannte mit Dror auf dem Arm weiter, um Schutz in einem Nachbarhaus zu suchen. Schließlich fanden sie ein Versteck in einem anderen Haus. Dort deckte Sagi die zierliche Dror mit Wäschekörben zu und wickelte sich selbst zur Tarnung in Wäsche ein.

Als die Schüsse wieder näherkamen, war es Sagi wegen seiner Füße nicht mehr möglich zu laufen. Aber er entdeckte das Fahrrad eines Freundes mit einem Kindersitz. Er nahm es und fuhr mit Dror Richtung Osten, dabei stießen Vater und Tochter auf Einsatzkräfte, die ihnen den Weg zur Zahnklinik wiesen, wo Verletzte behandelt wurden.

Auf dem Weg zur Klinik warnte Dror ihn vom Rücksitz aus: »Dad, Gazans«, so nannte sie die Palästinenser im Gazastreifen.

Links von der Klinik entdeckte er das umgekippte Motorrad eines Terroristen.

Er drehte um und strampelte in die entgegengesetzte Richtung. Dror fing an zu weinen: »Wir sollen doch in die Klinik fahren. Warum fahren wir nicht dorthin?«

»Das ist kein guter Ort für uns. Ich bringe uns an einen sichereren Ort«, antwortete er. »Wir gehen zu Mama und Tzur.« Er dachte, wenn sie schon sterben müssten, dann lieber alle zusammen.

»Papa, sind das wieder die Gazaner?« Dror zeigte auf eine andere Gruppe von Terroristen, die nur wenige Meter entfernt war.

Er wich schnell nach rechts zum Haus seiner Tante Ayala Hatzroni aus und überlegte kurz, ob er bei ihr und den zwölfjährigen Zwillingen Zuflucht suchen sollte, entschied sich dann aber dagegen.

Im Haus der Hatzronis waren die Zwillinge Liel und Yanai außer sich vor Angst.

»Was sollen wir tun? Wir hören Arabisch«, sagte Liel.

Sie hatten ihren zweiten Onkel Omri kontaktiert, den Bruder von Sagi, der mit Efrat und Tzur im Haus von Omri und Sagis Vater Unterschlupf gefunden hatte.

»Sind sie draußen oder drinnen? Wenn sie draußen sind, sind sie schon weitergegangen«, versuchte Omri sie zu beruhigen.

»Aber was sollen wir denn tun?«, fragte Liel noch einmal.

»Haltet die Türklinke fest und lasst niemanden herein – aber stellt euch nicht direkt vor die Tür«, riet er. »Am besten ihr bleibt unter dem Fenster.«

»Wir liegen auf dem Bett, ist das okay?«

»Ja, alles okay«, sagte er.

»Hol Hilfe«, stieß Yanai plötzlich aus.

»Natürlich«, versprach Omri, obwohl er wusste, dass er niemanden anrufen konnte, der die Kinder retten konnte.

Zehn Minuten später riefen die Zwillinge wieder an.

»Draußen stehen immer noch Leute mit Gewehren. Hast du Hilfe gerufen? Hast du sie angerufen?«

»Ja, Yanai, die Hilfe ist schon unterwegs. Haltet durch«, beruhigte er sie.

Sagi, der auf dem Weg zu seiner Frau und seinem Sohn war, trat weiter in die Pedale. Sie schafften es ohne weitere Zwischenfälle bis zum Haus seines Vaters.

Efrat ließ ihn und Dror schnell hinein.

Die fünfjährige Dror erzählte ihrem achtjährigen Bruder Tzur, dass ihr Haus brannte: »Auch die Spielsachen! Sie haben die Spielsachen verbrannt!«

Zehn Minuten später versuchten die Zwillinge wieder, Omri zu erreichen, aber er nahm nicht ab – die Terroristen waren bereits in das Haus eingedrungen.

7

Ayala und die Zwillinge konnten sich nicht wehren. Die Terroristen hatten sie gefangen genommen und in ein nahe gelegenes Haus gebracht, das ihrer achtundsechzigjährigen Nachbarin Pessy Cohen gehörte, deren Schwester Hana Siton mit ihrer Familie über die Feiertage zu Besuch gekommen war.

Die Kinder kamen an dem Leichnam von Yitzhak Siton, Hanas Ehemann, vorbei, den die Terroristen ermordet hatten, als sie in das Haus eingedrungen waren.

Die Gefangenen wurden auf die Terrasse von Pessys Haus gebracht, wo sie alle an einem übergroßen Esstisch neben ihren Nachbarn sitzen mussten: die fünfundsiebzig-

jährige Chava Ben Ami, der einundsiebzigjährige Zeev Hakar und die achtundsechzigjährige Zehava Hakar sowie die beiden dreizehnjährigen Zwillinge Liel und Yanai Hetzroni.

Einige Dutzend Terroristen liefen mit gezogenen Waffen herum, telefonierten und diskutierten ihr weiteres Vorgehen.

8

Eine ganze Stunde lang hatte Adi Dagan die Tür festhalten können, während die Terroristen versuchten einzudringen. Die Terroristen wussten, wie sie hießen, und riefen: »Adi und Hadas, kommt raus, kommt raus, habt keine Angst.« Adi umklammerte die Türklinke, und Hadas hielt Adis Arm fest. Sie waren fast siebzig Jahre alt, waren aber immer noch stark. Yasmin und Tal hatten sich im Kleiderschrank daneben versteckt.

Plötzlich gab es eine Explosion, und die Tür flog aus den Angeln. Adi und Hadas wurden nach hinten geschleudert und hoben verängstigt ihre Hände. Vor ihnen standen mehrere Reihen von Hamas-Kämpfern mit gezogenen Gewehren. Mit vorgehaltener Waffe wurden Adi und Hadas nach draußen geführt, von hier aus sahen sie auch die Trümmer ihres zerstörten Hauses. Yasmin und Tal wurden im Kleiderschrank entdeckt und hinter ihnen herausgeführt. Die Hamas-Kämpfer zogen Tal die Kleider aus, durchsuchten ihn nach Waffen und fesselten ihn. Sie befahlen Yasmin, die einen Minirock und ein Neckholder-Top trug, einen Teil von Adis Kleidung anzuziehen, um ihren Körper zu bedecken. Die Terroristen sprachen Arabisch und forderten die vier mit Handzeichen auf, in den von Bäumen umstandenen Hof von Pessy Cohens Haus zu gehen. Dort auf der Terrasse saßen ihre Nachbarn.

9

Dor Harari, Dagans Schwiegersohn und Mitglied der Einsatztruppe des Kibbuz, erhielt einen Anruf von einem Freund eines Freundes, einem Piloten der Luftwaffe. Der Pilot schaltete ihn auf Lautsprecher und forderte ihn auf, seinem Staffelführer die Situation zu schildern. Dor schrie ins Telefon: »Wo ist die Armee? Schickt nicht nur Spezialeinheiten, schickt Tausende Soldaten! Hier sind Hunderte von Terroristen, und wir sind nur ein paar bewaffnete Zivilisten!«

Elam Maor, ebenfalls Mitglied der zivilen Einsatztruppe des Kibbuz, ging zur gleichen Zeit von Haus zu Haus und versuchte zu retten, wen er konnte.

Da erhielt er einen Anruf von seinem Cousin, der im Amtssitz des Ministerpräsidenten arbeitete. Sein Cousin sagte: »Ich bin hier mit Ministerpräsident Benjamin Netanjahu und anderen. Er will einen Bericht von der Lage vor Ort, kannst du sprechen?«

Elam sprach schnell, er war so frustriert, dass er beinahe schrie: »Herr Ministerpräsident, der Kibbuz Be'eri wird von mehreren Hundert Terroristen angegriffen. Hunderten. Wir sind nur ein paar Leute, die kämpfen, eine zivile Einsatztruppe, und ein paar von uns sind bereits umgekommen. Hunderte von Terroristen greifen gerade Be'eri an, und niemand ist da, um zu helfen. Sie müssen sofort Truppen entsenden.«

»Ich verstehe«, sagte Netanjahu. »Bleiben Sie in Bereitschaft.«

10

Gegen Mittag hörte Raya Rotem aus dem Inneren ihres Hauses Rufe in arabischer Sprache.

Die beiden Mädchen Hila Rotem und Emily Hand wa-

ren immer noch im Schlafanzug und wollten sich gerade unter dem Sofa verstecken, als fünf Terroristen mit gezogenen Waffen das Zimmer betraten: »Ihr geht nach Gaza!«, schrien sie auf Arabisch.

»Auto! Auto!«, sagten sie immer wieder auf Arabisch. Raya versuchte, ihnen klarzumachen, dass sie kein Auto besitze, dass die meisten Leute im Kibbuz zu Fuß oder mit dem Fahrrad unterwegs seien.

Während die Terroristen das Haus nach Autoschlüsseln absuchten, gelang es Raya, ihrem Bruder Yair zu schreiben: »Wir werden gekidnappt.«

Hila konnte noch eine kleine Puppe mitnehmen, und Emily zog Hilas alte Flip-Flops an – sie war barfuß zum Übernachten gekommen.

»Schneller! Schneller!«, schrien die Terroristen. »Ihr seid jetzt unsere Gefangenen.«

Die Terroristen führten Raya und die beiden Mädchen über Umwege durch den Kibbuz: Raya vorne, die beiden Mädchen, sich an den Händen haltend, hinter ihr.

11

Eli Chresenti, ein dreiundneunzigjähriger Kibbuz-Bewohner, und Namisha Kolforat, seine achtunddreißigjährige Pflegerin, versuchten, einen Angriff abzuwehren und hielten die Tür gegen den Widerstand von fünf Terroristen geschlossen. Doch schließlich gelang es den Terroristen, ins Haus einzudringen.

Namisha, eine Inderin, flehte sie an: »Erschießt mich nicht, bitte erschießt mich nicht. Ich bin keine Israelin, ich bin nur die Pflegerin«, und sie zeigte ihnen das Kreuz, das sie um den Hals trug.

»Bist du eine jüdische Christin?«

»Nur eine Christin.«

»Geh zurück nach Indien«, sagten sie, nahmen den Goldschmuck und die goldenen Statuen aus ihrem Hindu-Schrein und fesselten sie dann mit ihrem Arbeitgeber zusammen.

»Wo ist eure Armee?«, fragten sie. »Wo ist euer Bibi?«

Der alte Eli blieb ruhig. Er erinnerte sich daran, dass er an diesem Tag, 7. Oktober, schon einmal Pech gehabt hatte – das Datum war für ihn mit Gefangenschaft verbunden. Fünfzig Jahre zuvor, am 7. Oktober 1973, dem Tag nach Ausbruch des Jom-Kippur-Krieges tat er als israelischer Verbindungsoffizier bei den Vereinten Nationen Dienst und befand sich gerade auf einem Beobachtungsposten, als er von den Ägyptern gefangen genommen wurde.

Als die Terroristen ihm sagten: »Wir gehen nach Gaza«, sagte er: »Okay, kein Problem.«

Er wusste noch nicht, dass in den benachbarten Häusern seine Ex-Frau Shoshana Chresenti, ihre gemeinsame Tochter Maayana Hershkovitz und deren Mann Noah Hershkovitz allesamt bereits ermordet worden waren.

12

Raya Rotem und die beiden Mädchen Hila und Emily wurden in das Haus von Eli Chresenti gebracht. Einer der Terroristen sah, dass Hila eine Puppe in der Hand hielt, und entriss sie ihr.

»Warum tun Sie das?« Raya explodierte plötzlich, als ob das Wegnehmen der Puppe sie mehr aufregte als ihre eigene Entführung. »Es ist nur eine Puppe, die Puppe eines Mädchens, warum tun Sie das?«

Der Terrorist richtete seine Waffe auf sie: »Red nicht.«

Eli Chresenti, Namisha Kolforat, Raya Rotem, Hila und

Emily schwiegen angespannt, bis die Terroristen sie nach draußen riefen: Die Autos, die sie nach Gaza bringen sollten, waren eingetroffen.

Aber es gab ein Problem: nicht genügend Sitzplätze. Daraufhin schnitten die Terroristen Eli und Namisha los und luden Raya, Hila und Emily in ein anderes Gefährt.

Raya und die Mädchen saßen auf dem Rücksitz, ein Terrorist saß auf dem Schoß von Raya und ein anderer auf dem von Emily, beide hatten Waffen in den Händen. Der Wagen fuhr los, bevor die Türen richtig geschlossen waren.

Die Straßenränder waren übersät mit den Leichen von Kibbuzbewohnern. Die Mädchen schauten immer wieder hin, obwohl Raya es ihnen verbot.

Sie kamen an brennenden Kibbuz-Gebäuden vorbei und an Häusern, aus denen Fernsehgeräte und Computer geräumt wurden.

»Alles okay mit dir?«, flüsterte Hila Emily zu.

»Werden sie uns umbringen?«, fragte Emily.

Raya sagte: »Ich glaube, wenn sie uns töten wollten, wären wir schon tot.«

Raya hatte gehofft, dass sie beim Verlassen des Kibbuz oder wenn sie sich der Grenzanlage näherten, von israelischem Militär aufgehalten werden würden. Aber an der Grenze war niemand. Ungehindert passierten sie die aufgebrochene Grenzmauer. Die Terroristen deckten ihre Köpfe mit einer Decke zu, damit sie nicht sehen konnten, wohin es ging, obwohl es Raya manchmal so erschien, als wüssten es die Terroristen selbst nicht genau, denn sie hörte, wie sie sich über den Zielort stritten.

Nur fünfzehn Minuten nachdem sie den Kibbuz verlassen hatten, waren sie bereits als Geiseln in Gaza angekommen.

13

Shachar Tzemach und Eitan Hadad von der zivilen Einsatztruppe des Kibbuz hatten bereits mehrere Dutzend Terroristen getötet, die versucht hatten, in die Klinik einzudringen. Doch es kamen immer noch mehr. Sie hatten die Klinik seit sechs Stunden verteidigt und mussten nun erkennen, dass die Armee nicht kommen würde: Sie bildeten die einzige Abwehrlinie des Kibbuz.

Shachar rief seine Frau Ofry an und wies sie an, den Eingang zu ihrem Schutzraum mit dem Kühlschrank zu verrammeln.

»Wie geht es dir? Wer beschützt dich?«, sorgte sich Lehi, die Frau von Dr. Daniel Levy.

Dieser versicherte ihr, dass er »vorerst« in Sicherheit sei und von Shachar und Eitan geschützt werde.

»Ich liebe dich«, schrieb er, »hoffe, dass ich das überlebe.«

»Was ist bei euch los?«

»Wir sind unter Beschuss.«

Aus dem Chat der Kibbuz-Müttergruppe erfuhr Nirit, dass Terroristen in das Haus des Freundes ihres Sohnes eingedrungen waren, wo ihr Sohn übernachtet hatte. »Sie sind an der Tür«, schrieb die Mutter des Freundes. »Sie sind im Haus.« Nirit hoffte, dass die Frau ihren Sohn verteidigen würde, als wäre er ihr eigener.

»Was ist da los, Amit? Bitte informiere uns«, schrieb Haviva Man.

In dem Gruppenchat waren auch die vier Schwestern Haviva, Mery, Lior und Amit.

»Sie haben zwei weitere Terroristen getötet. Ich will hier raus«, antwortete die zweiundzwanzigjährige Sanitäterin.

»Was ist mit den Verwundeten?«, fragte Haviva.

»Nicht gut, wir können sie nicht evakuieren. Sie verbluten.«

Yair Avital, der von der Granate verwundet worden war, blutete und fror, und es gab nichts, womit man ihn hätte zudecken können, sein Zustand verschlechterte sich rapide.

Nirit legte sich auf ihn, um ihn zu wärmen, und hielt seine Hände. Sie forderte ihn auf, über seine Familie zu sprechen.

Gils Leichnam lag noch immer auf dem Boden, ständig brummte sein Telefon mit Textnachrichten von besorgten Freunden und Verwandten.

14

Die Familien Tzemach und Shafroni wohnten im selben Gebäude – einem Doppelhaus für zwei Familien.

Doron und Shlomit Tzemach suchten Schutz in ihrem eigenen Haus, wogegen sich die beiden Brüder Shafroni mit ihren Frauen und Kindern im angrenzenden Haus ihres Vaters versteckten.

Doron und Shlomit Tzemach hatten mit einem Wanderstock den Zugang zu ihrem Schutzraum blockiert: Irgendwie hatten sie es geschafft, den Stock so gut zu verkeilen, dass die Tür standhielt, als die Terroristen ihr Haus durchsuchten. Sie schafften es nicht hinein.

Die Familie Shafroni hörte im Schutzraum ihres Hauses, wie die Terroristen versuchten einzubrechen. Schon seit Stunden schienen sie auf die Tür zu ballern.

»Ich will nicht jung sterben«, weinte der achtjährige Tzur, »das ist nicht fair, ich habe gerade erst Geburtstag gehabt.«

Seine fünfjährige Schwester Dror hatte sich bereits an

die Schießerei gewöhnt. Sagi fand ein paar Sandalen für seine verbrannten Füße, für den Fall, dass sie noch einmal durch Feuer flüchten müssten.

15

Nur eine Straßenecke weiter, auf der Terrasse von Pessy Cohens Haus, saßen die zwölf Geiseln und schwiegen sich an, denn sie hatten Angst zu sprechen.

Yasmin Porat nahm mit einem der Terroristen Blickkontakt auf – einem Mann namens Hassan, der ihr Anführer zu sein schien oder zumindest der älteste und tonangebende unter ihnen. Sie sagte ihm, dass sie, falls er sie nach Gaza bringen wolle, Verbindungen zur Polizei und zur Armee habe. Sie könne ihm bei Verhandlungen helfen, damit er sie sicher und ohne behördliche Einmischung in den Gazastreifen bringen könne.

Die Terroristen diskutierten eine Weile miteinander und führten Yasmin dann zum Haus der Dagans zurück, zu dem Schrank, in dem sie sich versteckt hatte. Sie sollte ihr Handy, ein Galaxy 22, herausholen.

Yasmin und die Terroristen suchten gemeinsam, konnten es aber unter den Trümmern nicht finden.

Wieder bei Pessy Cohen angekommen, erlaubten die Terroristen Yasmin, vom Telefon einer anderen Geisel die 100 zu wählen.

»Polizei, Shalom, Shiraz«, meldete sich eine Frau im Hauptquartier der Polizei.

»Hallo Shiraz, hier ist Yasmin. Ich bin hier im Kibbuz Be'eri mit vielen anderen Geiseln. Bei uns sind auch ein paar palästinensische Freunde. Und die wollen uns befreien … sie wollen uns hier sicher rausbringen …«

Officer Shiraz wollte noch einige Fragen stellen, aber die

Terroristen wurden wütend und verlangten, mit jemandem zu sprechen, der Arabisch konnte.

Schließlich meldete sich ein arabisch sprechender Polizist. Einer der Terroristen nahm das Telefon und sagte: »Ich bin von der Al-Qassam-Brigade, Hamas. Wenn Sie Ärger machen, werde ich anfangen, Geiseln zu töten. Ich habe fünfzig von denen hier.«

»Was ist das Problem?«, fragte der Polizist. »Sie können es mir sagen.«

»Das Problem ist, dass ich alle nach Gaza bringen will. Bei jedem Versuch, uns auf dem Weg dorthin zu beschießen, werde ich eine Geisel töten. Ich werde Be'eri jetzt verlassen. Wenn Sie der Armee nicht sagen, dass sie uns sicheres Geleit nach Gaza geben soll, werde ich alle fünfzig Geiseln töten.«

16

Auf den Anruf folgte eine angespannte Stille. Alle schienen auf das Eintreffen der Armee zu warten – alle dachten, die Ankunft stünde unmittelbar bevor. Die Geiseln hofften, dass die Soldaten sie befreien würden, während die Terroristen hofften, dass die Soldaten ihnen die Rückkehr nach Gaza ermöglichen würden. Es vergingen jedoch Stunden, ohne dass irgendwelche Soldaten zu sehen waren. Erst um 16 Uhr fuhren Jeeps vor dem Haus vor. Endlich war die Armee da, aber sie erfüllte weder die Hoffnungen der Gefangenen noch die der Entführer.

Hadas und Adi Dagan standen neben einer Steinmauer, im Hof von Pessy Cohens Haus, als das Schießen begann. Sie duckten sich und versuchten, sich so klein wie möglich zu machen.

Tal krümmte sich neben ihnen auf dem Boden, seine Hände waren noch immer gefesselt.

Als Mörser in das Haus einschlugen, versteckte sich Yasmin hinter den Sofas an der Wand.

Liel und Yanai schrien: »Bitte, rettet uns, bitte.«

Die Schießerei ging weiter, einige Terroristen erwiderten das Feuer der israelischen Soldaten, andere versuchten, in Deckung zu gehen.

Nach einer halben Stunde schweren Schusswechsels rief Hassan, der angebliche Anführer, Yasmin zu sich und teilte ihr mit, dass er sich ergeben wolle. Dann zog er sich bis auf die Unterhose und das Tanktop aus, packte Yasmin am Hals, stellte sich hinter sie und schubste sie, sie als Schutzschild benutzend, in Richtung der auf das Haus schießenden Militärs. Während er sie zum Weitergehen zwang, zog er sein Oberteil und seine Unterhose aus und stand nun völlig nackt hinter Yasmin, während sie den Soldaten zurief: »Stopp. Nicht schießen. Ich bin Israelin. Ich bin israelische Staatsbürgerin.«

Sie erreichten die Straße und sahen sich zwanzig Scharfschützen der Armee gegenüber. Hassan schubste Yasmin in ihre Richtung, dann wurde er überwältigt und in Handschellen gelegt.

17

Ohad Ben Ami, 55 Jahre alt, kräftiges graues Haar, war Buchhalter im Kibbuz. Er wurde aus dem Schutzraum seines Hauses entführt. Itay Svirsky, 38 Jahre alt, war im Kibbuz aufgewachsen und über die Feiertage zurückgekommen. Er wurde gefangen genommen, nachdem seine Mutter Orit vor seinen Augen ermordet worden war. Noa Argamani, 25 Jahre alt, eine außergewöhnlich schöne junge Frau, war eine Fremde: Sie war von der Nova-Party entführt und hierhergebracht worden.

Sie alle befanden sich in einem kleinen, engen Raum in einem kleinen, engen Haus in Gaza, als drei weitere Gefangene gebracht wurden: Raya Rotem und die Mädchen Hila und Emily, begleitet von sechs Hamas-Terroristen.

»Ich fasse es nicht«, flüsterte Ohad Raya zu, »sie nehmen auch Kinder gefangen.«

Die neu hinzugekommenen Terroristen richteten ihre Waffen auf die Frauen und Mädchen unter den Geiseln und befahlen ihnen, sich zu verhüllen: Sie wollten keine nackten Beine oder Arme sehen.

Die Terroristen stellten ihren Gefangenen viele Fragen:

»Wie heißt du?«

»Raya.«

»Woher kommst du?«

»Aus dem Kibbuz Be'eri.«

»Nein, nein, woher kommst du wirklich?«

»Was meinst du?«

»Wo sind deine Eltern geboren?«

»In Israel.«

»Und wo wurden deine Großeltern geboren?«

»In Deutschland und Polen.«

»Wir waren schon vor euch in diesem Land, verstehst du? Mein Großvater stammt aus Jaffa, ihr werdet also nach Polen und Deutschland zurückkehren, und wir werden nach Jaffa zurückkehren. Wir werden euch dieses Land wieder abnehmen, und ihr Juden werdet in die Länder zurückkehren, aus denen ihr gekommen seid. Ihr gehört nicht hierher, und ihr werdet auch nicht hierbleiben.«

In jedem Zimmer des Hauses, in dem sie sich befanden, hing eine Karte eines palästinensischen Staates, der sich vom Jordan bis zum Mittelmeer erstreckte: so, als würde Israel nicht existieren.

18

Das Feuergefecht in der Klinik dauerte bereits sieben Stunden.

Der Zustand von Yair Avital hatte sich vorübergehend stabilisiert, aber Nirit, die sich um ihn kümmerte, spürte, dass sie selbst kurz davor war, ohnmächtig zu werden.

Sie sagte zu Amit Man, dass sie einen Ort finden müsse, einen Ort ohne Blut, um sich einen Moment auszuruhen.

Sie streckte sich auf dem Badezimmerboden aus.

In diesem Moment flog ein Kampfjet über den Kibbuz, und Shachar Tzemach sagte den Menschen in der Klinik, sie würden bald gerettet werden.

Es gelang ihm, die Kommandozentrale des Kampfjets zu erreichen, und er bat, die Besatzung anzuweisen, den Kindergarten vor der Klinik zu bombardieren, der von etwa fünfzig Terroristen als Deckung genutzt wurde. Die Klinik war den ganzen Tag von diesem Kindergarten aus beschossen worden. Shachar erklärte, dass keine Zivilisten gefährdet seien, alle Bewohner des Kibbuz hätten sich in ihre Schutzräume zurückgezogen, und die Einsatztruppe in der Klinik habe kaum noch Munition.

Der Kommandant antwortete, dass Kampfjets keine Erlaubnis hätten, innerhalb eines Kibbuz zu operieren. Es tue ihm leid, sagte er, dann beendete er das Gespräch.

Nur Augenblicke später hatten Shachar und Eitan keine Munition mehr. Shachar hatte gerade noch eine SMS geschrieben – »Ich brauche die Armee, sofort« –, als der Akku seines Mobiltelefons versagte.

Er und Eitan zogen sich in das Innere der Klinik zurück, um dem Personal mitzuteilen, dass die Einsatztruppe sie nicht mehr schützen könne. Sie forderten das Personal auf, sich zu verstecken und sich ruhig zu verhalten.

Amit versteckte sich in der Klinikküche und griff nach einem Messer, als die Schüsse näher und näher kamen.

Sie schrieb an ihre Familie: »Sie sind zurück, sie greifen uns an. Bitte betet.«

»Wer ist zurück? Wer greift an?«

»Die Terroristen, sie sind hier.«

»Versteck dich, Amitush«, schrieb ihre Schwester Lior.

»Stell dich tot, Amitush«, schrieb ihre Schwester Haviva, »schmier dir etwas Blut auf die Haut und stell dich tot.«

Sechs oder sieben Granaten wurden in die Klinik geworfen. Nach der Explosion kamen die Terroristen.

»Itbach al Yahud« – »Tötet die Juden« – brüllten sie immer wieder zwischen den Schüssen.

Shachar sagte zu Amit, er wolle versuchen, sich zu ergeben. Er stand auf, hob seine Hände und sagte auf Englisch: »Ich bin nicht euer Feind. Bitte, lasst uns einfach alle nach Hause gehen.«

Er starb in einem Kugelhagel.

Amit wurde ins Bein getroffen. Dann wurde ihr in den Kopf geschossen.

Nirit verabschiedete sich von ihrer Partnerin Einat vom Boden des Badezimmers aus mit einer Nachricht: »Es ist vorbei für mich. Ich liebe dich. Du bist mein ganzes Leben.«

Einat antwortete: »Du warst das Schönste, was ich im Leben hatte.« Nirit schloss ihre Augen und wartete.

Yair Avital, blutüberströmt, versteckte sich in einem Küchenschrank und versuchte, nicht zu atmen.

Die Mitarbeiter der Klinik, die überlebten, hörten von ihren Verstecken aus, wie die Terroristen die Leichen ihrer Kolleginnen und Kollegen durch die Gänge schleiften, immer wieder auf sie einstachen, Körperteile abschnitten, telefonierten und lachten.

Sie wurden alle ermordet: Shahar Tzemach, Eitan Hadad, Dr. Daniel Levy, Amit Man.

19

Vor dem Haus von Pessy Cohen zogen israelische Truppen auf. Sie gaben Hassan ein Megaphon in die Hand und brachten ihn dazu, seine Mit-Terroristen zur Aufgabe zu bewegen. Hassan sprach die Terroristen mit Namen an und forderte sie auf, mit den Geiseln das Haus zu verlassen. Die Terroristen antworteten nicht, sondern feuerten weiter und warfen Granaten.

Yasmin, die in der Nähe der Soldaten stand, sah, wie ein Panzer aufgefahren wurde.

»Wird das die Geiseln nicht in Gefahr bringen?«, fragte sie einen der Soldaten. Dieser erwiderte: »Nein. Wir werden nur die Wände an der Seite einreißen.«

Der israelische Panzer feuerte zwei Granaten auf das Haus ab.

Nach dem Einschlag hatte Hadas Dagan den Eindruck, dass sie verletzt war, merkte aber bald, dass das Blut, das sie bedeckte, nicht ihr eigenes war – es war das ihres Mannes Adi. Ob es durch die Panzergranaten oder durch frühere Schießereien verursacht worden war, wusste sie nicht, aber offenbar war in Adis Hauptschlagader ein Loch. Sie versuchte, es mit ihrem Daumen zu verschließen. Aber das Blut schoss in Strömen heraus, und dann war ihr Mann tot. Lichter blitzten auf, und ihr Mann war tot. Soldaten stürmten herein, und ihr Mann war tot. Sie wurde hochgehoben und weggebracht, sie schrie, und ihr Mann war tot: der Mann, den sie mehr geliebt hatte als das Leben.

Adi Dagan, Pessy Cohen, ihre Schwester Hana Cohen, Hanas Ehemann Yitzhak Siton, Hanas und Yitzchaks Sohn

Tal Siton, Tal Katz, Ayala Hetzroni und die Kinder ihrer Nichte Liel Hetzroni und Yanai Hetzroni, Chava ben Ami, Ze'ev und Zaveh Heker und Sohib Abu Amar (ein arabischer Israeli, der von der Hamas von der Nova-Party entführt und zum Dienst als Dolmetscher gezwungen worden war) – alle Geiseln im Haus von Pessy Cohen, mit Ausnahme von Hadas Dagan und Yasmin Porat, wurden zusammen mit den Terroristen getötet, wobei es unmöglich ist, genau zu sagen, wer wen tötete.

20

»IDF! IDF! Ist hier jemand?«

Am Nachmittag waren in der Klinik endlich Stimmen auf Hebräisch zu hören.

Nirit, die immer noch auf dem Badezimmerboden lag, reagierte nicht: Sie konnte es nicht glauben.

»Fallschirmjäger 890, ist hier jemand?«

Nirit öffnete langsam die Badezimmertür und rief laut: »Nicht schießen! Ich bin Israelin!«

Yair kam aus dem über und über mit Blut verschmierten Schrank der Klinikküche hervor. Sie beide waren die einzigen Überlebenden der Klinik.

21

Zur gleichen Zeit wurde das Haus von Shlomit und Doron Tzemach von der Armee als Rettungszentrale in Beschlag genommen. Doron wurde beauftragt, seine Nachbarn vom Eintreffen der Armee zu informieren.

Er rief einen Nachbarn nach dem anderen an. Noa Levy kam herüber, aber ohne ihren Mann Roni.

»Wo ist er?«, fragte Doron.

Sie musste ihm nicht antworten.

Hinter Noa Levy kam ein alter Mann, Yitzchak Becher.

»Und wo ist deine Frau?«, fragte Doron.

»In Gaza oder im Himmel.«

22

In den ersten drei Tagen ihrer Gefangenschaft wurden die Geiseln jede Nacht von einem verfallenen Haus zum nächsten gebracht. Die Terroristen gaben ihnen Hidschabs, mit denen sie ihren Körper und ihr Haar bedecken sollten, und führten sie zu Fuß durch dunkle Gassen. In der dritten Unterkunft, einem baufälligen zweistöckigen Gebäude, blieben sie.

Man sagte ihnen, dass im oberen Stockwerk eine palästinensische Familie wohne. Die Geiseln blieben unten, eingesperrt in einem einzigen Raum.

Sie waren nur noch fünf: Raya Rotem, Hila Rotem, Emily Hand, Itay Svirsky und Noa Argamani. Ohad Ben Ami war an einen anderen Ort verbracht worden, sie wussten nicht, wohin.

Fünf Hamas-Kämpfer bewachten sie rund um die Uhr mit gezogenen Waffen. Zwei von ihnen waren regelmäßig da, die anderen drei wechselten.

Die regulären Wachleute forderten sie auf, sie mit Abu Khaled und Abu Al Walid anzusprechen, aber untereinander nannten die Geiseln sie »Der Religiöse« und »Der Dicke«.

Sie waren alle zusammen in einem winzigen, stockdunklen Raum eingepfercht.

Auf dem Boden lagen fünf dünne Matratzen, kein Bettzeug. Die Geiseln konnten sich hinsetzen oder hinlegen, wie sie wollten.

Es war heiß. Sehr heiß.

Das Essen bestand aus Pitabrot, aber verschwindend wenig. Oft mussten sie zwei Gurken oder eine einzige Orange unter fünf Personen aufteilen. Selten gab es Bohnen und Käse in Dosen.

Die Geiseln nannten den Mann, der alle paar Tage das Essen brachte, »Santa Claus« und »Onkel Sam«: Er war ihre einzige Verbindung zur Außenwelt.

Trinkwasser war extrem knapp, und manchmal war das Wasser, das sie bekamen, schmutzig, als käme es aus einem verunreinigten Brunnen. Die Geiseln warteten mit dem Trinken bis zum Abend, weil sie Angst hatten, den Tagesvorrat zu früh zu verbrauchen.

Einmal in der Woche konnten sie sich in einer Wanne waschen, die manchmal mit kochendem Wasser aus einem Kessel, ein andermal mit eiskaltem Wasser gefüllt war.

In der Toilette gab es kein Wasser, sie konnte daher nicht gespült werden. Der Gestank war unerträglich. Die Mädchen hatten Angst, allein auf die Toilette zu gehen.

Alle litten unter Läusen und Flöhen, versuchten aber, das Jucken vor den Terroristen zu verbergen.

Manchmal beorderten die Terroristen die Mädchen allein in ein Nebenzimmer.

Dann mussten die Mädchen vor ihnen sitzen und ihnen in die Augen schauen, während sie ihnen Pistolen oder Messer vor das Gesicht hielten.

Manchmal sagten sie arabische Sätze, die die Mädchen nachsprechen sollten.

Wenn die Mädchen gehorchten und Wörter sprachen, die sie nicht verstanden, sagten die Terroristen, sie seien jetzt zum Islam übergetreten. Sie seien jetzt Muslimas.

Wenn sie dann wieder zurück zu den anderen Geiseln kamen, musste Raya ihnen erklären, dass die Männer lo-

gen und dass man seine Religion nicht so einfach wechseln könne.

Raya sagte den Mädchen, sie sollten unter ihrer Kleidung ihren Schlafanzug anbehalten, damit sie über ihrer Unterwäsche noch eine weitere Schicht anhätten. Ständig fragte sie sich, ob die Terroristen lieber ein achtjähriges Mädchen vergewaltigen würden oder ein dreizehnjähriges Mädchen, das bald im Teenageralter war?

Die Mädchen kämpften um Rayas Aufmerksamkeit. Hila wollte ständig umarmt werden. Aus Angst, Emily könnte sich übergangen fühlen, hielt Raya ihre Tochter auf Abstand.

Nach ein paar Tagen fragte Hila: »Mom, warum umarmst du mich nicht mehr?«

Daraufhin verteilte Raya ihre Umarmungen gleichmäßig und nahm erst Hila und dann Emily ein paar Minuten in den Arm.

23

Einen Tag nach dem Massaker erhielten Thomas Hand und Yair Rotem, die sich in einem Hotel am Toten Meer aufhielten, in das die Überlebenden des Kibbutz Be'eri evakuiert worden waren, folgende Informationen: Der Leichnam von Emily sei im Kibbuz gefunden worden.

Der Leichnam von Hila sei im Kibbuz gefunden worden.

Es gebe noch keine offizielle Identifizierung, hieß es, aber Leute aus dem Kibbuz hätten die Leichen der Mädchen erkannt.

Thomas Hand wurde auf CNN zu Emilys Tod interviewt und erzählte unter Tränen von dem Moment, als er erfahren hatte, dass seine Tochter umgebracht worden war. »Sie haben gesagt: ›Wir haben Emily gefunden, sie ist tot‹, und

ich habe gesagt: ›Ja, ja‹, und ich habe gelächelt, denn das war die beste Nachricht aller denkbaren Möglichkeiten. Denn entweder sie ist tot, oder sie ist nach Gaza entführt worden. Und wenn man weiß, was sie den Menschen in Gaza antun, ist das schlimmer als der Tod. Also war der Tod ein Segen.«

Yair Rotem behielt, im Unterschied zu Thomas Hand, die Nachricht vom Tod seiner Nichte für sich. Ein Teil von ihm weigerte sich, es zu glauben.

Da Vivian Silvers Leiche in ihrem abgebrannten Haus nicht gefunden wurde, starteten ihre israelischen und palästinensischen Verwandten und Freunde eine internationale Kampagne für ihre Freilassung aus der Geiselhaft. Sie hofften, dass sie aufgrund ihres langjährigen Einsatzes für die Menschen im Gazastreifen vielleicht verschont werden würde.

24

Sie durften weder Radio hören noch fernsehen, sie wussten nicht, ob jemand sie suchte oder ob es überhaupt noch jemanden gab, der sie suchte. Sie wussten nichts. Weder Emily noch Hila wussten, dass sie offiziell tot waren.

In einer Wand des kleinen Raums befand sich ein einzelnes Fenster aus Milchglas, durch das sie sehen konnten, wenn die Sonne auf- und wann sie unterging, aber ansonsten sahen sie kaum etwas. Zwischen der Morgendämmerung und der Abenddämmerung schliefen sie, denn in der Nacht war es ihnen unmöglich zu schlafen: Sie hatten zu viel Angst.

Das Wichtigste war, ruhig zu bleiben. Ruhig und leise. Das war für Erwachsene einfacher, für Kinder schwieriger.

Emily und Hila erfanden Spiele: Leitern und Schlangen,

ein Spiel mit Würfeln aus zerknittertem Papier, Alphabet-City (nenne eine Stadt, die mit A beginnt, die nächste Person muss eine Stadt nennen, die mit B beginnt ...).

Wenn die Terroristen die Mädchen beim Lachen oder lauten Reden erwischten, wurden sie ins Wohnzimmer gerufen und bestraft.

Die Terroristen bedrohten sie mit einem Messer und sagten: Ab jetzt seid ihr still, sonst passiert etwas.

Sie wurden auch bestraft, wenn sie weinten.

Alle paar Tage fragte Emily: »Ist mein Vater tot oder lebt er?«

Ihre Mitgefangenen beschwichtigten sie.

Noa und Itay fanden keinen Schlaf und waren übermüdet. Sie sagten den Mädchen, sie sollten endlich leise sein: Sonst würden alle umgebracht werden.

Itay sprach mit Noa über seinen Vater, der sich in einem anderen Haus versteckt hatte. Itay fürchtete, dass er tot war. Er musste immer wieder daran denken, wie seine Mutter ermordet worden war.

Noa, die selbst ein Einzelkind war, erzählte Itay von ihrer Mutter, die Krebs im Endstadium hatte. Sie erzählte auch von ihrem Freund, der zusammen mit ihr auf dem Nova-Festival entführt, dann aber von ihr getrennt worden war.

Manchmal setzten die Terroristen Itay und Noa auseinander – sie sahen es nicht gerne, wenn ein junger Mann neben einer jungen Frau saß.

25

Gegen Ende Oktober wurde Yair Rotem von Vertretern des Geheimdienstes der israelischen Armee vorgeladen. Man teilte ihm mit, dass man sich geirrt habe und dass neue Er-

kenntnisse aus verschiedenen Quellen darauf hinwiesen, dass Raya, Hila und Emily noch am Leben seien und sich in Gaza aufhielten.

Diese angeblich »neuen« Erkenntnisse stammten von Namisha Kolforat, der indischen Pflegerin des dreiundneunzigjährigen Eli Chresenti, die, nachdem die Terroristen sie verschont hatten, die Nachricht verbreitete, dass sie mit eigenen Augen die Entführung von drei Frauen beobachtet hatte: einer älteren Frau und zwei Mädchen. Die Information war von Thomas Hand selbst an die Behörden weitergegeben worden.

26

Ende Oktober veränderten sich die Geräusche: Die Geiseln hörten immer häufigere, immer näherkommende Explosionen.

Die IDF, die israelischen Streitkräfte, waren in den Gazastreifen einmarschiert.

Kurz nach Beginn der Bodenoperation schafften die Terroristen einen Fernseher herbei und schlossen ihn an eine Autobatterie an: Bald sahen sie die von den IDF zerstörten Häuser, die Bilder von toten Kindern und trauernden Müttern.

»Was sagt ihr dazu?«, fragten die Terroristen ihre Geiseln.

»Wir entschuldigen uns.«

»Es tut uns leid.«

»Wir wollen nicht, dass jemand stirbt.«

Sie sagten jedoch nicht, dass sie oft mehr Angst vor den Bomben der IDF als vor ihren Entführern hatten.

Sie hörten Bomben und Granaten – am schlimmsten war es nachts. Bei jeder größeren Explosion sprangen die Mädchen zu ihren Matratzen und versuchten, sich darun-

ter zu verstecken. Dann lachten die Terroristen: »Diese Matratze bringt gar nichts. Ein Volltreffer reißt einen zehn Meter tiefen Krater.«

Eines Tages zerbarst durch den Luftdruck einer Explosion das Fenster, das mit seinem Milchglas die einzige Lichtquelle für die Geiseln war. Die Terroristen spannten eine Plastikplane vor den leeren Fensterrahmen und stellten drei Sofas davor, so dass jegliches Licht ausgesperrt war und die Geiseln gezwungen waren, noch leiser zu sein, damit niemand von der Straße sie hören konnte.

Nach einem besonders schweren Bombenangriff tauchte der Lebensmittelverteiler »Santa Claus« (oder »Uncle Sam«) mehrere Tage lang nicht auf. Die Geiseln hungerten. Als er schließlich in blutbefleckter Kleidung eintraf, erzählte er, dass seine Familie bei einem Bombenangriff getötet worden sei.

Einmal rasierten die Terroristen Itay den Bart ab und zogen ihm ihre Kleidung an, vielleicht, weil sie ihn als Lockvogel benutzen wollten.

Zu Raya sagte Itay, wenn israelische Soldaten kämen, müsste sie sich für ihn verbürgen und schreien, dass er ein Israeli sei, damit sie ihn nicht töteten. Daran erinnerte er sie täglich.

27

In ganz Israel kam es zu massiven Protesten, bei denen Zehntausende Israelis die sofortige Rückkehr aller in Gaza festgehaltenen Geiseln forderten. Der Museumsplatz in Tel Aviv wurde in »Platz der Geiseln« umbenannt, und an jedem Schabbat versammelten sich dort Demonstranten, Redner, israelische und ausländische Prominente, die die Regierung aufforderten, die Geiseln nach Hause zu bringen.

In London gab Thomas Hand eine Pressekonferenz, voller tiefer Sorge um das Wohlergehen seiner Tochter: »Ich weiß nicht, in welchem Zustand sie sein wird, aber sie wird psychisch und physisch gebrochen sein, und damit werden wir uns befassen müssen. Jeden Tag wird sie sich fragen: ›Wo ist mein Daddy, warum ist er nicht gekommen und hat mich gerettet?‹«

28

Die Terroristen erzählten ihren Geiseln, dass die Verhandlungen mit den Kataris und den Amerikanern über ihre Freilassung sich hinzögen und dass allein Netanjahu daran schuld sei, dem es egal sei, ob sie lebten oder stürben. Jedes Mal, wenn die Terroristen die Namen »Netanjahu« oder »Ben Gvir« (Minister für nationale Sicherheit) aussprachen, spuckten sie aus. Aber trotzdem wollten sie mit ihren Geiseln ständig über Politik reden. Sie sagten, sie seien wütend auf Netanjahu und Ben Gvir – »die Spinner«, nannten sie sie –, und dass sie jedes Mal, wenn sie sich wieder über »die Spinner« ärgern würden, nach Be'eri zurückkehren und beenden würden, was sie begonnen hätten.

Manchmal sollten sich die Gefangenen vor eine Kamera oder ein Telefon mit Kamerafunktion setzen, im Hintergrund eine leere Wand. Dann sollten sie mit ihren Fingern ein V-Zeichen machen und der Welt mitteilen, dass sie gut behandelt würden und dass es an Netanjahu liege, ob sie freikämen.

Manchmal sagten sie zu Emily, dass sie, weil sie auch die irische Staatsbürgerschaft besaß, allein und vor den anderen entlassen werden würde. Die Terroristen sahen mit Vergnügen, wenn Emily dann zu weinen begann: Sie wollte bleiben, sie wollte nicht allein sein.

Raya wiegte sie in ihren Armen und versprach ihr, dass sie zusammenbleiben würden. »Wenn ihr hier rauskommen solltet«, warnten die Terroristen sie immer wieder, »dann geht nie mehr nach Be'eri zurück. Wenn ihr das tut, werden wir wiederkommen.«

29

Am 13. November wurden die Überreste von Vivian Silvers Leichnam in dem Schutzraum, in dem sie sich versteckt hatte, gefunden. Sie war nicht entführt, sondern an jenem Tag in ihrem Haus ermordet worden.

Ihre Beisetzung war die größte Zusammenkunft von Juden und Arabern seit Ausbruch des Krieges.

Hunderte waren gekommen und lauschten Yonatans Grabrede, in der er sich direkt an seine Mutter wandte und ihr versprach, dass »wir uns jetzt noch mehr anstrengen werden, um das Morgen zu schaffen, von dem du immer gesprochen hast. [...] Mit deinem Hinscheiden habe ich mich erneut in die Worte Frieden, Gleichheit und Brüderlichkeit verliebt.«

Bevor er das Kaddisch-Gebet sagte, las er die Botschaft eines palästinensischen Freundes aus dem Gazastreifen vor – eben jenes Freundes, der Vivian als Erster angerufen hatte, um sie vor den Angriffen zu warnen: »Vivian war wie eine Schwester für mich. Ich bin sehr traurig, dass ich ihr bei dieser Gelegenheit nicht gesagt habe, wie sehr ich sie liebe.«

Eine Woche später wurden die Überreste von Liel Hetzroni gefunden, unweit der Stelle, wo zuvor die Überreste seines Zwillingsbruders Yanai und auch die Leichen ihres Großvaters und dessen Schwester gefunden worden waren.

Sowohl Vivians als auch Liels Leichen wurden von Archäologen identifiziert, die als Experten für das Auffinden menschlicher Überreste von der Altertümerbehörde abgestellt worden waren.

30

8. Oktober, Sonntag

9. Oktober, Montag

10. Oktober, Dienstag

Jeden Morgen sagten die fünf Entführten sich selbst und zueinander das Datum und den Wochentag, um den Überblick über die Zeit zu behalten.

11. Oktober, Mittwoch

12. Oktober, Donnerstag

13. Oktober, Freitag

14. Oktober, Samstag

15. Oktober, Sonntag

16. Oktober, Montag

17. Oktober, Dienstag

Die Geiseln feierten Noas 26. Geburtstag und flüsterten: »Happy Birthday, Noa.«

»Ich müsste jetzt eigentlich in einer Vorlesung an der Ben-Gurion-Universität sitzen«, sagte sie.

18. Oktober, Mittwoch

19. Oktober, Donnerstag

20. Oktober, Freitag

21. Oktober, Samstag

22. Oktober, Sonntag

23. Oktober, Montag

24. Oktober, Dienstag

25. Oktober, Mittwoch

26. Oktober, Donnerstag

27. Oktober, Freitag
28. Oktober, Samstag
29. Oktober, Sonntag
30. Oktober, Montag
31. Oktober, Dienstag
1. November, Mittwoch
2. November, Donnerstag
3. November, Freitag
4. November, Samstag
5. November, Sonntag
6. November, Montag
7. November, Dienstag
8. November, Mittwoch
9. November, Donnerstag
10. November, Freitag
11. November, Samstag
12. November, Sonntag
13. November, Montag
14. November, Dienstag
15. November, Mittwoch
16. November, Donnerstag

31

Der 17. November, Freitag: Nach zweiundvierzig Tagen Gefangenschaft feierten die Geiseln Emilys neunten Geburtstag. Hila hatte aus Buchstaben, die sie aus zusammengekratztem Fensterkitt gebastelt hatte, ein »Mazel Tov«-Schild gemacht. Die Terroristen gaben Emily Krümel eines *Sfenj*, einer Art Donut, den sie für sich selbst gebacken hatten.

In Tel Aviv stiegen zu Ehren von Emily rosa Luftballons in den Himmel auf.

In New York hatten sich Demonstranten vor der Privatresidenz von UN-Generalsekretär Antonio Guterres versammelt. Als er das Haus verließ, riefen und sangen die Leute auf Hebräisch und Englisch »Happy Birthday, Emily«.

In London wurde ein Tisch mit Cupcakes gedeckt.

An anderen Orten in London und in der ganzen Welt kam es zu massiven Demonstrationen, auf denen die Zerstörung des jüdischen Staates gefordert wurde.

18. November, Samstag

19. November, Sonntag

20. November, Montag

21. November, Dienstag

22. November, Mittwoch

Nach von Katar moderierten Verhandlungen kam es zwischen Israel und der Hamas zu einem Abkommen über eine Feuerpause, in dem sich die Hamas zur Freilassung von täglich zehn Geiseln verpflichtete.

23. November, Donnerstag

24. November, Freitag

32

Am Samstag, dem 25. November, spürte Raya Rotem, dass etwas in Bewegung kam. Sie bemerkte eine Veränderung im Verhalten ihrer Entführer. Die Männer durchsuchten immer wieder die Kleidung der Mädchen und sprachen untereinander in einem besorgten Ton.

Obwohl es nicht die übliche Zeit zum Baden war, wurde sie aufgefordert, die Mädchen in der Wanne zu waschen.

»Und ich?«, fragte sie.

»Du musst nicht baden, nur sie.«

»Ich glaube, sie wollen die Mädchen mitnehmen«, flüsterte sie Noa Argamani zu.

»Warum?«, fragte Noa: »Sie können euch doch auf keinen Fall trennen.«

Raya war den ganzen Tag über angespannt. Um die Mittagszeit sprach sie mit Hila über ihre Halbschwester väterlicherseits. Sie ließ Hila den Namen und die Adresse der Halbschwester wiederholen, um ihre Tochter auf den möglichen Tod ihres Vaters vorzubereiten.

Um neun Uhr abends, als Raya von einem kurzen Gang zur Toilette zurückkehrte, sah sie, dass Noa den Mädchen beim Anziehen der Sandalen half.

»Was ist hier los?«

»Wir nehmen jetzt die Mädchen mit«, antworteten die Terroristen.

»Und ich?«

»Du bleibst.«

Sie durfte die Mädchen noch einmal kurz umarmen.

»Keine Sorge, es geht mir gut«, versicherte Hila. Hila beruhigte auch Emily, die Angst hatte, ohne einen Erwachsenen mit den Terroristen zu gehen. Dann gingen die Terroristen mit den beiden Mädchen weg.

Die Mädchen gingen in ihren Schlafanzügen, hielten sich an den Händen und bestiegen ein Fahrzeug des Roten Kreuzes.

Es war das erste Mal nach fast zwei Monaten in Gefangenschaft, dass Raya Rotem in Tränen ausbrach.

Thomas Hand und Yair Rotem warteten am Grenzübergang Kerem Shalom auf die Mädchen.

Als Teil des Abkommens mit Israel hatte sich die Hamas verpflichtet, Kinder nicht von ihren Müttern zu trennen. Als kritisiert wurde, dass sie Raya noch nicht freigelassen hatten, behaupteten sie, sie hätten sie nicht finden können.

33

Einen Tag nach Hila Rotems und Emily Hands Freilassung trennten die Terroristen die übrigen Geiseln und brachten Noa an einen, Raya und Itay an einen anderen Ort.

Raya und Itay wurden in einen kleinen Asbestschuppen gebracht, dunkel und kalt. Die ganze Nacht hörten sie Bomben, Schüsse und Sirenen.

In den Tagen ihrer ersten Gefangenschaft hatten sie nicht viel miteinander gesprochen. Raya hatte die meiste Zeit mit den Mädchen verbracht, während Itay sich an Noa geklammert hatte. Jetzt hatten sie genug Zeit, sich kennenzulernen. Raya und Itay sprachen über den Kibbuz, über ihre Familien, über den Tod.

Itay bat Raya, sollte sie vor ihm entlassen werden, seiner Schwester Merav zu sagen, dass er am Leben sei. Merav würde sicher alles tun, um ihn nach Hause zu holen. Sie war die einzige nahe Angehörige, von der er sicher war, dass sie noch lebte.

Nach mehreren schlaflosen Nächten kamen ein paar Terroristen, nahmen Raya mit und ließen Itay allein zurück. Sie brachten Raya zu einem verlassenen Gebäude. Dort setzten sie sie auf einen Stuhl an der Wand. Sie war überzeugt, dass sie hingerichtet werden sollte, aber dann wurde eine andere Geisel zu ihr in den Raum gebracht, und sie wurden wieder verlegt, gemeinsam.

In einem anderen Gebäude trafen sie auf mindestens zehn weitere Geiseln: Kinder, Mütter und einige Nicht-Israelis. Es herrschte eine eigenartig fröhliche Stimmung in der Gruppe. Alle waren wie im Rausch, auch die Terroristen, die Essen und Wasser verteilten, mit den Geiseln Karten spielten und Fotos und Videos von ihnen beim Essen und Trinken aufnahmen.

Als die Terroristen verkündeten, dass ein Deal erreicht worden war, konnte Raya es kaum glauben. Sie empfand keine Erleichterung, kein Nachlassen der Angst. Sie war immer noch von bewaffneten Terroristen umgeben. Der Krankenwagen, in dem sie transportiert wurden, wurde unterwegs von Einwohnern von Gaza bedrängt, die auf das Heck sprangen und an den Seiten rüttelten. Erst als der Krankenwagen an der Kreuzung in Kerem Shalom anhielt, gelang es ihr, ihre Atmung wieder unter Kontrolle zu bringen: Sie war zurück in Israel, zurück im Leben, das nie mehr so sein würde wie zuvor.

34

Hila wartete in Kerem Shalom auf ihre Mutter, zusammen mit Ärzten und Psychologen.

Essen, Trinken, Kleidung, Telefone, Hebräisch – es war überwältigend.

Raya wagte kaum, die Frage zu stellen, die sie seit dreiundfünfzig Tagen beschäftigte. »Ist mein Bruder Yair am Leben?«

Die Antwort war: Ja. »Er ist am Leben. Er ist gesund.«

35

Mitte Januar 2024 veröffentlichte die Hamas ein Video von Itay Svirsky, in dem man ihn Netanjahu anflehen ließ, den Krieg zu beenden: »Netanjahu, bitte beenden Sie den Krieg, bringen Sie uns nach Hause.« Am Ende des Videos kündigte die Hamas an, dass sie im nächsten Video neue Informationen über das Schicksal von Itay geben werde.

Am nächsten Tag wurde dieses Video gezeigt – ein Video, in welchem man Noa Argamani den Tod von Itay verkünden ließ:

»Ich befand mich in einem Gebäude. Es wurde bei einem IDF-Luftangriff bombardiert, von einem F16-Kampfjet. Drei Raketen wurden abgefeuert. Zwei der Raketen explodierten, die andere nicht. Wir befanden uns zusammen mit Al-Qassam-Soldaten und drei Geiseln in dem Gebäude: Ich, Noa Argamani, sowie Itay Svirsky und Yossef Sharabi.«

»Als das Gebäude, in dem wir uns befanden, getroffen wurde, wurden wir alle unter den Trümmern begraben. Al-Qassam-Soldaten retteten mein Leben und auch das von Itay. Leider konnten wir das von Yossi nicht retten ... Nach mehreren Tagen ... nach zwei Nächten wurden Itay und ich an einen anderen Ort verlegt. Auf dem Transport wurde Itay bei einem IDF-Luftangriff getroffen. Er hat nicht überlebt.«

Daniel Hagari, Sprecher der IDF, nannte das eine Lüge der Hamas: »Itay war keinem Beschuss durch unsere Streitkräfte ausgesetzt – das ist eine Lüge. Das Gebäude, in dem sie sich befanden, wurde weder als Ziel ausgewählt, noch wurde es jemals von unseren Streitkräften bombardiert.«

Die Armee teilte Itays Schwester Merav Svirsky mit, dass Itay, als sich israelische Soldaten dem Gebäude näherten, in dem er gefangen gehalten wurde, zu fliehen versuchte und von einem der Entführer erschossen wurde. Merav Svirsky hatte bereits ihre Mutter und ihren Vater bei den Terroranschlägen vom 7. Oktober verloren und nun, am Vorabend seines hundertsten Tages in Gefangenschaft, auch ihren Bruder.

Im Juni 2024 wurde Noa Argamani während einer Spezialoperation in Gaza vom israelischen Militär gerettet, zusammen mit drei anderen Geiseln. Hunderte Palästinenser wurden bei der Operation verletzt oder getötet.

36

Bei der Beerdigung von Adi Dagan auf dem provisorischen Friedhof im Kibbuz Revivim, wo die Opfer von Be'eri vorübergehend beigesetzt wurden, bis der Friedhof von Be'eri wieder geöffnet und der Kibbuz wieder bewohnbar gemacht werden würde, sprach Hadas Dagan zum Andenken ihres Mannes:

»Die Liebe meines Lebens wurde in meinen Armen ermordet, mein Haus wurde bis auf die Grundmauern niedergebrannt und das Licht all dessen, woran ich je geglaubt, wofür ich mich eingesetzt und gelebt habe, wurde von unvorstellbarem Hass und unmenschlicher Grausamkeit ausgelöscht. Aber ich habe vier Kinder und elf Enkelkinder, die das Inferno überlebt haben, und ich habe eine starke Gemeinschaft ...«

Am Ende der Zeremonie traf Hadas Yael Noy, die Geschäftsführerin des Vereins »On the Way to Recovery«, jener Freiwilligenorganisation, die Palästinenser zur Behandlung in israelische Krankenhäuser und wieder zurück transportiert.

»Ich muss mich entschuldigen«, sagte Hadas zu ihr, »denn ich kann mich in absehbarer Zeit nicht mehr ehrenamtlich engagieren, ich hoffe, Sie verstehen das, aber bitte machen Sie weiter diese Fahrten, es ist wichtig.«

Aus Kathmandu in den Kibbuz Alumim

Vernehmungszelle des Militärgeheimdienstes,
Einheit 504–15. Oktober

Der junge Mann beantwortete die Fragen der Ermittler mit ruhiger Stimme und verlieh mit ausladenden Gesten seinen Worten Nachdruck.

Er hatte kurze schwarze Haare und einen Bart und trug einen weißen Overall, den ihm die israelischen Behörden verpasst hatten. Er schien etwa Ende 20 zu sein, nur ein paar Jahre älter als seine Opfer. Gebürtig aus Gaza, hatte er in einer der Bodentruppen der Hamas als Soldat und »Kampftechniker« gedient. Am 7. Oktober erhielt er, zusammen mit mehr als 20 anderen, den Befehl, »den Kibbuz Alumim zu infiltrieren« mit der expliziten Maßgabe, »jeden zu töten, der euch begegnet«. Er hatte dem Befehl Folge geleistet.

Die Operation trug den Namen »Al-Aksa-Flut« in Anlehnung an die Al-Aksa-Moschee auf dem von Juden als Tempelberg bezeichneten Plateau in Jerusalem. Der Schutz dieses Ortes – und die Beseitigung aller jüdischen Ansprüche darauf – gehört zu den Hauptzielen der Hamas. Der junge Mann im Verhörraum war bereit gewesen, in Verteidigung einer Moschee zu sterben, in die er noch nie einen Fuß gesetzt hatte.

Eine Woche nach der Al-Aksa-Flut saß er auf einem einfachen Holzstuhl einem Ermittler gegenüber und schilderte die Operation mit seinen eigenen Worten:

GEFANGENER: »Alle Bataillone sollten bei dem Angriff mitmachen. Der Plan war, dass Jeeps in den Kibbuz eindrangen. Wir waren auf den Jeeps und sprangen ab – es waren

Leute da [von der Hamas], die vor uns schon die Tore aufgemacht hatten. Alles war abgestimmt. Wir kamen mit den Jeeps in den Kibbuz, wir drangen in die Zimmer ein, in die Häuser und machten uns darüber her, Zimmer für Zimmer, eins nach dem anderen, bis wir fertig waren.«

ERMITTLER: »Und was haben Sie in diesen Zimmern gemacht?«

GEFANGENER [stellt pantomimisch das Abfeuern einer Waffe dar]: »Granaten geworfen und losgeschossen.«

ERMITTLER: »Aber mit welcher Absicht?«

GEFANGENER: »Um zu töten.«

ERMITTLER: »Wen zu töten?«

GEFANGENER: »Alle, die im Zimmer waren.«

ERMITTLER: »Was heißt das?«

GEFANGENER: »Frauen, Kinder, alle. Alle, die im Haus waren.«

ERMITTLER: »Sie haben mir gesagt, dass da jemand war [ein anderer Hamas-Terrorist], der fragte, wie Sie zurück nach Gaza kommen sollten.«

GEFANGENER: »Richtig.«

ERMITTLER: »Und welche Antwort bekam er?«

GEFANGENER: »Was denken Sie denn? Es heißt, du gehst raus, und es gibt kein Zurück.«

ERMITTLER: »Euer Scheich hat euch eine Predigt gehalten, dass ihr alle töten sollt?«

GEFANGENER: »Der Bataillonskommandeur hat gesagt, wir sollen sie töten, ihnen die Köpfe eintreten, ihre Beine abhacken, solche Sachen.«

Die Befehle wurden nicht nur mündlich, sondern auch in schriftlicher Form erteilt. Sie waren knapp und präzise auf weißem Papier gedruckt mit farbigen Abschnittsüber-

schriften in Grün und Orange. Detaillierte Karten vom Kibbuz Alumim waren angefügt. Der Operationsauftrag lautete: »Kibbuz Alumim ist mit dem Ziel anzugreifen, so viele wie möglich zu töten, Geiseln zu nehmen und im Kibbuz die Stellung zu halten, bis weitere Anweisungen erfolgen.« Verlangt wurde außerdem: »Ausschaltung der verantwortlichen Behörden und Zusammentreiben der Geiseln. Absicherung nach außen und Schutz im Umkreis des Kibbuz gegen Versuche der israelischen Streitkräfte, sich Zugang zu verschaffen.«

Küche des Kibbuz Alumim, 7. Oktober

Als der Durst stärker wurde als die Schmerzen, tranken sie den Urin der jeweils anderen.

Sie waren einfach entsetzlich durstig.

»Prabin, wie schlimm ist es mit deinem Bein?«

»Ziemlich schlimm. Ich kann es kaum noch spüren. Und du, Himanchal?«

»Du siehst doch die Löcher in meiner Brust und Schulter, ja? Ich kann kaum noch atmen.«

»Wir brauchen Wasser. Ich halte es nicht aus.«

Mit großer Mühe erhob sich Himanchal aus ihrem Versteck unter einem billigen Holztisch, um Wasser zu holen. Durch die Bewegung verschlimmerte sich seine Brustverletzung, und er verlor noch mehr Blut. Es gelang ihm, etwas Wasser auf einen flachen Teller zu bekommen, aber die Hälfte davon war schon verschüttet, ehe er wieder bei Prabin auf dem Küchenboden angekommen war.

Es reichte nicht aus. Prabins Kehle war wie ausgedörrt, und er wand sich vor Schmerzen.

»Pramod, kannst du mir nicht etwas Wasser geben? Bitte!«

Pramod gab keine Antwort. Weil er in einem kleinen Schrank unter der Spüle versteckt gewesen war, blieb er als Einziger von den Studenten unverletzt, da die Todesschützen der Hamas ihn nicht gesehen hatten.

»Pramod, im Spülbecken über dir ist Wasser. Ich bitte dich, ich komme nicht bis dorthin. Ich bin so durstig, dass ich schreien könnte, und dann kommen sie zurück und geben uns den Rest.«

Er hörte nicht auf zu betteln, bis Pramod ein kleines Loch in das Abflussrohr bohrte und ein wenig trübes Wasser in einen Topf laufen ließ. Er streckte die Hand aus dem Schrank und flüsterte: »Hier, das ist alles, was wir haben.«

Prabin schleckte die Mischung aus Wasser und Urin aus dem Topf wie ein Hund.

Seine Zimmergenossen Rajan und Prabesh lagen tot unter dem Tisch. Sie waren auf der Stelle gestorben. Bei Padam, dem vierten Mitbewohner, hatte es länger gedauert. »Ich sterbe, *bhauju*«, hatte er noch als Textnachricht an seine Schwägerin geschickt und dann seine Freunde angefleht: »Tötet mich. Ich halte es nicht mehr aus. Tötet mich mit einem Messer, wenn es möglich ist.«

»Bitte, Freund, halte die Schmerzen noch etwas aus. Die Polizei wird uns retten«, sagte Himanchal, obwohl auch er glaubte, dass ihr Schicksal besiegelt war. Er spürte, wie ihm das Atmen immer schwerer und schwerer wurde, so, wie es auch Padam und Prabin erging.

Als Himanchal die Schüsse trafen, spürte er gar nichts – er war wie betäubt. Er sah, wie die Kugeln sein Fleisch zerfetzten, doch es gab keine Verbindung zwischen dem, was seine Augen sahen, und dem, was sein Körper fühlte. Es dauerte eine ganze Minute, bis der Schmerz einsetzte. Er

überkam ihn langsam und wurde schrittweise stärker, bis er seinen ganzen Körper durchdrang.

Überströmt von Blut und Schweiß nahm Prabin ein kurzes Video von sich auf: »Meine Mutter ist sehr krank. Bitte rettet sie. Ich glaube, ich werde sterben.«

Sie gehörten zu den einzigen Studenten ihrer Jahrgangsgruppe, die überlebten, 4500 Kilometer entfernt von ihrer Heimat Nepal.

Tribhuvan International Airport, Kathmandu, 13. September

Himanchal Kattel, ein fünfundzwanzigjähriger junger Mann aus einem kleinen Dorf im Bergland von Gorkha, trug bei seiner Ankunft am Tribhuvan International Airport in Kathmandu einen großen roten Tika auf der Stirn. Das Segenszeichen hatte ihm seine Schwester Niruta aufgetupft. Er war der Jüngste von vier Geschwistern.

Alle 17 Studenten, die dort auf ihren Mitternachtsflug warteten, waren mit Tikas geschmückt, Zeichen des Stolzes und Segens von ihren Familien. In der nepalesischen Kultur dienen sie als Glücksbringer und Begleiter auf wichtigen Reisen. Auch viele Eltern waren mit zum Flughafen gekommen, manche vergossen Tränen, andere hatten Abschiedsgeschenke dabei. Es war ein langer Abschied, ihre Kinder würden elf Monate fort sein.

Die Studenten gehörten zu einer Gruppe von Gastarbeitern in der israelischen Landwirtschaft. Sie sollten die palästinensischen Arbeitskräfte ersetzen, die ihrerseits an die Stelle der ursprünglichen israelischen Farmer getreten waren. In den ersten beiden Jahrzehnten des Staates Israel, als eine Zurück-aufs-Land-Autonomie eine wichtige Rolle für die Herausbildung einer nationalen Identität gespielt hatte, waren 15 Prozent der israelischen Bevölkerung stolze

junge Farmer gewesen, die ihre Nahrungsmittel selbst anbauten.

Der Rückzug der israelischen Bevölkerung aus der Landwirtschaft begann nach dem Sechs-Tage-Krieg, als die ortsansässigen Farmer zunehmend Palästinenser aus Gaza und den besetzten Gebieten im Westjordanland und Ostjerusalem einstellten. Der Regierung war diese Entwicklung gar nicht so unlieb, hoffte sie doch, dass sich durch die wirtschaftlichen Anreize für die Palästinenser Aufstände vermeiden ließen. Bis zur Mitte der 1980er Jahre standen über 100 000 Palästinenser in einem Beschäftigungsverhältnis innerhalb der Staatsgrenzen von Israel, viele von ihnen in der Landwirtschaft. Die Lage änderte sich erneut mit der Ersten Intifada, nach der der Zugang von Palästinensern zum israelischen Arbeitsmarkt aus Sicherheitsgründen drastisch eingeschränkt wurde. Man hielt nun Ausschau nach billigen Arbeitskräften aus Ländern, die nicht in irgendeiner Form in den lokalen Konflikt involviert waren. Zwar bekamen immer noch schätzungsweise zwanzigtausend Palästinenser eine Arbeitserlaubnis für die Landwirtschaft, doch die Zukunft gehörte den Thais und anderen Ausländern wie Himanchal und Prabin – jungen Leuten, die des Geldes wegen auf die lange Reise gingen und auch, um etwas dazuzulernen. Sie würden in Israel in einem Jahr mehr verdienen als in mehreren Jahren in ihrer Heimat und zusätzlich noch Fertigkeiten erwerben, die sie beruflich voranbringen würden.

Die siebzehn Studenten waren alle in ein für sie sehr erstrebenswertes, exklusives Universitätsprogramm unter der Bezeichnung »Learn and Earn« (Lernen und Verdienen) aufgenommen worden, das hohe Löhne (nach nepalesischem Maßstab) mit Seminaren in Hightech-Land-

wirtschaft verband. Die meisten der Studenten im Alter zwischen 22 und 25 Jahren waren in ärmlichen Verhältnissen aufgewachsen. Prabin Dangi, 24, wollte gern seine chronisch kranke Mutter unterstützen, musste aber feststellen, dass er trotzseiner guten Ausbildung in Nepal wenig Aussicht auf einen hochwertigen Job hatte. In seiner Familie war das nichts Neues. Einer seiner Brüder arbeitete aus genau dem gleichen Grund in Dubai und ein anderer in Saudi-Arabien. Seine Mutter bat ihn, ihren Jüngsten, inständig, nicht auch noch wegzugehen, aber er war fest entschlossen, ihr die bestmögliche Pflege zuteilwerden zu lassen. Prabesh Bhandari, ebenfalls 24, hatte die Absicht, genug Geld zu sparen, um in Nepal ein Haus und einen Hof zu kaufen, auf dem die ganze Familie mitarbeiten konnte. Rajan Phulara, 23, wollte das Geld, das er verdienen, und die Erfahrungen, die er sammeln würde, für das Bestehen der Examensprüfung für den Staatsdienst in Nepal nutzen. Ashish Chaudhary, 25, wollte Agrarwissenschaftler werden und einen eigenen landwirtschaftlichen Betrieb aufbauen. Ananda Sah, 25, hatte seiner Großmutter versprochen, dass er ihr ein Haus bauen würde. Dipesh Raj Bista, 24, war nach dem Tod seines Vaters der Alleinversorger der Familie und hatte vor, seinem Bruder das Medizinstudium zu finanzieren. Bipin Joshi, 23, wollte moderne Methoden der Landwirtschaft erlernen, die er dann zu Hause anwenden konnte. Noch Monate nach dem Abschluss seines Grundstudiums war er sich unschlüssig gewesen über den weiteren Weg. Als er sich für das »Learn and Earn«-Programm bewarb, sollte er zunächst gar nicht an die Grenze nach Gaza kommen, doch dann freute er sich umso mehr, dass er zusammen mit seinem besten Freund und Mitbewohner Himanchal dorthingeschickt wurde.

Die Gruppe wurde einem klassischen Kibbuz »nach alter Schule« mit Namen Alumim zugeteilt, wo sie ein gemeinschaftliches Leben mit geteilten Pflichten führen würden. Die Bewohner des Kibbuz setzten sich zusammen aus religiösen jüdischen Immigranten aus arabischen Ländern, Mitgliedern der größten orthodoxen jüdischen Jugendbewegung Großbritanniens und Landarbeitern aus Thailand – eine Gemeinschaft aus 500 Menschen, die nun auch sie einschließen würde.

Mitte September trafen sie in Israel ein – es waren warme, sonnige Tage.

Kibbuz Alumim, 14. September bis 6. Oktober

Schon bald nach ihrer Ankunft in Israel prallten die Erwartungen der Studenten auf die harte Realität.

Untergebracht waren sie in kleinen, engen Zimmern mit Stockbetten, um maximal den Platz zu nutzen. Ihre Mahlzeiten nahmen sie getrennt von den Kibbuzniks ein, und kochen mussten sie selbst in einer bescheidenen grauen Küche, die sie mit von zu Hause mitgebrachten Gewürzen ausstatteten: Koriander, Kreuzkümmel, Kurkuma, verschiedene Chilisorten sowie Mango-Pickles für mehrere Monate.

Ihr Tag begann um 4 Uhr früh in der Küche, wo sie das Mittagessen kochten, das sie mit aufs Feld nahmen. Dabei kam ihnen zugute, dass der persische Reis im Kibbuz in Großmarktmengen vorrätig war. Damit ausgestattet ging es hinaus zur anstrengenden körperlichen Arbeit unter der heißen Sonne, die bis etwa 16 Uhr dauerte.

Parbin, Padam und Rajan waren für die Bewässerungsanlage des Kibbuz zuständig. Dafür mussten sie schwere Rohre auf die Felder hinaustragen, sie zusammensetzen

und an die Anlage anschließen. Zu ihren Aufgaben gehörte auch die Behebung von etwaigen Störungen.

Himanchal und Bipin arbeiteten miteinander auf den Obstplantagen, wo sie Bäume beschnitten und Pampelmusen und Orangen pflückten und verpackten. Es war eine einfache Arbeit ohne größere Herausforderungen, und es fiel ihnen schwer, sich die zunehmende Enttäuschung nicht einzugestehen.

Von ausländischen Arbeitskräften und Studenten in der israelischen Landwirtschaft gab es schon seit Jahren Klagen über ausbeuterische Arbeitsbedingungen und schlechte Wohnverhältnisse. Dennoch hatten die meisten nicht dagegen geklagt, da sie immer noch ein Vielfaches von dem verdienten, was sie zu Hause bekämen. An jedem Abend der drei Wochen, die die Gruppe aus Nepal in Israel verbrachte, riefen die Studenten zu Hause an und versicherten ihren Familien, dass ihr Aufenthalt dort zwar beschwerlich sei, aber doch eine kluge Investition in ihre Zukunft.

Sie klammerten sich an die Hoffnung, dass es besser würde, wenn erst einmal im Oktober das Semester anfing und damit der »Lern«-Teil des Programms, der aus Seminaren an der Ben-Gurion-Universität im Negev bestand.

Am 3. Oktober wurde Nepal von einem Erdbeben erschüttert. Mit großer Besorgnis rief Padam Thapa am 6. Oktober zu Hause an. Seine Schwägerin, Mekkhu Adhikari, erzählte ihm von den beängstigenden Nachbeben. Ganesh Nepali beschwor seinen älteren Bruder, auf ihre Eltern aufzupassen und sich vorzusehen, da das Elternhaus Bauschäden davongetragen hatte.

Kibbuz Alumim, Bereich der Gastarbeiter, 7. Oktober

Himanchal war bis 3 Uhr morgens auf gewesen, vertieft in die letzte Staffel von *Vikings* auf Netflix. Der Samstag war der einzige Tag zum Ausschlafen.

Im Halbschlaf und mit Kopfhörern auf den Ohren hörte er die Sirenen nicht.

Um 6.30 Uhr weckte ihn Bipin und rief: »Wir müssen schnell in den Schutzraum.«

Im Nebenzimmer beeilte sich auch Prabin, erst halb angezogen, in den Bunker zu kommen, während er schon die Raketen über den Himmel schießen sah.

Die siebzehn Studenten saßen über eine Stunde in dem frei zugänglichen Schutzraum und warteten auf Anweisungen. Es war der erste Raketenangriff ihres Lebens. Man hatte ihnen versichert, dass solche Angriffe zwar häufig vorkämen, in der Regel aber harmlos seien. In einem Schutzraum wären sie auf jeden Fall sicher. Um sich die Zeit zu vertreiben, bildeten sie Teams und spielten Ludo auf ihren Handys.

Unterdessen wurde Rafi, ein Kibbuzbewohner und Sicherheitsbeauftragter des Regionalverbands Sdot Negev, allmählich unruhig. Die hohe Zahl der abgefeuerten Raketen war ungewöhnlich. Er fuhr zur Verbandszentrale, um das Notfallzentrum zu mobilisieren. Unterwegs wurde er an der Anschlussstelle Re'im vor der Anwesenheit von Terroristen ganz in der Nähe gewarnt und erhielt kurz darauf einen Alarmruf, Terroristen würden sich dem Eingang zu seinem Kibbuz nähern. Er begann sofort, das Dutzend junger Männer zu benachrichtigen, das die zivile Einsatztruppe des Kibbuz bildete. Einige dieser Männer – allesamt Kibbuzbewohner und Zivilisten – mussten noch aus dem Bett geholt werden, andere saßen bereits beim Frühstück. Bis 6.45 Uhr

waren alle bewaffnet und startklar. Um 7 Uhr standen etwa zwanzig Hamas-Terroristen vor dem Kibbuztor.

Die sogenannten zivilen Einsatztruppen sind Freiwilligenteams, denen in Notsituationen der Schutz der Kibbuzim obliegt, bis Polizei beziehungsweise Armee eintreffen. Eigentlich sollte eine zivile Einsatztruppe niemals mit einer akuten Gefahrenlage länger als ein paar Minuten allein gelassen werden. An diesem Tag allerdings waren die jungen Männer im Kibbuz Alumim stundenlang auf sich gestellt in dem Bemühen, die Terroristen davon abzuhalten, in den Wohnbereich vorzudringen.

Während einige der Männer den Kibbuzeingang verteidigten und andere die Schutzräume aufsuchten, bekamen die Studenten aus Nepal von dem Überfall zunächst gar nichts mit. Niemand klärte sie darüber auf, dass Terroristen auf Motorrädern und Mopeds Panzerfäuste auf den Kibbuz abfeuerten. Sie nahmen an, der Lärm, den sie hörten, käme ausschließlich von den Raketen.

Die am Haupteingang abgewehrten Terroristen sahen sich nach einem anderen Angriffsziel um. Sie fanden es in den Unterkünften der Arbeiter bei den Kühen und den Obstplantagen.

In den Schutzraum der Studenten drangen laute, arabisch sprechende Stimmen. In der Meinung, was sie da hörten, sei Hebräisch, atmeten sie auf. Endlich kam ihnen jemand zu Hilfe.

Dipesh Raj Bista verließ daraufhin den Schutzraum, gefolgt von Ganesh Nepali, der zur Toilette wollte.

Draußen standen ihnen zwei schwarz gekleidete Männer gegenüber, die Gewehre auf sie gerichtet hielten.

Als ihm klarwurde, dass das keine Kibbuzbewohner waren, schrie Dipesh Raj Bista: »Wir sind Nepalesen!«

Sie wurden auf der Stelle erschossen.

Gleich darauf flog eine Granate in den Schutzraum, in dem sich die restlichen fünfzehn Studenten verbargen. Bipin erkannte sofort die Gefahr und warf die Granate wieder nach draußen. Eine zweite, unmittelbar folgende Granate, konnte er jedoch nicht mehr abfangen, so dass fünf Studenten verletzt wurden. Ananda Sah, der stark blutete, griff sich ein Kissen, um seine Schreie zu ersticken. Der ebenfalls blutende Lokendra Singh Dhami bekannte mit tonloser Stimme seine Liebe zu seiner Frau, seiner fünfjährigen Tochter und seinem zweijährigen Sohn.

Prabin, Himanchal und Bipin waren unverletzt geblieben. Sie kauerten so eng zusammengedrängt in einer Ecke des Raumes, dass sie kaum noch Luft bekamen.

Gemeinsam riefen sie bei einem ihrer Chefs an und baten inständig: »Bitte, helfen Sie uns, wir sind in Schwierigkeiten.«

Die Antwort fiel kurz aus: »Es tut mir schrecklich leid, aber ich kann euch nicht helfen. Von allen Seiten greifen Terroristen an. Ich habe ebenfalls Schutz gesucht.«

Narayan Prasad Neupane war nicht so schwer verletzt wie die anderen. Obwohl er drei Zehen verloren hatte, konnte er noch gehen. Zufällig hatte er sich die Nummer des medizinischen Notfalldienstes gemerkt und rief jetzt einen Krankenwagen. Der Telefonist versicherte ihm auf Englisch, dass bald Hilfe eintreffen würde.

Es dauerte nicht lange, und zwei Männer in blauen Uniformen kamen in den Schutzraum.

»Bitte, tun Sie uns nichts«, flehten die wenigen noch lebenden Studenten.

»Wir sind Polizei, israelische Polizei«, beruhigten die Männer sie.

»Bitte, bringen Sie uns in ein Krankenhaus ... Diese Männer sterben ... Bringen Sie uns von hier weg.«

»Draußen sind immer noch Terroristen«, sagte einer der Polizisten. »Wir können Sie unmöglich jetzt schon rausbringen, aber wir kommen wieder. Alle, die noch laufen können, sollten unbedingt irgendwo anders hin. Im Schutzraum ist es nicht sicher. Gehen Sie in die Küche oder auf Ihr Zimmer.«

»Und die Verletzten sollen wir hierlassen?«

Sie hatten keine andere Wahl.

Bipin, Himanchal, Rajan, Prabesh und Padam sprangen über die Leichen und verletzten Körper ihrer Freunde und machten sich auf den Weg in den Speisesaal.

Dort hatten auch schon ein paar thailändische Arbeiter Unterschlupf gesucht. Andere waren noch in ihren Betten ermordet worden.

Narayan, Lokendra und Dhanbahdur beschlossen, den hundert Meter weiten Sprint hinüber in den Wohnbereich zu wagen. Als er draußen ein Auto hörte, ging Narayan nachsehen, ob es womöglich der Krankenwagen war, auf den er wartete.

Er wurde zweimal von einem vorbeifahrenden Terroristen getroffen.

Nachdem er blutüberströmt zurück ins Haus gekrochen war, war die Bitte um Wasser das Letzte, was er noch sagte.

Küche im Kibbuz Alumim, 7. Oktober

Eine Mauer aus Reisbeuteln.

Mit der versuchten sie, sich vor weiteren Granatangriffen zu schützen. Prabin war auf die Idee gekommen, und so hatten sie hastig aus dem Reisbeutelvorrat des Kibbuz einen Verteidigungsring gebaut.

Die meisten der Arbeiter aus Nepal und Thailand kauerten sich hinter dieser »Reismauer« unter den Holztisch, während Pramod sich unter der Spüle verkroch. Bipin, der genau in der Mitte hockte und überhaupt keinen Schutz hatte, machte sich zunehmend Sorgen um die Freunde, die sie im Schutzraum zurückgelassen hatten.

Als immer mehr Zeit verstrich ohne ein Anzeichen von Hilfe, erwog Bipin ernsthaft, noch einmal zu ihnen zurückzugehen. »Wir müssen über unsere nächsten Schritte nachdenken. Willst du mir helfen, unsere Freunde hierherzuholen?«, fragte er Himanchal.

Sie fragten noch einen thailändischen Arbeiter um Rat, der schon vor ihnen in der Küche Schutz gesucht hatte. Er hieß Phonsawan Pinakalo und war ein 30 Jahre alter Traktorfahrer. Vor vier Jahren war er nach Israel gekommen, wo er viermal so viel verdienen konnte wie in Thailand. Sie verständigten sich mit Hilfe von Google Translate, und Phonsawans Antwort war unmissverständlich: »Lasst es bleiben. Sonst werdet ihr sterben. Wir hören die Terroristen schon seit Stunden hier herumlaufen.«

Auf der anderen Seite des Tisches bemühte sich Rajan, seine Zimmergenossen Prabin, Prabesh und Padam zu beruhigen: »Keine Bange, es wird schon nichts passieren. Bald kommt Hilfe.«

Völlig erschöpft von dem, was ihnen in Israel widerfahren war, erklärte Prabesh: »Wenn wir überleben, kehren wir so schnell wie möglich nach Nepal zurück.«

Eineinhalb Stunden später traten Hamas-Terroristen die Tür zur Küche ein und schrien: »Alahu Akbar«. Dann schossen sie wild um sich. Die Behelfsmauer aus Reisbeuteln bot keinerlei Schutz.

Die Kugeln durchdrangen die Beutel und trafen die jun-

gen Männer. Blut und Reis verteilten sich über den Fußboden.

Alle Studenten starben, mit Ausnahme von Prabin, Himanchal, Pramod und Dhanbahadur, die sich in einer anderen Ecke versteckt hielten.

Auch Bipin blieb am Leben, wurde aber als Geisel genommen. Die Terroristen griffen sich ihn und Phonsawan, der am Kopf blutete, und zerrten sie mit vorgehaltener Pistole aus der Küche.

Von ihrem Versteck aus hörten Himanchal und Prabin mit an, wie einer der Terroristen die Geiseln nach ihrer Religion fragte, worauf Phonsawan antwortete: »Buddhist, Buddhist, Thailand, Thailand.«

Zwei Stunden danach wurden Bipin und Phonsawan gesehen, wie sie zusammen mit ihren Geiselnehmern im Al-Shifa-Hospital in Gaza ankamen.

Himanchal und Prabin warteten schwer verletzt und blutend noch weitere sieben Stunden, bis die israelische Armee sie ins Krankenhaus transportierte. Die Studenten im Schutzraum brauchten keine Rettung mehr.

Vernehmungszelle von Schin Bet, dem israelischen Inlandsgeheimdienst, 20. November

Fünf Wochen später wurden Adham Hawwas, nach eigenen Angaben Angehöriger der »Militärpolizei der Hamas«, und Ismail Hawwas, nach eigenen Angaben Teil der Abteilung »Militärpolizei und Pressearbeit«, unter dem Verdacht der Beteiligung an dem Massaker im Kibbuz Alumim in Gaza festgenommen.

Sie waren während der Entführung von Bipin Joshi und Phonsawan Pinakalo von den Kameras des Kibbuz erfasst worden und dann noch einmal Stunden später auf Filmma-

terial im Al-Shifa-Hospital in Gaza City zu sehen, wo Adham den Kopf Bipins packte und ihm das Gesicht verhüllte. Neben ihm legten andere Hamas-Mitglieder Phonsawan, der kein Hemd mehr anhatte und an Kopf und Hand blutete, auf eine Trage, die dann in eins der Zimmer gerollt wurde.

Die beiden inhaftierten Terroristen wurden zur Befragung durch den Inlandsgeheimdienst gebracht.

ERMITTLER: »Berichten Sie mir, was am 7. Oktober geschah, von dem Moment an, als Sie über den Zaun stiegen, okay?«

Adham Hawwas: »... Wir fuhren bis zum Eingang des Kibbuz, der geschlossen war. Wir stiegen über den Zaun und gingen rein. Alle gingen in den Wohnbereich der Farmer. Zwei Leute, die mit mir zusammen waren, packten einen und verschwanden mit ihm.«

ERMITTLER: »Er wurde entführt?«

ADHAM HAWWAS: »Ja, er wurde entführt. Er hatte eine Kopfwunde. Ihn nahmen sie als Ersten ... Wir gingen mit zwei Geiseln raus und liefen bis zum Zaun, wo ein [von der Hamas konfiszierter] Krankenwagen stand ... Im Krankenwagen verband ein Kollege den Kopf der verwundeten Geisel ...«

ERMITTLER: »Die Geiseln waren Thailänder?«

ADHAM HAWWAS: »Als wir im Krankenwagen waren, fragten sie ihn: ›Wie heißt du?‹, aber er verstand die Frage nicht. Die zweite Geisel sagte: ›Thailand‹. Wir dachten uns, dass sie beide die gleiche Nationalität hatten und vermutlich Gastarbeiter waren ...«

ERMITTLER: »Wohin fuhr der Krankenwagen?«

ADHAM HAWWAS: »Wir sollten mit dem Krankenwagen zum Al-Shifa-Hospital fahren.«

ISMAIL HAWWAS: »[Im Krankenhaus] konnte die erste Geisel [Bipin Joshi] alleine gehen. Sie sind mit ihm zum Aufzug gegangen ... Der Zweite [Phonsawan Pinakalo] lag auf einer Trage ... Sie trugen ihn ins Zimmer – drinnen war ein bewaffneter Qassam-Kämpfer ... und zwei vor der Tür. Sie nahmen den Typen, der noch laufen konnte ... Sie zogen ihm eine Kapuze über den Kopf, damit man ihn nicht erkennen konnte.«

Wer nach der Eskalation des Konflikts als »neutraler« Ersatz für die palästinensischen Arbeiter nach Israel gekommen war, kehrte entweder mit leeren Händen oder in einem Sarg in seine Heimat zurück.

Von den siebzehn nepalesischen Studenten wurden zehn getötet, vier verletzt und zwei überlebten. Bipin wurde als Geisel genommen. Während andere thailändische Staatsbürger, die als Geisel genommen worden waren, darunter Phonsawan, nach ein paar Wochen von der Hamas freigelassen wurden, blieb Bipin weiterhin in Geiselhaft. Seine Familie organisierte in Nepal Demonstrationen für seine Freilassung, aber bis zur Abfassung dieses Buches gibt es von ihm kein Lebenszeichen.

Padams Vater Tikaram, der an Bluthochdruck leidet, musste, nachdem er vom Tod seines Sohnes erfahren hatte, sofort in ein Krankenhaus eingeliefert werden.

Rajans Vater Ghyanshyam fiel bei der Nachricht vom Schicksal seines Sohnes in Ohnmacht. Er verlor nicht nur ein Kind, sondern hatte sich, um Rajans Ausbildung zu finanzieren, auch noch hoch verschuldet.

Ashishs Großvater Kanaiyalal klagte mit lauter Stimme, Gott hätte ihn holen sollen und nicht seinen Enkel.

Als Israel in den Krieg zog, verließen Tausende Gastarbeiter aus Thailand und Nepal das Land, und Palästinenser, die noch in Israel beschäftigt waren, verloren ihre Arbeitserlaubnis. Einige von Israels wichtigsten Feldfrüchten – darunter 70 Prozent der Tomaten, 60 Prozent der Kartoffeln sowie etwa 40 Prozent des Kohl- und Karottenbestands – mussten dringend abgeerntet werden. Das Gleiche galt für den ertragreichen Grüngürtel aus Feldern, Obstplantagen und Treibhäusern, der einen Großteil der israelischen Städte mit Obst, Gemüse und Getreide versorgt. Der Agrarsektor stand kurz vor dem Zusammenbruch, und mit freiwilligen Erntehelfern alleine ließ sich das Ganze nicht bewältigen.

Israel suchte dringend neue Arbeitskräfte und änderte dafür seine bisherige Praxis, so dass nun Menschen aus Indien, Malawi, Sri Lanka und anderen Ländern angeworben wurden, junge Leute, die mit Blick auf die für sie traumhaften Löhne alle Sicherheitsbedenken beiseiteschoben. Einer dieser Arbeiter war Patnibin Maxwell, ein einunddreißigjähriger Inder, der im Dezember 2023 nach Israel kam, um in dem Dorf Margaliot im Norden auf einer Farm zu arbeiten. Im März 2024 starb er bei einem Angriff der vom Iran gesteuerten Hisbollah-Miliz, während er auf einer Obstplantage die Ernte einbrachte.

Himanchal und Prabin verbrachten mehrere Monate einsam und mit großen Verständigungsschwierigkeiten in israelischen Krankenhäusern, wo sie sich einer ganzen Reihe von komplizierten Operationen und medizinischen Behandlungen unterziehen mussten. Israelis, von denen sie den meisten nie begegnet waren, spendeten Geld und Sachleistungen für ihre Genesung. Die medizinische

Pflege war für sie kostenlos, doch ihre Familien konnten sich die teure Reise nicht leisten und ihnen nicht beistehen.

Nachts hatten die beiden Studenten oft Albträume von ihren toten Freunden. Wenn sie dann aufwachten, hatten sie ausgedörrte Kehlen und einen fast unstillbaren Durst.

Warnung: Gaza und seine Geschichte

Gaza bezeichnet als Name sowohl eine Stadt als auch den schmalen Streifen Land, wo Asien und Afrika aufeinandertreffen. Es ist ein staubiger Streifen Mittelmeerküste mit strategischer Bedeutung für eine der wichtigsten und lukrativsten Handelsstraßen zwischen Ägypten, Libanon und Syrien. Er wurde schon von fast jeder Macht der Levante beherrscht und ist heute eine Mischung aus allem.

Die »offizielle« Geschichtsschreibung war schon immer beeinflusst von den biblischen Berichten aus den Chroniken und dem Buch Richter, den prophetischen Büchern Jeremia, Amos und Zefanja der jüdischen Bibel sowie der Apostelgeschichte aus dem Neuen Testament und stand mit ihnen in Konkurrenz. Der Gebietsname leitet sich von der semitischen Wurzel *az* her, die »Stärke« bedeutet. Eine passende Bezeichnung für eine Region, die so eng mit den Heldentaten und dem Märtyrertod des biblischen Samson verbunden ist, dem starken Mann Israels. Sein Krieg gegen die Philister wurde für viele religiöse Juden zur Vorlage für den scheinbar endlosen Teufelskreis der Gewalt zwischen Israel und Palästina, weil irrtümlich »Palästinenser« mit »Philister« in Verbindung gesetzt wird. Laut der Bibel war Gaza ein Ort der Versuchung: Samson lässt sich mehrfach mit den Frauen von Gaza ein und rächt sich für vermeintli-

chen Betrug, indem er Philister tötet – in der bekanntesten Geschichte tötet er tausend von ihnen mit dem Kieferknochen eines Esels. Bei einem weiteren Racheakt soll Samson die Tore von Gaza aus den Angeln gehoben und durch das damalige Land Juda – etwa vierzig Kilometer weit – nach Hebron getragen haben. Diese Tat gewinnt an heutiger Symbolkraft durch die Tatsache, dass beide Orte, an entgegengesetzten Seiten von Israel und jenseits der offiziellen Staatsgrenzen, heute ständige Unruheherde sind: Hebron, wo sich die Gräber der Patriarchen befinden, in denen, wie es heißt, auch Abraham begraben liegt, ist eine der größten palästinensischen Städte im besetzten Westjordanland.

Samsons Ende liefert die eindringlichste Metapher für die aktuelle Situation: Laut Bibel verrät er der Philisterin Delilah, seiner Geliebten, dass sein Haar die Quelle seiner Kraft ist. Samson wird geschoren und von Philistern entführt. Samson wird in Gaza gefangen gehalten, zur Arbeit in einer Getreidemühle gezwungen und geblendet. Bei einem Fest zu Ehren des Philistergottes Dagon zwingen sie Samson zu tanzen. Samson ergreift die Säulen des Tempels und bringt das ganze Gebäude zum Einsturz. »Es waren der Toten, jene, die er bei seinem Tode getötet, mehr, als die er bei seinem Leben getötet«, berichtet die Bibel – eine Warnung, die unbeachtet blieb.

Die archäologischen Funde in Gaza (aus dem dritten Jahrtausend v. Chr.) und die schriftlichen Aufzeichnungen aus Gaza (seit dem 14. Jahrhundert v. Chr.) enthalten in historischer Form dieselbe Warnung. Sie erzählen von ständigen Invasionen, Besatzungen und blutiger Eroberung durch verschiedene Herrscher, unter ihnen die Armeen aller drei abrahamitischen Religionen. Ägypten herrschte als erstes großes Königreich über die Küste, die die Ägypter

Kanaan nannten. Im 12. Jahrhundert v. Chr. eroberten die Philister das Gebiet, das daraufhin zum südlichsten Außenposten der Pentapolis der Philister wurde. Im 11. Jahrhundert v. Chr. übernahmen unter David die Juden die Herrschaft. Danach regierte der Assyrer Tiglath Pileser III. über die Region, gefolgt von den Persern. Alexander der Große belagerte die persische Garnison im Jahr 332 v. Chr. und soll die gesamte Bevölkerung in die Sklaverei verkauft haben. Unter den Griechen kehrte jüdisches Leben in die Region zurück, die unter der römischen Besatzung eine Zeit der prekären Selbstverwaltung erlebte. Während dieser Zeit gedieh Gaza: Eine Rhetorikschule wurde gegründet und ein Tempel für den einheimischen Gott Marnas errichtet, den Gelehrte für eine angepasste Inkarnation des Philistergottes Dagon halten. Marnas / Dagon wurde auch noch in christlicher Zeit verehrt, und das Christentum war die vorherrschende Religion bis zu den Feldzügen von Amr ibn al-As im Jahr 637 n. Chr., die dazu führten, dass der Großteil der Bewohner Gazas zum Islam konvertierte und Arabisch zur Hauptsprache wurde. Im 12. Jahrhundert n. Chr. wechselte die Herrschaft über Gaza mehrfach zwischen Kreuzrittern und den Armeen Saladins, bis die Tempelritter die Stadt so zerstörten, dass sie im Mittelalter, von den Mamluken regiert, nur noch ein Provinznest war. Im Jahr 1700 besetzte Napoleon Bonaparte Gaza auf dem Weg zum Hafen von Akkon kurzzeitig. Danach wechselte die Region von der Herrschaft des Osmanischen Reichs in die des Britischen Empire, beide bereits im Niedergang begriffen.

Nach dem offiziellen Ende der Kampfhandlungen im Jahr 1948 war Gaza Teil von Ägypten, und die Bevölkerung – fast ausschließlich Palästinenser, die deportiert worden oder ge-

flohen waren – stand unter ägyptischer Militärherrschaft. Im Jahr 1956, während des israelischen Sinai-Feldzugs, besetzten israelische Truppen kurzzeitig das Gebiet und gaben es an Ägypten zurück, das aber die Region nicht als Teil des eigentlichen Ägypten betrachtete und den Bewohnern immer noch die ägyptische Staatsbürgerschaft verweigerte. (Gleichzeitig wies Ägypten die im Land lebenden Juden aus: Im Jahr 1956 wanderten fast 25 000 ägyptische Juden im Rahmen eines Massenexodus von Juden aus arabischen Ländern nach Israel aus.)

Im Krieg von 1967 geriet Gaza erneut unter israelische Kontrolle, aber dieses Mal blieben die Soldaten, und die Militärbesatzung hielt bis 1993 an. Die israelische Verwaltung beschränkte die politischen Aktivitäten in Gaza, verbot Wahlen und öffentliche Versammlungen. Gleichzeitig wurden stillschweigend jüdische Siedlungen in dem Gebiet gefördert. In diesem Zeitraum entstanden einundzwanzig neue Siedlungen, die als Pufferzone für Terrorangriffe aus Gaza dienen und die taktische Kontrolle über die Kommunikation zwischen den stärker bevölkerten arabischen Abschnitten im Gazastreifen ermöglichen sollten.

In jenen Jahren begannen viele Arbeiter aus Gaza, in Israel in der Landwirtschaft, dem Bauwesen und der Dienstleistungsbranche zu arbeiten. Im Jahr 1968 waren sechs Prozent der palästinensischen Arbeitskräfte in Israel beschäftigt, bis zum Jahr 1974 stieg diese Zahl auf 33 Prozent. Laut einem UN-Bericht aus dem Jahr 1980 stieg das Durchschnittseinkommen in Gaza zwischen 1970 und 1974 um 50 Prozent und zwischen 1974 und 1979 um weitere 18,4 Prozent.

Dieser Trend wurde 1987 gebrochen, nach der Trauerfeier für vier Bewohner des Flüchtlingslagers Jabalia, die bei einem Autounfall ums Leben gekommen waren. Sie

waren in einem Taxi nahe des Grenzübergangs Erez mit einem israelischen Lastwagen zusammengestoßen. Nach dem Unfall verbreitete sich allerdings das Gerücht in Gaza, der Unfall sei ein bewusster Racheakt der Israelis für den Mord an einem israelischen Bürger durch einen Palästinenser wenige Tage zuvor gewesen. Die Wut, die sich von Gaza aus verbreitete, bekam rasch einen Namen: Intifada. Der Begriff bezeichnet eigentlich einen Volksaufstand, der damals vor allem aus Arbeiterstreiks bestand, aber rasch zu Terrorangriffen eskalierte. Steine, Messer, Schusswaffen und improvisierte Sprengwaffen wurden als Waffen eingesetzt, bis die Hamas die Kontrolle über die Palästinenserbehörde in Gaza übernahm und dank des Hamas-Sponsors Iran moderne Technologie und Waffen, darunter größere Mengen Raketen, ins Land kamen.

Der Rückzug der Israelis aus Gaza, nur zwanzig Jahre nach dem Rückzug aus dem Sinai, war die erste staatlich sanktionierte Evakuierung jüdischer Siedlungen in der Geschichte des Staates Israel. Unter Premierminister Ariel Sharon löste sich Israel vollständig von Gaza – ein umstrittener Schritt, bei dem Israelis aus ihren Häusern im Gazastreifen evakuiert und das gesamte Gebiet unter palästinensische Kontrolle gestellt wurde. Forderungen etwa nach Ausgleichszahlungen gab es keine.

Dieser Rückzug – der auf Hebräisch mit dem inzwischen verpönten Wort »Ha-Hitnatkut« bezeichnet wird – wurde von einer Koalitionsregierung unter Führung der Likud-Partei, Netanjahus Partei, unter der Führung des Ex-Generals Sharon, des »Vaters der Siedlungen«, eingeleitet und umgesetzt.

Vor dem Hintergrund der zweiten Intifada, die im Herbst 2000 begann, plädierte Sharon für diese Trennung,

weil so – durch eine Verringerung der Kontakte – die Spannungen mit den Palästinensern minimiert werden sollten, »um die Sicherheit zumindest auf lange Sicht real zu verbessern«.

Nach dieser Erklärung warben die israelischen Siedler im Gazastreifen intensiv dafür, diese Entscheidung zurückzunehmen. Die Zeitspanne zwischen der Verkündung des Plans und seiner Umsetzung ein Jahr und acht Monate später war eine der turbulentesten in der israelischen Gesellschaft. Wiederholt kam es zu Zusammenstößen mit der israelischen Polizei und dem Militär.

Trotz ihres Widerstands scheiterten die Siedler, und im Jahr 2005 zog sich Israel im Osten hinter die Grenzen von 1967 zurück und übergab die interne Kontrolle über Gaza an die Palästinenser, zu dem Zeitpunkt etwa 1,7 Millionen Menschen. Dadurch wurde ein Präzedenzfall gesetzt: »Land für Frieden« wurde als vollendete Tatsache präsentiert.

Sharons Hoffnung auf »eine real verbesserte Sicherheit« erwies sich aber schnell als falsch. Im Jahr 2006 wurden in den Palästinensergebieten Parlamentswahlen abgehalten, und die Hamas – die international bereits als Terrororganisation galt – gewann 42,9 Prozent der Gesamtstimmen und damit vierundsiebzig von 132 Parlamentssitzen.

Nach der Wahl kam es im Gazastreifen zu ernsthaften Zusammenstößen zwischen der Hamas und Unterstützern der Palästinenserbehörde und deren Fatah-Bewegung. Bei den Kämpfen kamen mehr als sechshundert Palästinenser ums Leben. Zwar machte sich die Hamas daran, mit der Fatah eine nationale Einheitsregierung zu bilden, doch gewann die Gruppe durch Einschüchterung und Gewalt rasch die völlige Kontrolle über Gaza. Laut der Menschen-

rechtsorganisation Human Rights Watch habe die Hamas »willkürlich politische Gegner verhaftet, Gefangene gefoltert, Rede- und Versammlungsfreiheit beschnitten und gegen die Rechte auf ein ordentliches Verfahren verstoßen, die das palästinensische Gesetz vorsah«.

Der palästinensische Präsident Mahmoud Abbas erklärte die Taktik der Hamas daraufhin zum »bewaffneten Aufruhr« und bildete eine neue palästinensische Regierung unter Ausschluss der Hamas, die letztendlich von der internationalen Gemeinschaft als einzige palästinensische Regierung anerkannt wurde, auch von Ägypten, Jordanien und Saudi-Arabien, obwohl ihr Regierungssitz im Westjordanland war.

Nachdem die Hamas die Macht im Gazastreifen übernommen hatte, schlossen sowohl Israel als auch Ägypten ihre Grenzen zu dem Gebiet, wobei Israel die Grenzübertritte kontrollierte. Diese Kontrolle entwickelte sich zu einer Blockade, die es den meisten Palästinensern unmöglich machte, das Gebiet zu verlassen, und sie in Armut stürzte. Immer wieder wurden Wasser, Lebensmittel und Mittel der medizinischen Versorgung knapp, für den Import von Treibstoff und für elektronische Geräte galten strenge Beschränkungen mit der Begründung, sie könnten für Waffen zweckentfremdet werden. Alle zusammen waren die Maßnahmen von Hamas, Israel und Ägypten eine Katastrophe für die Menschen in Gaza; einige von ihnen radikalisierten sich, alle versanken im Elend. Die Tunnel von Gaza, die nach den Angriffen vom 7. Oktober traurige Berühmtheit erlangten, wurden ursprünglich angelegt, um diese Blockade zu umgehen und Waren in die Region zu schmuggeln, aber auch Waffen. Die größte Schmuggelroute lief über die sogenannte Philadelphi-Passage an der

Grenze zu Ägypten, der größte Waffenlieferant war der Iran, der laut einem Bericht des US-Verteidigungsministeriums aus dem Jahr 2010 »Geld, Waffen und Ausbildung lieferte, um Israel die Stirn zu bieten und den Friedensprozess im Nahen Osten zu torpedieren«. Israel schien das einzige Thema zu sein, das die Gemeinschaft (Umma) der Muslime vereinigen konnte und zu einer beispiellosen Kooperation von sunnitischer Hamas und schiitischem Iran führte. Durch die iranische Unterstützung sowie die erheblichen Gelder, die über den politischen Flügel der Hamas mit Hauptquartier in Katar flossen, wurde die Hamas wohlhabend, Gaza aber nicht. Das Geld wurde offenbar in Waffen und Infrastruktur im Untergrund investiert, in das riesige Tunnelnetz, aus dem sich mit der Zeit ein Gaza unter Gaza entwickelte, ein unterirdischer Irrgarten eines bösartigen Regimes, das die Bevölkerung oben nicht regierte oder förderte, sondern als politischen und allzu oft physischen Schutzschild missbrauchte.

In den Köpfen vieler Israelis, auch einiger führender Politiker, war der Rückzug aus Gaza der Sündenfall Israels, und sie sehen eine direkte Verbindung zwischen diesem Rückzug aus Gaza im Jahr 2005 und der rechtsextremen Justizreform und dem Massaker achtzehn Jahre später.

Der junge israelisch-amerikanische Soziologe Hayim Katsman, aufsteigender Star in seiner Wissenschaft mit einem Doktortitel der Universität Washington, hat die Auswirkungen des Rückzugs aus Gaza auf die religiöse zionistische Bewegung im Westjordanland untersucht – der Bewegung, in der er aufgewachsen war und die er verlassen hatte.

In seiner Dissertation zeigt Katsman, dass die religiösen Zionisten den Abzug als kollektives Trauma erlebt hätten, als »persönlichen«, »politischen« und »theologischen«

Verrat: »Die Entwurzelung jüdischer Siedlungen, die als erlösende Erfüllung von Gottes Versprechen an Abraham gesehen wurden, schien unvorstellbar«, schrieb er und wies darauf hin, dieser Verrat habe dazu geführt, dass religiöse Zionisten sich vermehrt politisch engagierten, um zu verhindern, dass sich eine solche Tragödie jemals wiederholt. Die religiösen Siedler erkannten, dass sie Einfluss nicht nur in der Knesset, sondern in allen Bereichen des israelischen Establishments, in Gerichten, Armee, Polizei und Medien brauchten, wenn sie zukünftige Vertreibungen – aus dem Westjordanland oder, wie sie es nannten, aus Judäa und Samaria – verhindern wollten.

Der Rückzug aus Gaza führte zu ihrem Engagement in Israel: Fast zwanzig Jahre lang erweiterten sie ihre Macht bis zu ihrem historischen Wahlsieg 2022, bei dem ihre Koalition mit Netanjahu ihnen höchste Ministerposten einbrachte und sie alles überwachen konnten, vom Landeshaushalt bis zum Gesetzesvollzug und sogar die Kriegspolitik. Am 7. Oktober wurde der zweiunddreißigjährige Dr. Hayim Katsman, der nicht nur angesehener Wissenschaftler, sondern auch ein bekannter Friedensaktivist war und sich deutlich gegen die Besetzung aussprach, von Hamas-Terroristen ermordet, die in den Kibbuz Holit eindrangen.

Die religiösen Zionisten, über die er forschte, reagierten erwartungsgemäß: Nach dem Massaker forderten sie eine Abkehr von der Rückzugspolitik und eine Rückkehr jüdischer Siedlungen in den Gazastreifen. Dazu müsste Gaza erneut annektiert und eine Ein-Staaten-Lösung vom Fluss Jordan bis ans Meer durchgesetzt werden.

Simchat Tora 5702 (1941) bis Simchat Tora 5784 (2023)

1

An Simchat Tora im Oktober 1941 wurde Moshe Ridler aus seinem Zuhause in Herza an der Grenze zwischen Rumänien und der Ukraine deportiert.

Moshe war das jüngste Kind von Pearl und Zelig Ridler und ging damals, zehn Jahre alt, in die dritte Klasse.

Ein Jahr zuvor waren sowjetische Truppen in die Stadt einmarschiert, und die Judenverfolgungen begannen. Zunächst wurden nur die bürgerlichen Juden enteignet und deportiert. Aber nachdem die rumänischen Truppen die Macht übernommen hatten, bekamen alle Juden die Folgen unmittelbar zu spüren. Am 5. Juli 1941 wurden ein neuer Bürgermeister und eine Bürgerwehr eingesetzt, die einen klaren Auftrag hatten: die Juden von Herza loszuwerden.

Fast die gesamte jüdische Bevölkerung wurde auf einem Platz im Stadtzentrum zusammengetrieben. Männer, Frauen, Kinder und Senioren wurden voneinander getrennt, mussten sich nackt ausziehen, wurden geschlagen und gefoltert. Dutzende mussten ihr eigenes Massengrab ausheben, bevor sie erschossen wurden.

Drei Wochen nach der rumänischen Besatzung wurden die meisten der 1600 überlebenden Juden der Stadt in das Durchgangslager Edintz deportiert. Die letzte Gruppe, zu der auch die fünfköpfige Familie Ridler gehörte, wurde auf einen dreihundert Kilometer langen Todesmarsch zu Übergangsghettos und -lagern in Transnistrien geschickt.

Die dreifache Mutter Pearl Ridler war 46 Jahre alt und erlag auf diesem Todesmarsch dem Typhus. Der Rest der

Familie schaffte es in ein Übergangsghetto, aber die fünfzehnjährige Mina starb kurz darauf an Auszehrung. Moshes Vater Zelig wurde von dort in ein Arbeitslager nach Odessa geschickt, seine älteste Schwester Feige in ein Arbeitslager in Tultschyn. So blieb Moshe Ridler mit nicht einmal elf Jahren allein im Ghetto zurück.

2

Der Name Ridler war in den 1960ern der Schrecken aller Kriminellen in Tel Aviv.

Diebe, Drogendealer, Sexualstraftäter – Master Sergeant Moshe Ridler von der zentralen Ermittlungseinheit der städtischen Polizei führte einen Bewohner der Unterwelt Tel Avivs nach dem anderen zum Bezirksgerichtsgebäude.

Zwei Männer hatten versucht, Schulmädchen mit Marihuana gefügig zu machen. Ridler fand es in einer Blumenvase bei einer unangekündigten Hausdurchsuchung und verhaftete die beiden. Vier maskierte Männer brachen in die Werkstatt eines Diamantschleifers ein, bedrohten ein älteres Ehepaar mit Schusswaffen und stahlen Edelsteine im Wert von 50000 Dollar – Ridler erhielt einen Tipp von einem Informanten und fand nicht nur die Beute, sondern auch weitere gestohlene Edelsteine im Wert von mehr als 100000 Dollar. Im Jahr 1965 überführte er den Eigentümer eines Hotels wegen Tabakschmuggels und wurde als bester Polizeifahrer ausgezeichnet – er erhielt dafür eine Urkunde, die der Polizeipräsident persönlich unterzeichnet hatte.

Master Sergeant Moshe Ridler war ein schlanker junger Mann mit dichtem schwarzem Haar und einem erkennbar rumänischen Akzent. Er lebte mitten unter den Kriminellen, die er verfolgte, in einer bescheidenen Wohnung in

einem Gebäude, in dem nur Polizisten wohnten, mit seiner Frau Pia – ebenfalls eine rumänische Immigrantin, die nach dem Krieg nach Israel geflohen war –, ihrem Sohn und zwei Töchtern.

Seine erste Tochter nannte er Pnina, nach dem hebräischen Wort für Pearl, dem Namen seiner Mutter.

Weder die Kriminellen noch die Polizisten von Tel Aviv, noch nicht einmal seine eigenen Kinder, wussten über die ersten Jahre im Leben von Master Sergeant Moshe Ridler Bescheid.

3

Nachdem er wenige Monate allein im Übergangsghetto verbracht hatte, erpresste er eine Gruppe älterer Jungen, die er belauscht hatte, als sie ihre Flucht planten.

Er drohte, sie an den Lagerkommandanten zu verraten, wenn sie ihn nicht mitnahmen.

Nach den informellen Gesetzen des Ghettos drohte einem »Moser« – einem Juden, der einen anderen Juden bei den Behörden verrät – die Todesstrafe.

Dass der Junge dies riskierte, bewies, dass er es ernst meinte, und so nahmen die Jungen ihn in die Gruppe auf, nachdem sie ihn zunächst abgewiesen hatten. Wenige Tage später schnitten die Jungen im Schutz der Dunkelheit ein kleines Loch in den Zaun um das Ghetto und rannten ohne Ziel los.

Am folgenden Tag erwachte Ridler auf einem Ofen in einem fremden Haus.

Ein Ehepaar aus einem ukrainischen Dorf etwa dreißig Kilometer vom Ghetto entfernt hatte ihn halb erfroren gefunden.

Die Familie nahm ihn bei sich auf. Er bearbeitete ge-

meinsam mit den Kindern der Familie das Land und melkte die Kühe. Eineinhalb Jahre blieb er dort, bis er hörte, dass Juden nach Herza zurückkehrten.

Von den 1940 Juden, die vor dem Krieg in Herza gelebt hatten, hatten nur vierhundertfünfzig überlebt.

Moshe ging in die Synagoge, die er mit seiner Familie besucht hatte, setzte sich auf die Stufen, wartend und hoffend. Irgendwann tauchte sein Vater Zelig dort auf. Auch seine Schwester Feige fanden sie wieder. Ihre Familie bestand nun aus drei Personen.

4

Moshe wanderte 1951 nach Israel aus, Zelig und Feige folgten ihm erst zehn Jahre später.

In den ersten Jahren wohnte Moshe in Neve Yarak, einem Moschaw in Zentralisrael, den Holocaust-Überlebende aus Rumänien gegründet hatten. Die Gründer stellten dazu einen Antrag beim ersten Präsidenten Israels, Chaim Weizmann, mit der Begründung, sie könnten eine neue Gemeinschaft aufbauen und »als Beispiel für Immigranten im mittleren oder höheren Alter dienen« (die typischen Moschaw-Bewohner damals waren unter dreißig).

Neve Yarak war einer der wenigen Kibbuzim oder Moschawim, den Holocaust-Überlebende gründeten.

Nachdem Moshe den Polizeidienst verlassen hatte, eröffnete er eine Privatdetektei in Tel Aviv und spezialisierte sich auf Finanzkriminalität. Er betrieb auch umfangreiche Ermittlungen im Auftrag der Jewish Agency zu Personen, die die Einwanderungsbehörde des Landes betrogen hatten.

In all den Jahren sprach er nie über seine Vergangenheit.

5

Mit 90 Jahren, nach dem Tod seiner Schwester und seiner Frau, zog Moshe Ridler in den Kibbuz Holit, weil er in der Nähe seiner Tochter Pnina sein wollte.

Jahrelang hatte Pnina ihren Vater bekniet, zu ihr in den Kibbuz zu kommen, und ihm versichert, es gebe keinen besseren Ort, um alt zu werden, als diese ruhige und friedvolle Gegend. Pnina unterrichtete Englisch an der örtlichen Schule und leitete ehrenamtlich das Kommandozentrum des Kibbuz, wo sie dafür verantwortlich war, die Mitglieder bei Notfällen – die trotz der Nähe zur Grenze nach Gaza zum Glück nur selten eintraten – mit Informationen zu versorgen.

Im Jahr 2019 willigte Moshe schließlich ein und wurde zum ältesten Bewohner des Kibbuz Holit, ein physisch starker, wenn auch zunehmend seniler Großvater emeritus. Sein neues Zuhause war eine noch kleinere jüdische Gemeinde, als die, in der er in Osteuropa aufgewachsen war.

Holit war ursprünglich im Sinai gegründet worden, dann aber umgesiedelt worden, als Israel das Gebiet im Rahmen des Friedensvertrags an Ägypten abgetreten hatte. Der Name (hol bedeutet »Sand« auf Hebräisch) verweist immer noch auf den ursprünglichen Standort, aber die meisten Gründungsmitglieder hatten den Kibbuz inzwischen verlassen. Zwischenzeitlich gab es nur noch fünfundzwanzig Mitglieder, neue Bewohner waren schwer zu finden.

Schließlich rettete in den 2000er Jahren eine Gruppe junger städtischer Idealisten, vom Gemeinschaftssinn der ursprünglichen Kibbuzniks inspiriert, Kibbuz Holit vor dem Untergang. Sie zogen nach Holit, belebten die Obstplantagen und vor allem die Milchwirtschaft neu, stets getreu ihrem Leitbild: die Erschaffung »einer kooperativen Ge-

meinschaft, die gemeinsam lernt, sich in der Sozialarbeit engagiert und eine enge Verbindung zu Land und Landwirtschaft pflegt«.

Moshe konnte in Holit auch wieder Rumänisch sprechen, denn sein Pfleger, der ihm beim Kochen, beim Anziehen und anderen Aufgaben des Alltags half, kam aus der Republik Moldau.

Petro Bushkov hatte mit 35 Jahren seine Frau Aliona und ihre drei kleinen Töchter in Moldau zurückgelassen, um in Israel Geld zu verdienen. Er hatte mehrere Tausend Dollar für die Vermittlung einer Arbeitserlaubnis bezahlt, weil er sicher war, dass er die Investition in der Altenpflege mehr als wettmachen konnte.

Alle im Kibbuz kannten das seltsame Paar: der ältere, aber energiegeladene Ridler mit seinem Rollator und der ruhige Bushkov, der stets neben ihm ging und sich bemühte, den alten Mann zu bremsen.

Sie machten täglich dieselbe Runde: Erst gingen sie zur Post, dann zum Lebensmittelladen und schließlich – das Highlight des Tages – spazierten sie zum Schwimmbad.

Jeden Abend besuchte Moshe Pnina, die auf der anderen Straßenseite gegenüber wohnte.

So ließ es sich gut alt werden.

6

Am jüdischen Feiertag Simchat Tora im Oktober 2023 wurde Moshe Ridler in seinem Haus im Kibbuz Holit im Alter von 92 Jahren ermordet.

Wenige Tage zuvor hatte seine Tochter Pnina angekündigt, sie werde den Tag mit ihrem ältesten Kind und den Enkelkindern in Tiberias feiern. Moshe wollte aus zwei Gründen nicht mitfahren. Erstens schlief er am liebsten

im eigenen Bett. Und zweitens war am 7. Oktober sein geliebtes Schwimmbad zum letzten Mal geöffnet, bevor es über den Winter geschlossen würde. Moshe ging am Freitag, dem 6. Oktober, mit dem Plan zu Bett, nach dem Aufwachen schön lange zu schwimmen.

In Tiberias wurde Pnina Ridler um halb sieben Uhr morgens durch Warnanrufe überrascht, durch die sie erfuhr, dass ein großer Raketenangriff auf den Kibbuz begonnen hatte.

Als Leiterin des Kommandozentrums im Kibbuz informierte sie von Tiberias aus die Bewohner: »Unser Kibbuz und andere sind unter schwerem Beschuss. Bitte geht in einen Schutzraum und haltet die Türen verschlossen.«

Unterdessen schlief ihr Vater in Holit immer noch, merkte nichts von den Sirenen und den Raketeneinschlägen.

Pnina rief ihn an, um sicherzugehen, dass er informiert war und sich im Schutzraum befand.

Peter Bushkov war bereits wach und versicherte ihr, es gehe ihnen beiden gut, aber die zweiundsechzigjährige Nachbarin Lily Keisman war überzeugt, dass der Lärm, den sie hörte, nicht nach einem normalen Raketenangriff klang, wie sie ihn früher schon erlebt hatte.

Lily teilte ihre Sorge mehrfach im Gruppenchat des Kibbuz – bis ihre Nachrichten abrupt abbrachen.

Aus dem Haus neben dem von Lily, das Shahar und Shlomi Mathias gehörte, 47 Jahre alten Musikern und Lehrern, wurden Gewehrschüsse gemeldet.

Ihr sechzehnjähriger Sohn Rotem konnte noch in den Gruppenchat schreiben, er sei verletzt und seine Eltern seien ermordet worden.

Neben dem Haus der Mathias' wohnten Ronit und Roland Sultan.

Ronit, 56, hatte einen einen Doktortitel in Kunst aus Argentinien, und Roland, 68, war der in Tunesien geborene Leiter des Kibbuz. Beide wurden ermordet – Ronit im Haus und Roland auf dem Balkon.

Eine Querstraße weiter stand das Haus der Elharars, wo die siebenjährige Adi als Einzige überlebte. Sie hatte sich im Schrank versteckt.

Die Fotografin und zweifache Mutter Judy Torgman schrieb in den Gruppenchat des Kibbuz, Terroristen hätten ihr Haus in Brand gesteckt, während die Familie noch darin war: »Helft uns – das Haus brennt – Hilfe!«

Anani Kaploun, der die Plantage mit Zitrus- und tropischen Früchten leitete, und seine Frau Adi Vital-Kaploun, eine Expertin für Cybersicherheit, gehörten zu den bekannteren jüngeren Berufstätigen im Kibbuz, gemeinsam mit Ananis Bruder Ahuvia und dessen Freundin Tahila Katbi.

An jenem Morgen hatten Anani und Ahuvia den Kibbuz früh zu einem Männerausflug verlassen. Die Frauen waren zu Hause geblieben.

Als die ersten Schüsse fielen, rief Adi ihren Mann an und fragte ihn, wie man das Gewehr bediente. Sie wurde vor den Augen ihrer zwei kleinen Söhne ermordet: dem vier Monate alten Eshel und dem vier Jahre alten Negev. Die Terroristen brachten Sprengstoff an ihrer Leiche an und filmten dann, wie sie die beiden Jungs mit Milch fütterten.

Das nächste Haus gehörte Hayim Katsman, dem jungen Doktor der Soziologie, der die Auswirkungen des Abzugs aus dem Gazastreifen auf die religiöse zionistische Bewegung untersuchte.

Im Wohnzimmer stand ein kaputter Fernseher, auf dem mit roter Sprühfarbe stand: »Die Revolution wird nicht im

Fernsehen übertragen.« Er war außerdem DJ für arabische elektronische Musik und Friedensaktivist – und Barkeeper, Automechaniker und der Gärtner des Kibbuz. Am Abend vor dem Massaker war Dr. Katsman beim Lesen eines Buches über die Hamas, das deren Weg von religiöser Ideologie zum Terrorismus beschreibt, eingeschlafen.

Von den Sirenen am nächsten Morgen geweckt, sah er nach seinen Nachbarn und fand Tahila Katbi erschossen. Er rannte zum Haus seiner anderen Nachbarin, einer Lehrerin für Pilates und Yoga namens Avital Aldjem, und versteckte sich mit ihr im Schrank. Als die Hamas-Terroristen in Avitals Haus eindrangen, schützte er sie mit seinem Körper und wurde erschossen.

Die Hamas-Terroristen holten Avital aus dem Schrank, zogen ihr drei Röcke an und entführten sie mit den beiden Kaploun-Kindern nach Gaza. Nachdem sie die Grenze zu Fuß überquert hatten, befahl einer der Terroristen Avital und den Kindern plötzlich, sie sollten umkehren und nach Israel zurückgehen. Diese »Begnadigung« filmten die Terroristen für den Social-Media-Auftritt der Hamas. Avital führte die Kaploun-Kinder nach Hause – den Kleinsten trug sie, während der Ältere wegen eines Granatsplitters in seinem Bein über das steinige Ödland kriechen musste.

Fünfzehn Bewohner des Kibbuz Holit wurden am 7. Oktober ermordet. Vierzehn Kinder wurden zu Waisen. Mehrere von Pninas Schülern aus dem benachbarten Kibbuz Be'eri wurden, wie schon beschrieben, getötet, manche verschleppt: Emily Hand aus der dritten Klasse, Hila Rotem aus der siebten und die Zwillinge Liel und Yanai Hetzroni aus der sechsten Klasse.

Gegen Mitternacht erfuhr Pnina vom Tod ihres Vaters.

Hamas-Terroristen hatten den Schutzraum, in dem sich

Moshe Ridler und Petro Bushkov versteckten, mit Panzerfäusten beschossen. Danach hatten sie Granaten geworfen und die Tür eingetreten.

Petro hatte mehrere Schusswunden und starb. Mosche wurde später in seinem Bett vorgefunden: als wäre er noch nicht aufgewacht und alles wäre nur ein böser Traum.

Traueropfer

1

1. Fahrt: Vom Platz der Könige, Tel Aviv, nach Neve Dekalim, Gaza | März 1993

Haim Ben Aryeh schloss die Tür seines Busses kurz vor Mitternacht.

»In etwa zwei Stunden sind wir zu Hause«, verkündete er. Zu Hause war Neve Dekalim, die größte jüdische Siedlung in Gaza.

Der Bus war voll besetzt, kein einziger Platz blieb leer. Die meisten von Haims Fahrgästen kannten sich in Tel Aviv nicht aus, für sie war die Stadt das Sündenbabel der säkularen Linken. Doch hatten sie einen guten Grund, um an jenem Abend dort zu sein: eine Demonstration gegen die bevorstehende Unterzeichnung des Osloer Abkommens durch den israelischen Premierminister Yitzhak Rabin und den Verhandlungsführer der Palästinensischen Befreiungsorganisation Jassir Arafat.

Im Rahmen des Friedensprozesses erklärte Israel sich bereit, sich aus den palästinensischen Siedlungen in Gaza und Jericho zurückzuziehen und eine Palästinenserbehörde, die dort eingerichtet werden sollte, anzuerkennen. Im Gegenzug erkannten die Palästinenser das Existenz-

recht Israels an. Nicht allen gefiel diese Vereinbarung, um es vorsichtig auszudrücken. Slogans wie »Das ist kein Frieden, sondern Terror«, »Gebt ihnen keine Waffen« und »Rabin ist ein Verräter« waren an jenem Abend auf dem Platz der Könige zu hören.

Haim hatte gerade den Motor des Busses gestartet, als es an der Bustür klopfte.

Draußen stand eine junge Frau mit schwarzem Haar, völlig außer Atem.

Haim öffnete die Tür für sie.

»Haben Sie noch einen Platz frei nach Gaza?«, fragte sie.

»Nein, aber Sie können sich gerne hier auf die Stufen neben dem Fahrersitz setzen.«

Sie nickte und stieg ein, entschuldigte sich für die Umstände. »Ich habe mit meinen Freunden demonstriert und die Zeit vergessen; das hier ist der letzte Bus nach Hause.«

Ihr Name war Irit Cohen Yonatan. Sie war 19 Jahre alt und Lehrerin.

Haim war der 26 Jahre alte Sohn von Immigranten aus dem Irak und der Türkei mit blitzenden Augen und weicher Stimme. Irit stammte aus einer Familie von algerischen »Kohanim« (Priestern), die auf der tunesischen Insel Djerba gelebt hatten. Er war das dritte von sechs Geschwistern, sie war das neunte von zehn. Sie stellten fest, dass sie fast Nachbarn waren. Er lebte zwischen Rafah und Khan Yunis im Moschaw Katif in Gusch Katif in einem der Einfamilienhäuser im Stil amerikanischer Vorstädte. Sie war in Neve Dekalim aufgewachsen, der »Hauptstadt« der jüdischen Siedlung in Gaza, die Neuankömmlinge aus Frankreich und Indien auf unberührten Dünen an der Küste gebaut hatten. Sie hatten sehr ähnliche politische Ansichten: »Wir hatten Frieden, bevor die Friedensgespräche begannen«, kommentierte Haim

beim Fahren. Irit nickte zustimmend. Der Monat wurde als »Blutmonat« bekannt, nachdem vierzehn Israelis bei Terrorangriffen von Palästinensern ermordet worden waren. Beide hatten in Nachbarschaft mit Palästinensern gelebt. Sie glaubten immer noch, dass das Osloer Abkommen kein Weg zum Frieden war, sondern der Auftakt zum Krieg.

Einen Monat später waren sie verlobt. Sieben Monate später, im Oktober 1993, heirateten sie.

2. Fahrt: Vom Moschaw Katif zum Moschaw Ganei Tal | 2. Mai 2004

Irit und Haim Ben Aryeh planten, mit ihren vier Kindern von ihrem Zuhause im Moschaw Katif zum Wahllokal in der Stadt Be'er Sheva zu fahren, um Likud-Wähler zum Umdenken zu bewegen.

Es war ein wichtiger Morgen – die Likud-Partei hielt ein Referendum zu den Abzugsplänen ab. Das war ihre letzte Chance, Premierminister Ariel Sharon von seinem Plan abzubringen, die israelischen Siedlungen in Gaza aufzugeben und das Land den Palästinensern zu übergeben.

Sharon argumentierte, der Abzug werde Frieden bringen: »Ich bin bereit, schmerzvolle Kompromisse einzugehen, um diesen andauernden und üblen Konflikt um das Land zu beenden, und ich würde alles tun, um Frieden zu schaffen… Der Abzugsplan hat das Potenzial, eine neue Realität einzuläuten.«

Gemeinsam mit vielen Politikern vom rechten Flügel hielten die israelischen Siedler in Gaza dagegen, Sharons Plan werde in eine Katastrophe münden – er werde zu noch mehr Gewalt und Krieg führen. Sie glaubten, Terrororganisationen würden den Plan als Beweis dafür werten, dass man Israel durch Terror zwingen konnte, Land aufzugeben. Sie wiesen außerdem darauf hin, Gaza sei we-

sentlicher Bestandteil des historischen Erbes des jüdischen Volkes, und kein säkulares Gesetz sei befugt, Land zu konfiszieren, das aus biblischer Sicht Israel gehörte.

Monatelang waren Haim und Irit durch Israel gefahren und hatten Wähler dazu ermuntert, den Plan abzulehnen. Sie hatten sogar ihr Haus und Haims Bus orangefarben angemalt – in der Farbe der Protestbewegung (entlehnt von der zeitgleich stattfindenden Orangenen Revolution in der Ukraine).

Haim fuhr inzwischen Bus für den Regionalverband Gazaküste und war in den einundzwanzig jüdischen Siedlungen der Gegend bekannt für seinen langen Bart, sein breites Lächeln und den orangefarbenen Bus, der mit israelischen Flaggen und Klebebildern von Torarollen geschmückt war. Aber nicht nur sein Erscheinungsbild war auffallend, er hatte außerdem ein paar exzentrische Angewohnheiten. Er hasste Mobiltelefone (zu viel Ablenkung), hatte nie eine Kreditkarte besessen (aber immer Bargeld bei sich), und er kannte von jedem Kind, das er zur Schule fuhr, Name und familiären Hintergrund. Für manche war er mehr Lehrer als ihre richtigen Lehrer.

Am Abend vor dem Referendum zeigten die beiden älteren Töchter von Haim und Irit, die elfjährige Lior und die zehnjährige Maytal ihren beiden gleichaltrigen Freundinnen Hila und Hadar Hatuel, die nebenan wohnten, stolz einen Zeitungsartikel über die politischen Aktivitäten ihrer Eltern. Die beiden Familien waren eng befreundet: Tali Hatuel und Irit Ben Aryeh waren gleichzeitig schwanger geworden und unterstützten sich bei der Erziehung der Kinder. An jenem Morgen verließ die Familie Hatuel kurz vor der Familie Ben Aryeh Ashkelon in Richtung Wahllokal.

Die Ben Aryehs waren spät dran, weil sie warten mussten,

bis Haim von seiner morgendlichen Schulrunde zurückkehrte. Seit er damals Irit trotz ihrer Verspätung getroffen hatte, wartete er an jeder Haltestelle ein oder zwei Minuten extra, um sicherzugehen, dass kein Kind den Bus verpasste.

Kurz vor der Abfahrt rief Irits Bruder an, der Polizist war: »Es hat einen Terrorangriff auf der Hauptstraße gegeben. Fahrt nach Hause und bleibt dort.«

Die Familie befolgte den Rat und kehrte nach Moschaw Katif zurück. Dort erfuhren sie, dass ihre Nachbarn bei diesem Terrorangriff getötet worden waren.

Tali Hatuel, ihre vier Töchter und das ungeborene Baby waren in einem weißen Citroën Kombi an der Kissufim-Kreuzung östlich von Khan Yunis von bewaffneten Männern angegriffen worden, die dem palästinensisch-islamischen Dschihad und der Fatah angehörten. Nach der ersten Gewehrsalve schleuderte der Wagen von der Straße. Die Angreifer folgten dem Wagen und eröffneten aus kurzer Distanz das Feuer auf die Familie.

Jemand musste die Leichen identifizieren. Haims Bus war bereits seit ein paar Jahren kugelsicher, was seit der zweiten Intifada im Herbst 2000 eine unabdingbare Vorsichtsmaßnahme war. Die Kissufim-Strecke, die Straße, auf der die Familie Hatuel ermordet wurde, gehörte zu seiner täglichen Tour. Er selbst hatte bereits Schießereien und Bombenangriffe überlebt. Dennoch war der Anblick der von Kugeln durchlöcherten Körper in der Leichenhalle des Moschaws Ganei Tal unerträglich für ihn.

David Hatuel bestand darauf, die Leichen seiner Frau und Kinder zu sehen, doch Haim versuchte, ihm das auszureden: »Manche Erinnerungen willst du nicht haben. Vertraue mir. Erspare dir das.«

Am Tag darauf, dem Tag, an dem die Familie Hatuel be-

erdigt wurde, wurden die Ergebnisse des Likud-Referendums bekannt gegeben: 65 Prozent stimmten gegen »den Rückzugsplan«. Trotz dieses Ergebnisses war Premierminister Sharon der Meinung, er verfüge über das notwendige politische Kapital, um den Plan dennoch umzusetzen.

Zwanzig Jahre nach dem Abzug aus dem Sinai setzte Israel ein weiteres Mal auf den Handel »Land gegen Frieden«, diesmal unilateral, ohne vorherige Zusagen der Palästinenser. Im August 2005 schickte Premierminister Sharon 25 000 Soldaten los, um alle israelischen Bürger aus Gaza zu evakuieren, zur Not auch gegen ihren Willen.

3. Fahrt: Vom Moschaw Katif in Gaza nach Kfar Pines, Israel | 21. August 2005

Haim hielt ein Fischglas mit drei Goldfischen in der Hand, Irit ihr Neugeborenes im Arm, und die anderen vier Ben-Aryeh-Kinder trugen Taschen mit fast allen ihren weltlichen Besitztümern.

Die Familie war gerade aus ihrem Zuhause im Moschaw Katif zwangsevakuiert worden und stieg jetzt in einen Bus, der sie aus Gaza hinausbringen sollte. Sie wurden auf Befehl des israelischen Militärs umgesiedelt.

»Wir werfen noch nicht einmal Fische aus ihrem Zuhause. Wir sind nicht wie Sharon«, sagte Haim zu den Soldaten. Er hatte nicht glauben wollen, dass er heimatlos werden würde, bis man ihn in einen Bus scheuchte, der nicht seiner war, und zwang, auf einem Fahrgastsitz Platz zu nehmen. Jetzt sah er sein Zuhause hinter dem Horizont verschwinden.

Der Fahrer raste planlos aus Gaza hinaus. Es war schon Nachmittag, und sie gehörten zu den letzten Israelis, die Gaza verließen. Als der Fahrer einmal abrupt bremste,

rutschte Haim das Fischglas aus der Hand, zerschellte auf dem Boden, und die Fische starben.

Mitten in der Nacht wurden die Ben Aryehs an einer religiösen Mädchenschule in Zentralisrael abgesetzt, wo sie sich Stockbetten mit anderen heimatvertriebenen Familien teilten. Dort blieben sie zwei Monate lang. Danach brachte man sie auf einen Campingplatz im Süden und steckte sie in einen 45-Quadratmeter großen Wohnwagen, der noch nicht einmal eine Tür hatte. Sechs Monate später kamen sie in eine Wohnwagensiedlung an den Westhängen des Berges Hebron. Ihre Habseligkeiten, die innerhalb von zwei Wochen nachgeschickt werden sollten, kamen erst zehn Monate später an.

Haim veränderte sich nach der Deportation aus Gaza. Die Arbeitslosigkeit machte ihm zu schaffen. Er wurde immer stiller, introvertierter, verbitterter.

Dreizehn Jahre lang mussten die Ben Aryehs warten, bis der Staat Israel sein Versprechen einlöste und ihnen ein neues Haus innerhalb der Grenzen des Staates von 1967 zur Verfügung stellte.

Erst 2019 wurden die fünfzig Familien aus dem Moschaw Katif in Gaza wieder gemeinsam in dem neuen Moschaw angesiedelt, den man für sie gebaut hatte – Karmi Katif.

Haim arbeitete wieder als Busfahrer für Kinder in ihrer neuen Gemeinde. Erleichtert beobachtete Irit, dass ihr Mann wieder lächelte.

David Hatuel war auch hier wieder ihr Nachbar. Er hatte wieder geheiratet und sechs weitere Kinder bekommen.

4. Fahrt: Von Karmi Katif zum Kibbuz Be'eri | 7. Oktober 2023

Haim erhielt einen dringenden Anruf seines Busunternehmens.

Jemand musste Kinder, die das Massaker im Kibbuz Be'eri überlebt hatten, in Hotels am Toten Meer in Sicherheit bringen. Haims Chef wusste, dass Haim Erfahrung mit schwierigen Situationen hatte, insbesondere mit Kindern.

Gegen 4 Uhr morgens am nächsten Tag hörte Irit einen Schlüssel im Schloss.

Haim stand im Hauseingang und weinte, wie Irit es noch nie bei ihm gesehen hatte.

»Was ist passiert? Sag mir, was passiert ist«, bat sie ihn.

»Ich konnte ihnen nicht helfen.« Haim konnte kaum sprechen vor lauter Tränen.

»Ich bin mir sicher, dass du ihnen geholfen hast, Haim. Erzähle mir alles. Was hast du gesehen?«

Er brachte kaum vollständige Sätze zusammen, und Irit erinnerte sich, dass viele seiner Aussagen wie Fragen klangen:

»Ich konnte nicht helfen ... Leute stiegen in den Bus halb nackt ... Sie waren in Decken gewickelt? In Handtücher? ... Das Blut ... Menschen waren voller Blut? Kinder blutüberströmt? Kinder ohne Strümpfe oder Schuhe? Väter in Unterwäsche? Sie rannten um ihr Leben? Diese Leute haben gesehen, wie ihre Familien ermordet wurden, grauenhafte Bilder ... und die Stille ... die ganzen zwei Stunden Fahrt zum Toten Meer war es völlig still ... mein Bus war voll, und keiner sprach ein Wort? Nicht einmal die Babys schrien? Kein einziges Kind sagte ein Wort und was konnte ich tun? Ich konnte nichts tun? Ich konnte ihnen nicht helfen?«

Letzte Fahrt: Von Karmi Katif zum Moschaw Neta | 25. Oktober 2023
Haim hatte sich in sich selbst zurückgezogen. Tagelang war er im Bett gelegen und hatte auf dem rechten TV-Sender Channel 14 Nachrichten geschaut. Er war versessen auf

jedes Detail jedes einzelnen Mordes und Massakers, über die berichtet wurden.

»Dein Sohn hat Juden getötet, Papa! Sieh nur, wie viele ich mit meinen eigenen Händen getötet habe!« – diese Aufnahme eines Hamas-Terroristen verstörte Haim zutiefst. Er spielte den Ausschnitt immer wieder ab und wollte ihn auch seiner Frau und seinen Kindern zeigen. Irit weigerte sich: »Ich muss bei Verstand bleiben, für dich und für die Kinder. Ich kann mir all das nicht anschauen. Das ertrage ich nicht.« Sogar die Kinder waren besorgt wegen der neuen Obsession des Vaters. Doch Haim versicherte ihnen: »Ich habe das unter Kontrolle.«

Doch je mehr Tage vergingen, je höher die Opferzahlen stiegen und je mehr darüber berichtet wurde, umso bekümmerter wurde Haim. Ohne Irits Wissen suchte er Hilfe bei einem Rabbi.

Ihm erzählte er alles: vom Blut, den schweigenden Kindern, den Leichen auf den Straßen. Er gestand, er habe noch eine weitere Fahrt an die Front übernommen, am 9. Oktober, und sei dabei über rauchverhangene Straßen gefahren, vorbei an zahllosen Leichen am Straßenrand. Irit und den Kindern hatte er nichts von dieser Fahrt erzählt, bei der er im Auftrag der israelischen Armee Soldaten an die Front gebracht hatte.

Am 20. Oktober feierten Haim und Irit ihren 30. Hochzeitstag mit ihren acht Kindern. Haim wirkte glücklich, dankbar.

Am Morgen des 25. Oktober, einem Mittwoch, lag Irit im Bett und lauschte den vertrauten Geräuschen von Haims Morgenroutine. Das Knarren der Tür, als er leise den Raum verließ, das Schlurfen seiner Füße über den Boden, das Geräusch des Wassers, als er sich wusch.

Als Haim fertig war, saß Irit in der Küche, trank Kaffee und las Zeitung – was ihn überraschte. Bisher hatte sie die Nachrichten bewusst gemieden. »Ich will mich auf den aktuellen Stand bringen«, meinte sie. »Stück für Stück, in meinem eigenen Tempo.« Haim stützte sich mit dem Kinn auf ihren Kopf und las mit, bevor er zu seinem Bus hinausging.

Am Zentralplatz des Moschaws bog er rechts ab statt links und fuhr zum Kindergarten. Er ging kurz hinein, begrüßte ein paar Kinder, die er aus der Synagoge kannte, und fuhr dann mit dem Bus zum wenige Minuten entfernten Moschaw Neta.

Er schickte eine kurze Nachricht an Irit.

»Ich entschuldige mich.«

Dann eine weitere:

»Ich entschuldige mich bei meinen Eltern. Ich entschuldige mich bei unseren Kindern.«

Wenige Minuten später hörte Irit die Eilmeldung, im Moschaw Neta sei geschossen worden.

Aus Angst vor einem Terrorangriff wies Irit die Kinder an, das Haus zu verschließen. Dann rief ihr Bruder, der Polizist, an.

2

Drei bis sechs Trauerfeiern am Tag.

Sivan Sekeli Benzekry war keine professionelle Bestatterin. Sie war noch nicht einmal Bestattungsplanerin – ein Nischenberuf, der fast so lukrativ war wie der einer Hochzeitsplanerin –, aber sie lernte, was sie brauchte, bei der Arbeit. Sie lernte schnell.

Sie arbeitete eigentlich bei einer Versicherung, verkaufte Kranken- und Lebensversicherungen. Außerdem war sie

dreifache Mutter. Ihren Militärdienst als Reservistin und später als Freiwillige hatte sie beim Sanitätsdienst der israelischen Armee abgeleistet. In den vergangenen zwanzig Jahren hatte sie zweimal im Jahr freiwillig Dienst getan, und so kam es, dass sie – eine schlanke Vierzigjährige, halb Polin, halb Irakerin, mit grünen Augen und schwarzem Haar – innerhalb einer Woche fast 30 Trauerfeiern organisieren musste.

Die meisten Toten waren Teenager, nur wenige Jahre älter als ihre eigene älteste Tochter, die 12 war. Sivan kümmerte sich um alle logistischen Aspekte der Zeremonien: Sie sorgte dafür, dass das Grab ausgehoben wurde, bestellte den Blumenschmuck, stellte die Plastikstühle und die Lautsprecher für die Trauerreden auf, organisierte das Trauermahl und – was am meisten Kraft kostete: Sie bat die Friedhofsarbeiter, das nächste Grab erst auszuheben, wenn die aktuelle Trauerfeier beendet war. Bei jeder Beerdigung war sie die Erste vor Ort und die Letzte, die wieder ging.

Zu Sivans Aufgaben beim Sanitätsdienst gehörte es auch, die Familien über den Tod der Angehörigen zu informieren. Sie übernahm eine Aufgabe, die niemand sonst wollte. Sie lernte, mit den Beerdigungen umzugehen, brachte sich selbst bei, das verzweifelte Weinen und die Salutschüsse auszublenden, sie sah die Särge, die mit der Flagge geschmückt in die Erde versenkt wurden, nicht an. Sie versuchte, sich keine Namen zu merken.

Doch bei ihrem 29. Begräbnis auf dem Militärfriedhof in Kiryat Shaul, Tel Aviv, wurde es zu viel. Sie sah zu, wie die Totengräber weitere siebzehn Gräber für den nächsten Tag aushoben, und fühlte, wie ihre Beine zitterten. Sie spürte einen stechenden Schmerz in der Brust, konnte sich aber noch auf den Beinen halten.

Der Tote, der bei ihrem 29. Begräbnis in jener Woche beerdigt wurde, hieß Sagi Golan, ein dreißigjähriger Arbeiter in der Hightech-Industrie aus Herzliya, der nur dreizehn Tage, bevor er seinen Partner Omer Ohana, mit dem er seit sechs Jahren zusammen war, heiraten wollte, ermordet wurde.

Wenige Tage zuvor waren Sagi und Omer nach dem Aufwachen im Bett liegen geblieben und hatten über die Eheversprechen geredet, die sie schreiben wollten, und darüber, wie ihr Hochzeitsbaldachin aussehen sollte. Sie hatten gerade erst ihre Anzüge vom Schneider geholt – Sagis war hellgrün, passend zu seinen Augen, Omers cremefarben. Sie hatten vor, in der Judäischen Wüste zu heiraten, zwischen dem Judäischen Bergland und dem Toten Meer.

Aber dieser Morgen brachte eine Änderung ihrer Pläne – Sagi las die Nachrichten auf seinem Handy und sprang aus dem Bett. Er war Reserveoffizier der Armee. Er war zwar noch nicht einberufen worden, aber er wusste, dass das nur eine Frage der Zeit war: Zivilisten wurden in ihren Häusern ermordet.

»Nur noch ein paar Tage, dann sind wir verheiratet«, sagte Sagi zu Omer, als er ihn zum Abschied küsste.

»Spiel bitte nicht den Helden«, antwortete Omer.

Am folgenden Abend wurde Sagi von Hamas-Terroristen ermordet, als er Familien aus dem Kibbuz Be'eri rettete.

Die Stoffblumen, die die beiden so sorgfältig für ihre Hochzeit ausgesucht hatten, wurden für Sagis Grab zu einem Kranz gebunden. Der bekannte israelische Sänger Ivri Lider, dessen Lied sie für den Gang zum Altar ausgesucht hatten, sang dieses Lied nun live bei der Beerdigung. Omer informierte alle Hochzeitsgäste über das Reservierungstool, wann und wo Sagi beerdigt werden sollte.

Nicht jeden in der Sanitätseinheit berührte Omers Trauer so sehr wie Sivan. Zwischen der Bekanntgabe von Sagis Tod und der Beerdigung hatte ein anderer Sanitätsoffizier alle Fragen Omers zu Sagis Tod und alle Bitten bezüglich der Trauerfeier abgewiesen mit der Begründung, als schwuler Partner des Verstorbenen ohne Trauschein habe Omer keinen offiziellen Status.

Letztendlich hätte dasselbe Statusproblem bestanden, wenn Sagi überlebt hätte. Denn ihre Hochzeit wäre, obwohl sie so hieß, keine legale Eheschließung gewesen, weil das israelische Zivilrecht bei der offiziellen Heirat den jüdischen religiösen Gesetzen folgt, das homosexuelle Ehen verbietet. Mangels einer offiziellen Lösung von Regierungsseite erkannten israelische Gerichte gleichgeschlechtliche Ehen nur dann als legal an, wenn die Paare im Ausland geheiratet hatten. Aus diesem Grund hatten Omer und Sagi am 12. Oktober einen Termin für eine virtuelle Hochzeit über Zoom im US-amerikanischen Utah.

Sivan kehrte gegen Mitternacht von Sagis Trauerfeier nach Hause zurück und ging direkt zu Bett. Am nächsten Morgen, einem Freitag, wurde sie zu einer weiteren Beerdigung gerufen, bei der eine junge Frau bestattet werden sollte. Die ganze Zeremonie über war Sivan wieder schwindelig, und sie ging gleich nach der Bestattung nach Hause.

Sie erwachte am Samstagmorgen um 4.30 Uhr mit starken Schmerzen in der Brust. Ihr Mann Haim rief den Rettungswagen. Ein erstes EKG der Sanitäter zeigte normale Werte, aber Sivan bestand darauf, ins Krankenhaus gebracht zu werden. Dort wurden ein weiteres EKG und Bluttests durchgeführt sowie eine Röntgenaufnahme des Brustkorbs angefertigt, bei der ebenfalls alles normal aussah.

Wenige Minuten nach dem Röntgen hatte Sivan einen Herzstillstand.

Vier Tage lang wurde Sivan durch Maschinen am Leben erhalten. Als Diagnose wurden eine spontane koronare Aortendissektion (ein Riss in der Arterienwand) und das sogenannte Broken-Heart-Syndrom (wenn das Herz durch einen plötzlichen Schock geschwächt wird) angegeben. Am vierten Tag, ihrem 40. Geburtstag, bat ihr Mann Haim die Ärzte, sie aufzuwecken, und Sivan kam langsam wieder zu Bewusstsein. Sie hatte offenbar keine dauerhaften neurologischen oder kognitiven Schäden davongetragen, aber Erinnerungslücken. Fast alle Erinnerungen an den Krieg schienen gelöscht worden zu sein, und sie erinnerte sich von allen Toten, die sie beerdigt hatte, nur an einen einzigen Namen: Sagi Golan.

In der Woche, an die sich Sivan nicht mehr erinnern konnte, hatte Omer öffentlich für sein Recht auf Anerkennung als Sagis Verlobter demonstriert. Drei Wochen nach Sagis Tod beschloss die israelische Knesset einstimmig die Änderung des Gesetzes, so dass nun die LGBTQ-Partner und -Partnerinnen von Opfern als Hinterbliebene von IDF-Angehörigen anerkannt wurden. Omer Ohana, der nicht legal heiraten durfte, war der erste anerkannte LGBTQ-Witwer in der Geschichte Israels.

3

7. Oktober

Siebzehnmal Raketenalarm. Die Familie Torpiashvili, bestehend aus Vater Avi, Mutter Manana, Tochter Tamar, 9, und Sohn Itzik, 11, sowie Tochter Eden, 20, musste siebzehnmal in den raketensicheren Raum rennen. In Ashdod hatten sie vom Beginn des Alarms an etwa fünfundvierzig

Sekunden, um den Schutzraum zu erreichen: So schnell kamen die Raketen angeflogen. Der Schutzraum war auch das Schlafzimmer von Mananas Mutter, Tamars Großmutter, die Georgien nach dem Georgisch-Abchasischen Krieg 1993 verlassen hatte und in Ashdod doch wieder in einer ständigen Kriegsatmosphäre gelandet war.

8. Oktober

Manana weinte den ganzen Tag vor dem Fernseher. Sie seien nun wieder offiziell im Krieg, erklärte sie ihrer Tochter Tamar. Die Kleine fragte die Mutter, ob die Kinder und Mütter in Gaza genauso viel Angst hätten wie sie. Alarm um 12.30 Uhr, vier Raketen schlugen in der Ortsmitte von Ashdod ein. Eine fünfzigjährige Frau wurde schwer verletzt. Wenige Stunden später wurde ein neunjähriger Junge im Nachbarort Ashkelon verletzt, als eine Rakete ein vierstöckiges Gebäude traf. Tamar hatte Angst um ihre Freundin Adele, die ein Jahr zuvor mit ihrer Familie nach Ashkelon gezogen war, und schrieb ihr über WhatsApp: »Adele, ich höre die Nachrichten. Die Rakete ist nicht bei eurem Haus eingeschlagen, sondern auf der Hauptstraße. Deswegen hast du es gehört.«

An jenem Abend setzte bei Tamar erstmals die Monatsblutung ein. Sie erzählte nur ihrer Mutter und Adele davon. Ein Gynäkologe hatte Manana erklärt, wenn die Menstruation früh begann, sei das oft die Folge von Angst und Stress.

9. Oktober

Alarmsirene um 15.23 Uhr. Danach kehrten Tamar und ihre Mitschüler aus der 5. Klasse zum Fernunterricht zurück. Sie waren den Online-Unterricht gewohnt: Während

der Pandemie hatten sie zwei Jahre lang keine Schule betreten.

Tamar und Adele schrieben sich nach der Schulstunde SMS:

ADELE: »Wie geht's dir?«

TAMAR: »Okay, aber ich habe ein bisschen Angst, weil neben mir etwas explodiert ist. Eine Sekunde lang bin ich ausgeflippt. Meine Periode macht mir auch zu schaffen.«

10. Oktober

In den Nachrichten wurde über terroristische Aktivitäten in Ashdod berichtet. Gewehrschüsse seien vom Strand zu hören. Soldaten suchten die Gegend ab. Nach diesem Bericht ging Tamar in die Küche, holte die beiden längsten und schärfsten Messer, die sie finden konnte, und legte sie in den Schutzraum. Vorher war in den Fernsehnachrichten über Zivilisten berichtet worden, die sich am 7. Oktober vor Hamas-Terroristen gerettet hatten, indem sie die Türen ihres Schutzraums mit einer Eisenstange verbarrikadiert hatten. Daraufhin ging Tamar ins Bad und holte Besen und Wischmopp, weil sie hoffte, dass sie ähnlich nützlich sein könnten. Ihrer Mutter, die vor dem Fernseher saß, sagte sie, ihr Vater sei bei der Arbeit und könne sie nicht beschützen, deswegen werde sie, Tamar, sie verteidigen, wenn die Terroristen kämen. Als Ashkelon erneut in den Nachrichten erwähnt wurde, war Tamar mit den Gedanken wieder bei Adele, und sie schrieben sich:

TAMAR: »Geht's dir gut?«

ADELE: »Ja. Und dir?«

TAMAR: »Okay ... Hab mir nur Sorgen gemacht, als ich von Raketen in Ashkelon gehört habe. Beruhigt sich die Lage?«

ADELE: »Nein, vor zwei Minuten gab es wieder Alarm.«

TAMAR: »Pass auf dich auf.«

ADELE: »Du auch auf dich.«

TAMAR: »Ich habe Angst. Ich wünschte, Gaza würde nicht existieren.«

11. Oktober

Alarm um 13.29 Uhr. Alarm um 14.08 Uhr. Alarm um 16.00 Uhr. Alarm um 18.01 Uhr.

TAMAR: »Adele, bist du okay?«

ADELE: »Ja. Und du?«

TAMAR: »Mir geht's gut, denke ich.«

12. Oktober

Alarm um 16.28 Uhr. Alarm um 17.30 Uhr.

13. Oktober

Drei Alarme hintereinander von 21.00 Uhr an. Alarmsirene um 22.00 Uhr. Tamar bat ihre Mutter, im Schutzraum schlafen zu dürfen, weil sie dort eher zur Ruhe komme.

14. Oktober

Alarm um 17.04 Uhr. Alarm um 20.42 Uhr. Manana rief Tamars Lehrerin an und fragte, was sie wegen der Angstzustände ihrer Tochter tun könne. Sie bekam den Rat, bei einer öffentlichen Krisenhotline anzurufen.

15. Oktober
Alarm um 21.32 Uhr.

16. Oktober
Alarm um 11.31 Uhr. Alarm um 13.32 Uhr. Alarm um 21.02 Uhr. Alarm um 22.12 Uhr. Als Avi von der Arbeit kam, versuchte er, seine Tochter zu beruhigen: »Du machst zu viel Drama daraus, Mädchen. Vielleicht wirst du eine berühmte Schauspielerin, wenn du groß bist. Raketen sind nicht so dramatisch. Du weißt doch, wie das ist, Schatz. Im Schutzraum sind wir alle sicher. Wir sind bei dir.«

17. Oktober
Alarm um 19.00 Uhr. Alarm um 19.29 Uhr.

18. Oktober
Kein Raketenalarm.

19. Oktober
Kein Raketenalarm.

20. Oktober
Alarm um 12.02 Uhr. Tamar rannte in den Schutzraum, während Manana Avi bei der Arbeit anrief und fragte, ob er in Sicherheit sei. Sie brach das Telefonat ab, als sie Tamar auf dem Boden liegen sah, sich in Krämpfen windend, bevor sie das Bewusstsein verlor. Manana rief um Hilfe, ein Nachbar kam und begann mit Wiederbelebungsmaßnahmen. In kürzester Zeit stand ein Rettungswagen, der wegen des Alarms bereits in der Nähe gewesen war, vor dem Haus mit einem kanadischen Arzt, der erst kürzlich als Kriegsfreiwilliger nach Israel gekommen war.

21. Oktober
Tamar wurde im Assuta-Hospital sediert. Ihr Vater Avi sagte den Medien: »Bitte helft uns und lest Psalmen für Tamars Genesung. Wir brauchen ein Wunder.«

22. Oktober
Tamar blieb weiterhin sediert und wurde beatmet.

23. Oktober
Ein CT-Scan zeigte ein schweres Hirnödem.

26. Oktober
Die Ärztekommission des Assuta-Hospitals stellte bei Tamar den Hirntod fest. Alle medizinischen Maßnahmen wurden beendet.

28. Oktober
Tamar Torpiashvili, 9 Jahre, wurde für tot erklärt. Als Todesursache wurde Herzinfarkt während eines Raketenalarms eingetragen. Der Staat Israel stufte Tamar offiziell als Opfer von »Kriegshandlungen« ein.

29. Oktober bis 2. November
Hunderte Menschen versammelten sich auf dem städtischen Friedhof von Ashdod um Tamars Leichnam, der mit einem roten Tuch mit Goldstickereien bedeckt war. Rabbi Aharon Mor hielt die Trauerrede: »Ich habe viele Familien durch schwere Zeiten begleitet, aber ich hatte noch nie so einen Fall.« Die vielen Trauergäste, die zur Schiwa kamen, passten nicht alle in das Haus der Torpiashvilis, daher wurde die Zeremonie in der Shazar-Schule für Kunst und Wissenschaft abgehalten, wo Tamar die 5. Klasse besucht hatte.

Ihr Vater Avi Torpiashvili war verwirrt.

Von dem Moment an, als er durch die eisernen Tore das Schulgelände betrat, hatte er das Gefühl, er hätte etwas – oder jemanden – vergessen. Warum war er in der Schule seiner Tochter? Warum unterhielt er sich so lange mit ihren Lehrern? Und Tamar – wo war Tamar? Er wusste, was ihr geschehen war, und doch spürte er alle paar Minuten impulsiv den Drang, nach ihr zu sehen, sie abzuholen. Warum hatte er sein Kind auf einem Friedhof allein gelassen und war allein zu ihrer Schule gegangen? Manana Torpiashvili sprach tagelang kein Wort. Sie gab nicht der Hamas die Schuld für Tamars Tod, sondern sich selbst. Sie fühlte sich schuldig, weil sie tagelang die Fernsehnachrichten eingeschaltet hatte, schuldig, weil sie Tamar nicht öfter in den Arm genommen hatte, schuldig, weil sie sie nicht zu einem Psychologen gebracht hatte, schuldig, weil sie zugelassen hatte, dass Avi Tamar vorwarf, sie würde »übertreiben«. Schuld und Trauer war alles, was ihr geblieben war.

Flugdrachen und Trauerreden

1

Augenzeugenbericht von Ayelet Shachar-Epstein, 50,
Kibbuz Kfar Aza:

Am 7. Oktober brach meine Welt zusammen.

Am Abend vor Simchat Tora feierten wir alle gemeinsam: Großvater Amos und Großmutter Bilha, Gründer von Kibbuz Kfar Aza; mein Ehemann Uri Epstein und unsere drei Kinder Rona, Alma und Neta mit Netas Freundin Iran; meine Schwägerin Vered Liebstein und ihr Mann

Ofir Liebstein, Leiter des Regionalverbands Sha'ar HaNegev und ihre vier Kinder Aviv, Nitzan, Idan und Uri. Wir verabschiedeten uns mit Küssen und Umarmungen und wollten uns am nächsten Morgen bei Amos und Bilha zu Hause treffen, um Flugdrachen für »Afifoniada« zu basteln – ein Festival, bei dem wir Drachen über die Grenze nach Gaza fliegen lassen als Zeichen, dass wir in Frieden leben wollen.

6.25 Uhr

Ich wälzte mich noch im Bett hin und her. Ich glaube, ich habe von unserem letzten Abend in Luzern geträumt ... Wir aßen dort in einem Restaurant, tranken exzellenten italienischen Wein, den der Wirt uns einschenkte, und alles ging aufs Haus ... Ich erinnere mich nicht mehr an alle Details, aber an ein Gefühl erinnere ich mich genau: Glück.

Der Traum zersplitterte durch Ereignisse, die ich immer noch nicht ganz begreife, in tausend Stücke.

6.30 Uhr

Code »Rot«, Raketenhagel und viel Gewehrfeuer. Wir rannten in den Schutzraum und schlossen die Tür. Fünf Minuten später rief mein Schwiegervater an und sagte, Bilha, seine Frau, sei nicht zu erreichen. »Ich rufe an, aber sie nimmt nicht ab.« Im Pyjama rannte ich zu ihrem Haus. Unterwegs hörte ich Schüsse und fand Bilha schließlich. Sie lag auf dem Balkon. Zunächst dachte ich, sie hätte einen Herzinfarkt oder Schlaganfall gehabt. Sie lag mit dem Gesicht nach unten auf dem Boden. Ich suchte nach einem Puls und drehte sie um. Erst dann wurde mir klar, dass sie erschossen worden war.

6.40 Uhr

Ich ging weiter ins Haus meines Schwiegervaters und blieb bei ihm im Schutzraum.

Amos allein zu lassen kam nicht in Frage. Und außerdem war es zu gefährlich, wieder heimzugehen.

9.00 Uhr

Die Einsatztruppe des Kibbuz fuhr sofort los, als sie gerufen wurde. Auch meine beiden Schwager, Uri Russo und Ofir Liebstein, gehörten ihr an.

Uri fuhr mit dem Fahrrad und einem Gewehr in der Hand von seinem Haus los. Er wurde erschossen aufgefunden, nachdem er mit großem Mut gekämpft hatte. Sechs tote Terroristen lagen um ihn herum, und sechs Kugeln fehlten im Magazin seines Gewehrs. Er war ein liebevoller Mann für meine Schwester Dafna gewesen und hatte mit ihr drei Töchter in einem farbenfrohen Haus großgezogen, in dem immer etwas los war: eine Gassirunde mit dem Hund Peanut, ein Mandala-Workshop, ein Gourmetessen wurde zubereitet.

Ofir Liebstein, seit fünf Jahren Leiter des Regionalverbands von Sha'ar Ha Negev, gehörte offiziell nicht mehr zur Einsatztruppe. Man erwartete nicht mehr von ihm, dass er kämpfte, aber er sah es als seine Pflicht. Er wurde erschossen, als er das Feuer der Terroristen erwiderte, und starb im Garten unseres Hauses unter einem Olivenbaum.

Ofir war mein Schwager, mein Nachbar, mein Freund. Er hatte eine schöne Seele, er liebte den Frieden. Und er glaubte an die Koexistenz mit den Palästinensern. Gerade erst hatte er den Grundstein für eine neue Industrieanlage gelegt, die Jobs für Tausende Palästinenser aus Gaza und

Israelis schaffen sollte. Er glaubte, wenn wir – Israelis und Palästinenser – erst einmal zusammen arbeiteten, hätte die Zukunft, die wir darauf aufbauen könnten, keine Grenzen. Er war auch Initiator des Red-South-Festivals, bei dem Menschen von überall an der Grenze zu Gaza zusammenkamen, um die Anemonenblüte zu bestaunen. Bei einer dieser Veranstaltungen sollte er sich selbst in einem Satz beschreiben, und er sagte: »Ich sehe alles zweimal – einmal, wenn ich es erträume, und ein zweites Mal, wenn es Wirklichkeit wird.«

10.00 Uhr

Wir erhielten die Nachricht, dass im Jugendviertel, wo mein neunzehnjähriger Neffe Nitzan und mein ältester Sohn Neta mit Freundin Iran lebten, eingebrochen worden war.

Im Viertel wimmelte es von Terroristen, die von Wohnung zu Wohnung gingen und die Bewohner ermordeten.

Nitzan wusste bereits, dass sein Vater und seine Großmutter getötet worden waren, und schrieb mir: »Sie versuchen hereinzukommen«, und später: »Ich möchte einfach nur leben.« Mörder drangen in seine Wohnung ein und beschossen seinen Schutzraum. Nitzan wurde im Oberschenkel getroffen und blutete stark. Mit letzter Kraft bastelte er unter Anleitung seines Cousins, der Arzt war, aus seiner Kleidung einen Druckverband.

Iran musste Neta mit aller Kraft davon abhalten, unter Beschuss zum Haus seines Cousins zu gehen.

11.00 Uhr

Neta schrieb mir, er höre Männer auf Arabisch rufen und Gewehrsalven. Ein Autoalarm. »Hat Iran Angst?«, fragte

ich ihn, und er antwortete: »Das haben wir beide.« Ich schrieb ihm, er solle sie fest in die Arme nehmen.

Drei Terroristen brachen in ihre Wohnung und in den Schutzraum ein. Sie warfen eine Handgranate, die nicht explodierte, und dann zwei weitere.

13.00 Uhr

Ich fragte, ob Neta noch atmete, und Iran schrieb: »Nein.«

»Iran? Atmet er?«, fragte ich noch einmal.

»Nein.«

Neta hatte »Granate« gerufen und sich dann auf sie geworfen. Außerdem hatten sie mehrere Kugeln auf ihn abgefeuert.

Ich fühlte mich, als wäre der Himmel eingestürzt.

Ich kann nicht fassen, dass du nicht mehr da bist, Neta.

Mein Kind, mein liebes Kind, wo bist du?

Ich will dich bei mir haben, in den Arm nehmen, dir in die Augen schauen, mich auf die Zehenspitzen stellen, damit ich so groß bin wie du...

Mein Neta, mein Erstgeborener, ein wunderschöner Junge, der zu einem Mann heranwuchs, der innen so schön war wie außen. Er arbeitete ehrenamtlich mit behinderten Kindern und jungen Leuten.

Erst letzten Donnerstag hast du es nicht ertragen, mich im Speisesaal allein sitzen zu sehen. Du knalltest dein Tablett vor mir auf den Tisch und sagtest: »Wer allein isst, stirbt allein.« Also aßen wir zusammen. Wie kann es sein, dass du jetzt tot bist?

Deine Güte und Liebe waren grenzenlos.

15.00 Uhr

Es war ein Blutbad. Nonstop wurde geschossen.

Großvater und ich hatten zu diesem Zeitpunkt bereits acht Stunden im Schutzraum ausgeharrt. Ohne Strom, ohne Telefon.

Wir weinten beide.

Er hatte Bauchschmerzen.

Ich fühlte einen stechenden Schmerz im Unterleib.

16.00 Uhr

Iran wurde gerettet – sie war die Erste, die aus Kfar Aza gerettet wurde. Du hast eine Wahl getroffen, mein Sohn – eine, über die man nicht hinwegsehen kann –, du hast Iran gerettet. Das war dein Sieg.

17.20 Uhr

Rufe auf Arabisch. Die Terroristen standen in Amirs Sukka, seiner Laubhütte.

20.30 Uhr

Dreizehn Stunden Belagerung. Mir wurde langsam klar, dass wir so bald nicht gerettet werden würden und im Schutzraum übernachten mussten. Aber Großvater Amos weigerte sich – er wollte in seinem eigenen Bett schlafen. »Jetzt sind eh schon alle tot«, sagte er. »Was macht es da, wenn wir auch sterben?«

8. Oktober 2023: 7.13 Uhr

Seit 24 Stunden wurde gekämpft, und es sah nicht so aus, als würde es je enden. In der Nacht war das Haus beschossen worden, alle Wohnzimmerfenster waren zerbrochen.

Ich hatte von dir als Neugeborenem geträumt, wie du mich zum ersten Mal ansahst, mit deinen blauen Augen, so wunderschön. Dann blitzten Bilder von unserem Familienurlaub zum Pilatus bei Luzern, in Schweizer Sonnenlicht getaucht, in meinem Kopf auf, danach ein Bild von dir, mit wippenden Locken, während wir Hand in Hand unter dem Banner »Willkommen Erstklässler« die Schule betraten.

7.39 Uhr

Mehr Schüsse als vorher. Rufe auf Arabisch.

Wie hast du dich gefühlt, als die Kugel dich traf, mein Junge? Ich will dich sehen und ein letztes Mal umarmen. Deine Augen küssen und sie dann – schließen.

Ich denke an Iran und daran, was sie in jenen Momenten durchgemacht hatte. Sie hatte sich viele Stunden unter dem Bett versteckt. Ich spüre, dass ihre Liebe für dich stark und rein ist.

9.00 Uhr

Draußen hielt ein Auto, und ich wusste nicht, ob es die Armee war. Ich riskierte es und sah nach draußen: Es war ein IDF-Soldat, der mir sagte, ich solle zurück ins Haus gehen. »Wir werden euch retten.«

11.00 Uhr

Großvater und ich wurden nach 27 Stunden gerettet.

Und nach uns: Uri und Alma, Vered, Aviv, Idan und Uri.

Aus unserer Familie blieben vier tot in Kfar Aza zurück – was mit Nitzan geschehen war, wussten wir noch nicht.

Iran erzählte uns von deinem Heldenmut, mein Sohn – du hast sie gerettet –, und wir trösteten uns damit, dass du

nicht vergebens gestorben warst. Wir nahmen sie in die Arme, weil wir es wollten, aber auch für dich, Neta.

20. Oktober 2023

Lange Zeit gab es widersprüchliche Berichte darüber, was Nitzan widerfahren war. Als die IDF-Soldaten sein Haus am Nachmittag betraten, entdeckten sie keine Spur von ihm. Wir hofften noch tief in unseren Herzen, dass sie ihn lebend finden würden, aber vergebens. Heute haben wir ihn auf demselben Friedhof zur Ruhe gebettet, auf dem sein Vater vor zwei Tagen beerdigt worden war.

Seine Mutter Vered würdigte ihn am Grab: »Deine Intelligenz, dein Mut und deine Willenskraft waren grenzenlos ... Du warst immer der Erste, der anderen Hilfe anbot ... Vergib uns, dass du den Mördern allein gegenübertreten musstest. Wir beteten für deine Rettung, aber die Hilfe kam nicht ... Kümmere dich im Himmel um deinen Vater ...«

21. Oktober 2023 – im Dorf Matan

Zwei Wochen nach deinem Tod konnte ich immer noch nicht schlafen, mein Sohn.

Ich wollte dich in den Arm nehmen, dich riechen, deine Bartstoppeln an meiner Wange spüren.

Heute haben wir ein Haus im Dorf Matan angeschaut. Wir wurden hierher umgesiedelt, in diesen riesigen Ort, so anders als unsere 110 Quadratmeter in Kfar Aza. Was würdest du davon halten? Werden wir hier glücklich werden? Können wir hier in der Fremde ein neues Zuhause aufbauen? Ohne dich?

10. November 2023 – London

Guten Morgen, mein Junge, 22 Jahre bist Du jetzt.

Gestern haben wir mit Bier und Tränen deinen Geburtstag gefeiert in einem kleinen Pub in der Nähe der Wohnung, die wir in Kensington gefunden haben. Du hättest den Pub geliebt, mit seiner riesigen Bierauswahl und den traditionellen englischen Pies und Burgers. Am Nachmittag ließen wir vom Dach des Hauses bunte Ballons aufsteigen. Die Pub-Mitarbeiter stießen mit uns in Erinnerung an dich an, die Ballons stiegen auf und brachten kurz Farbe in die graue Londoner Straße.

15. November 2023 – Kfar Aza

Heute sind wir zum ersten Mal seit dem 7. Oktober nach Kfar Aza zurückgekehrt.

Die Wohnung, in der du und Iran gelebt haben, ist zerstört.

Das Bett ist kaputt, alles ist zerschlagen, und mitten im Raum liegt ein Haufen mit all deinen Besitztümern – verbrannt und zertrümmert.

Ich erkenne den Wäschekorb, den ich dir gekauft hatte, und die Wäsche, die ich gewaschen und zusammengelegt hatte, liegt überall verstreut. Blutflecken auf den Bettlaken. Ein paar Sachen konnten wir retten: Eine Mix-CD, die Iran dir zum Geburtstag zusammengestellt hatte, und ein Foto von dir in deinem grünen Torwarttrikot, wie du im Halbfinale einen Torschuss hältst. Auch ein Kissen liegt im Raum, in Almas Überzug gehüllt – es wirkt völlig fehl am Platz bei all der Zerstörung und dem Blut. Sie muss das Kissen einmal mitgebracht haben, als sie dich besucht hat und von dir umsorgt wurde, du hast sie völlig verwöhnt. Du warst ihr geliebter großer Bruder, und sie vermisst dich unsagbar – wie du einem Streit durch eine Kitzelattacke ein Ende bereitet hast ... was sie irgendwie immer beruhigt hat...

16. November 2023 – im Dorf Matan

Was von unserer Familie übrig ist: Vered, Dafna und ihre Kinder sind mit uns ins Dorf Matan gezogen.

Ohne Ofir, ohne Uri, ohne Nitzan.

Ein winziger Kibbuz aus Trauernden.

Ich sehe mir deine Fotos an und bin wütend, weil du nicht da bist.

Wütend, weil du nicht in ganzer Größe da bist, weil ich deinen Schweiß nach dem Sport nicht rieche, nicht höre, wie deine Stimme Mama sagt, die Wärme deines Körpers nicht spüre, wenn du mich von hinten umarmst und meine Schultern massierst.

Ich bin wütend wegen allem, was wir durchgemacht haben. Weil dein Großvater jedes Mal weint, wenn wir erfahren, dass noch jemand aus unserer Familie gestorben ist. Weil wir an jenem Tag in Kfar Aza unserem Schicksal überlassen wurden, ohne jede Unterstützung von einem Land, das plötzlich nicht mehr zu existieren schien.

Ich weiß nicht, wie ich mich von dir verabschieden soll, mein Kind.

2

Fünf Mitglieder der Familie Kotz wurden am 7. Oktober ermordet:

Aviv (53), Livnat (49), Rotem (18), Yonatan (16) und Yiftach (14).

Die überlebenden Mitglieder der Familien Kotz (Benny, Tamar, Talia und Sharon) und Levy (Yehuda, Paulette, Ashi, Ziv und Adi) haben gemeinsam den folgenden Nachruf verfasst:

Hundert Jahre, bevor uns diese Katastrophe ereilte, floh die Familie Kotz vor der Russischen Revolution aus der Ukraine ins britische Mandatsgebiet Palästina. Sie waren zionistische Sozialisten und suchten eine Zuflucht, ein Land, wo sie nicht als Juden verfolgt wurden. Dreiunddreißig Jahre später floh die Familie Levy vor den Ausschreitungen und Pogromen in ihrer Heimat Marrakesch in Marokko auf der Suche nach einem sicheren Ort in den jungen Staat Israel.

Angesicht dieser Katastrophe – angesichts der Ermordung unserer Kinder, Geschwister, Enkelkinder – müssen wir fragen: Haben unsere Vorfahren einen Fehler gemacht?

An jenem verfluchten Schabbat wollte sich die Familie mit anderen Bewohnern des Kibbuz Kfar Aza bei einem Fest treffen, das Aviv und Livnat angeregt hatten – die Drachenparade, ein Festival, bei dem Papierdrachen über die Grenze fliegen als Friedenssymbol für unsere palästinensischen Nachbarn in Gaza. Fünfzehn Jahre lang fand dieses Festival am Feiertag Simchat Tora statt.

Als immer mehr mit Sprengstoff gefüllte Ballons aus Gaza über die Grenze geschickt wurden, ließen wir einfach mehr Drachen steigen.

Doch an jenem Samstag ließen wir keine Drachen steigen. Stattdessen erwachten wir im Krieg.

Raketenlärm und Alarmsirenen weckten uns.

Wir konnten nicht alle erreichen – und als unsere Kontaktversuche fehlschlugen, dämmerte uns langsam, was für eine Art von Katastrophe dies war, obwohl wir zu der Zeit von ihrem Ausmaß noch nichts ahnten. »In meinem Haus sind Terroristen ... wir werden beschossen ... er ist verletzt ... sie blutet.« Immer mehr schlimme Nachrichten kamen von unseren Nachbarn, und langsam wurde uns klar, dass keine Hilfe kommen würde.

Die direkten Nachbarn von Aviv und Livnat wurden ermordet: Roy und Smadar Idan. Zwei ihrer Kinder überlebten, weil sie sich im Schrank versteckt hatten. Die dreijährige Tochter Abigail Idan rannte weg, als sie sah, wie ihre Eltern ermordet wurden, und wurde nach Gaza verschleppt mit Nachbarn vom Haus nebenan, Hagar Brodach und ihre drei kleinen Kinder Ofri, 10, Yuval, 9, und Oriya, 4.

In einem anderen Haus wohnte die beste Freundin unserer achtzehnjährigen Rotem, Agam Goldstein-Almog, 17. Sie wurde mit ihrer Mutter Chen und ihren Brüdern Gal, 11, und Tal, 9, ebenfalls entführt.

Der Vater der Familie Goldstein-Almog, Nadav, und die älteste Tochter der Familie, Yam, wurden vor aller Augen ermordet. Wir riefen immer wieder bei Agam an auf der Suche nach Rotem, ohne zu ahnen, dass sie bereits nach Gaza verschleppt war. Das fanden wir erst drei Tage später heraus.

Ein Kibbuzbewohner fand euch fünf zusammen auf dem Bett, tot. Aviv umarmte Livnat und die Kinder.

Wie soll man fünf reine Seelen beerdigen? Wie können zwei Großväter und zwei Großmütter das Kaddisch für ihre Kinder und Enkel sprechen? Um wen sollen sie zuerst weinen?

Aviv Kotz wurde am Abend des Pessachfestes 1970 im Kibbuz Kfar Aza geboren. Seine Eltern waren Benny und Tamar. Damals lebten die Kinder im Kibbuz in einer Gemeinschaftsunterkunft – ohne ihre Eltern. So sollten sie von frühester Kindheit an Verantwortung lernen. Sie führten ihr eigenes Leben, fuhren mit dem Traktor durch die Obstplantagen, rannten barfuß durch die Hügel. Aviv hatte geschickte Hände. Wie viele seiner Freunde baute auch er sein Haus im Kibbuz selbst. Er wurde Ingenieur, leitete

ein Beratungsunternehmen und betätigte sich auch künstlerisch in verschiedenen Bereichen, in der Fotografie, der Bildhauerei und als Illustrator.

Livnat wurde 1973 in der Stadt Rehovot geboren während eines Waffenstillstands im Jom-Kippur-Krieg. Ihre Mutter Paulette lag im Krankenhaus in den Wehen, während ihr Vater Yehuda an der Front Dienst tat und Israel gegen die angreifenden arabischen Armeen verteidigte. Er saß im Panzer, als er die schöne Neuigkeit hörte: »Herzlichen Glückwunsch, Yehuda, du hast eine Tochter!«

Livnat ging in Rehovot zur Schule, aber mit den Gedanken war sie immer woanders: Sie war auf der Suche, eine Träumerin.

Aviv verliebte sich auf den ersten Blick in sie. Das war Ende der 1990er Jahre. Sie arbeitete damals als Disponentin bei einem Lieferdienst, er war Fahrer. Also hatte sie ihm zu sagen, wo es lang ging. Seine Annäherungsversuche wies sie aber ein ums andere Mal zurück. Doch er gab nicht auf. Oberflächlich gesehen waren sie sehr unterschiedlich: Aviv war gelassen, Livnat energisch, sogar stürmisch. Er fand Wildheit bei ihr, sie Ruhe bei ihm, die es ihr erlaubte, ihren künstlerischen Leidenschaften nachzugehen, als Grafikdesignerin und Kunstlehrerin. Sie arbeiteten häufig zusammen und lebten zunächst in Tel Aviv, dann in den Vereinigten Staaten, kehrten aber in den Kibbuz zurück, um dort ihre Kinder großzuziehen.

»Wir haben kein anderes Zuhause«, sagten sie. »Wir haben kein anderes Land.«

Nach der Operation Protective Edge, dem Gazakrieg von 2014, bot Livnat für Schüler nachmittags eine Möglichkeit an, sich in Kunst und Handwerk auszuprobieren – einen Ort, wo die Kids die Raketen vergessen konnten. Ihr war

aufgefallen, dass Yonatan durch den ständigen Raketenbeschuss eine Angststörung entwickelt hatte, und sie wollte das Leben der israelischen Kinder an der Grenze verbessern. Sie forderte uns alle auf, kritischer zu werden und unser Leben dem Dienst an anderen zu widmen: Bei jeder Gelegenheit, bei der sie Geschenke bekommen hätte, am Geburtstag etwa, bat sie ihre Freunde stattdessen, lieber ein paar Stunden ehrenamtlich für die Gemeinde zu arbeiten.

Die Kinder: Wie soll man eine Trauerrede auf jemanden halten, der gar keine Zeit hatte, um aufzuwachsen?

Rotem, 18, hatte sich gerade zum Dienst in der Armee gemeldet, aber nie ihr Lächeln verloren. Ihre Freunde sagen, sie hätten sie nie traurig gesehen, dieselben Freunde, die heute um sie weinen.

Yonatan, 16, war geistreich und sensibel. Er träumte davon, Profibasketballer zu werden, und war besessen von seiner Lieblingsmannschaft, Hapoel Tel Aviv, deren Trainer ihn zur Entdeckung des Jahres wählten – ein vielversprechendes Talent.

Yiftach, 14, trat in die Fußstapfen seines Bruders, trainierte wie wild Basketball und wurde nicht gern für seine Intelligenz, seine Bescheidenheit und seine Arbeitsethik gelobt, obwohl sie lobenswert waren.

Einen Monat nach der Katastrophe trafen wir uns alle in Tel Aviv, um dort das Drachenfestival zu feiern. Wir ließen Drachen steigen für die Geiseln und forderten ihre sofortige Rückkehr.

Aviv hätte gesagt, wir haben den Himmel dekoriert.

Nachwort

Die Ereignisse vom 7. Oktober 2023 waren kaum zu Geschichte geworden, da wurden schon Geschichten über sie erzählt. Diesen Vorgang nennen Wissenschaftler »homologisieren«. Dabei werden Ereignisse »homolog« zu anderen Ereignissen aus der Vergangenheit gemacht, wobei Gemeinsamkeiten, Ähnlichkeiten, Vorlagen und Muster aus einer Geschichtsschreibung etwas Religiöses, ja Mystisches machen. »Der tödlichste Tag für Juden seit dem Holocaust«, diese Beschreibung wurde ständig wiederholt, auch von Staatsoberhäuptern, von den Medien, auch meine Freunde und Verwandten sagten es. So wurden die beiden Phänomene nicht nur miteinander verbunden, sondern auch angedeutet, dass das eine (der Holocaust) der Vorläufer des anderen war (7. Oktober).

Historiker haben schon lange darauf hingewiesen, dass dieser zusammenfassende Vorgang, der Ereignisse in Beziehungen setzt, wesentlich für das Überleben des Judentums ist. Er verbindet jedes neue Ereignis mit vorangegangenen Geschehnissen, jeder Vorfall wird zur Wiederholung, die Gegenwart wird zu einer Verkettung von Vergangenheiten, ein Anschein von prämessianisch gelebter Ewigkeit.

Die jüdische Zeitrechnung gleicht einer Schriftrolle, die jedes Jahr neu aufgerollt und dann wieder zusammenge-

rollt wird. Die Feiertage kehren jedes Jahr wieder, jedes Jahr besteht aus einem vollständigen Zyklus an Toralesungen, der am Feiertag Simchat Tora endet und sofort neu begonnen wird. Dieser Feiertag fiel in diesem Jahr auf das säkulare Datum Samstag, den 7. Oktober.

Wie Yosef Hayim Yerushalmi in seinem Meisterwerk »Sachor«[1] erklärt, soll diese Reinkarnation des Vorherigen in der Gegenwart persönlich erfahren werden, wirkt sich aber letztendlich politisch aus. Jedes Jahr, wenn ein Jude die Geschichte vom Auszug aus Ägypten liest, soll er fühlen, er wäre selbst erlöst, aus der Sklaverei gerettet und durch das geteilte Rote Meer geführt worden. Jedes Jahr, wenn ein Jude die Geschichte liest, wie Moses die Tora erhielt, soll er das Gefühl haben, er sei selbst am Berg Sinai anwesend gewesen, mit allen Generationen vor und nach ihm. Jüdische Geschichte, ein Ausdruck, der für Yerushalmi fast ein Widerspruch in sich ist, erlaubt es, in der Zerstörung des zweiten Tempels und der Vertreibung durch die Römer eine Wiederholung der Zerstörung des ersten Tempels und dem Exil in Babylon zu sehen. Beide sollen am selben Datum stattgefunden haben, dem neunten Av, nur ein halbes Jahrtausend auseinander, und beides wird nicht politischen Kämpfen zugeschrieben, sondern als göttliche Strafe für die Sünden Israels betrachtet. Entsprechend wird jeder Feind, der in der jüdischen Diaspora auftrat, als Inkarnation früherer Feinde dargestellt in einer mörderischen Ahnenreihe, die Stalin, Hitler und den Pogromisten Khmelnitsky mit dem römischen Kaiser Titus, mit Nebukadnezar, Haman, dem Pharao und der Kriegernation

1 Yosef Hayim Yerushalmi, Sachor: Erinnere dich!, übers. von Wolfgang Heuss, Berlin: Verlag Klaus Wagenbach 1988. Neuauflage 2023 (A. d. Ü.).

Amalek verbindet, die die umherwandernden Israeliten in der Wüste überfiel.

Auch Premierminister Netanjahu höchstselbst sprach unmittelbar nach den Angriffen an Simchat Tora über Amalek und sagte der Öffentlichkeit in Israel und aller Welt: »Erinnert euch daran, was Amalek euch angetan hat, steht in unserer heiligen Tora, und wir erinnern uns und wir kämpfen. Unsere tapferen Truppen in Gaza ... folgen in der Reihe jüdischer Helden, einer ungebrochenen Reihe, die vor dreitausend Jahren mit Joshua ben Nun begann und sich über die Helden von 1948, des Sechs-Tage-Kriegs und des Oktoberkriegs von 1973 fortsetzt.«

Die Presse schrieb, dieses Massaker (und Israels massive Reaktion) sei »ein epochales Ereignis«, »ein Umbruch«, »ein Wendepunkt in der Krise« (um ein paar wenige große internationale Nachrichten zu zitieren), doch der Premierminister Israels widersprach: Für Netanjahu, und nicht nur ihn, war die Gewalt der Hamas und des Palästinensischen Islamischen Dschihad und anderer die Wiederkehr der Gewalt des alten Amalek, so alt wie die Geschichtsschreibung selbst, nur wenig jünger als der Judenhass, der sie hervorbrachte. Das ist die große Herausforderung bei der Deutung des 7. Oktober – die Frage, ob man dieses Blutbad als zeitenprägende Tragödie oder theologisches Wiederkehren betrachtet; als menschengemachten Terror oder gottgewollten Schrecken, als Teil der israelischen Geschichte oder als jüdische Erzählung.

Wenn die Tode vom 7. Oktober als historisch betrachtet werden können, in modernen und faktischen Begriffen, dann kann auch Israel modern und faktisch begriffen werden, und man kann untersuchen, wo Israel versagt hat, und versuchen, politische Lösungen für seine Probleme zu

finden; man kann die Anreize für Fanatismus verringern und durch Kompromisse auch aus den unversöhnlichsten Feinden Nachbarn machen, Nachbarstaaten sogar.

Aber wenn die Tode vom 7. Oktober nur als die neueste Wiederholung der uralten Geschichte jüdischen Leidens betrachtet werden, wird Israel selbst Teil dieser Erzählung – ein Schicksal, das durch die Gründung des Staates Israel gerade vermieden werden sollte. Der Auftrag Israels bestand darin, die Juden aus der Opferrolle zu befreien, nicht, sie weiter und immer wieder hineinzutreiben.

»Der tödlichste Tag für die Juden seit dem Holocaust« war auch der Tag, an dem das Jüdisch-sein wieder nach Israel zurückkehrte: Jüdisch-sein als Identität unabhängig von Glaube oder Religionsausübung. In einer Zeit, in der nationalistische Religiosität und jüdischer Extremismus auf dem Vormarsch waren, wurde an Juden, die sich als säkular sahen, ein Massaker verübt. Juden wurden getötet, weil sie Juden waren, nicht, weil sie eine Kippa trugen, nicht, weil sie planten, die al-Aqsa-Moschee abzureißen und einen dritten Tempel zu errichten, sondern nur, weil sie sich erdreisteten, als Juden innerhalb der Grenzen eines jüdischen Staates zu leben. Die Araber, christliche Araber wie muslimische Araber, die an jenem Tag ermordet wurden, mussten sterben, weil sie die Frechheit besaßen, unter Juden als Mitbürger zu leben. Die Nepalesen und Thailänder, die an jenem Tag starben, wurden ermordet, weil sie es wagten, für Juden zu arbeiten, auf jüdischen Feldern zu schuften, jüdisches Obst zu ernten. Man könnte das noch weiterspinnen und sagen, die Hunde, die an jenem Tag starben, wurden getötet, weil sie jüdische Hunde waren, und die Autos, die angezündet wurden, verbrannten, weil sie jüdische Autos waren…

Mord, Vergewaltigung, Entführung, Folter, Verstümmelung, Hinrichtung – mit diesen Handlungen trat die Geschichte im Judentum in denjenigen ersten Büchern von jüdischen Gemeinden auf, die nicht versuchten, die Vergangenheit zu relativieren, sondern nur ehrlich aufzuzeichnen. »Sifrei ha zikhronot« (»Erinnerungsbücher«) erschienen erst Jahrhunderte, nachdem der heilige Kanon geschlossen war, gehörten aber seit dem Mittelalter zu einer Art heiligem Standard. Diese Bücher waren gemeinschaftlich erstellte Zusammenfassungen von Archiven und verzeichneten die Namen der Rabbis und Anführer der Gemeinden sowie Zeugenaussagen über Verfolgungen und Opferlisten, die bei Gedenkgottesdiensten für die Toten laut vorgelesen wurden. Das berühmteste dieser Bücher ist wohl auch das älteste, das noch existiert, und wurde von der Gemeinde Nürnberg zwischen 1296 und 1392 geführt. Es enthält Berichte über Verfolgungen in Deutschland und Frankreich während des Ersten Kreuzzugs im Jahr 1096 und über die Pogrome, die den Ausbruch der Pest im Jahr 1349 begleiteten und durch Verleumdungen ausgelöst wurden.

Bei aschkenasischen Juden waren diese Bücher weit verbreitet, und auch verschiedene sephardische und mizrachische Gemeinden verfassten sie. Die Tradition erhielt nach dem Holocaust neue Bedeutung, als Überlebende wenigstens in Schriftform rekonstruieren wollten, was ihnen genommen worden war. Yizkor-Bücher (»Gedenkbücher«) sind dafür bekannt, dass die Verfasser weit verstreut leben: Das Buch zum Gedenken an die Stadt Bershad in der Ukraine, zum Beispiel, aus der meine Familie stammt, umfasst Beiträge von Bershadern, die jetzt in Jerusalem, Tel Aviv, New York, Mexiko, Panama und anderswo leben. Sie enthalten Erinnerungen an die Stadtbewohner, ihre nam-

haften weisen Männer, ihre Geographie und Wirtschaft sowie Beschreibungen der unvorstellbaren Schandtaten, die an der Stadt verübt wurden, von einem Kosakenpogrom der Haydamaken, bei dem Braut und Bräutigam unter dem Hochzeitsbaldachin ermordet wurden, bis zu den zahllosen Blutbädern, die die Schwarzen Hundert, die Bolschewiken, Nazis und Rumänen anrichteten.

»Israel, 7. Oktober: Protokoll eines Anschlags« steht in dieser Tradition der *Yizkor*-Bücher. Es ist das erste große »Sefer ha zikhronot« seit der Flut an Büchern zum Holocaust – die Liste der Toten und Märtyrer eines einzelnen Tages, ein Versuch, die Toten, oder zumindest ein paar von ihnen, aus der Anonymität der Zahlen und der politischen Ausbeutung zurückzuholen.

Man kann dieses Buch lesen und dann nur noch Rache wollen, aber ebenso kann man sich danach umso stärker für den Frieden einsetzen. Ich habe es mehrfach gelesen, in mehreren Sprachen, und beide Reaktionen erlebt. Ich habe erlebt, mit welch unermüdlicher Hingabe die Autorin, meine Frau, dieses Buch im Winter nach dem Massaker geschrieben hat, während sie noch um ihre eigenen Toten trauerte und Fremde tröstete, die erst Interviewpartner waren und dann zu Freunden wurden. Meine größte Hoffnung ist, dass die Freunde und Angehörigen der Opfer, von denen hier erzählt wird, in diesem Bericht eine Menschlichkeit wiedererkennen, und dass die Erinnerungen an die Menschen, die sie verloren haben, die Ungerechtigkeit, Opfer geworden zu sein, überwinden und ihnen helfen, ein erfülltes Leben in ihren Gemeinden und in einer gerechteren, freieren Welt zu führen.

Joshua Cohen

Dank

Ein Buch über derart schmerzliche Ereignisse zu schreiben kann selbst schmerzhaft sein, obwohl ich mir rückblickend nicht vorstellen kann, wie ich den Winter 2023 sonst verbracht hätte. Es war eine Zeit der Trauer für mich selbst, meine Familie und meine Freunde. Ich schätze mich glücklich, dass ich in dieser Phase von so vielen unterstützt wurde, und ich möchte zumindest ein paar wenigen von ihnen hier danken: meine Rechercheassistentinnen Nurit Laxer, Merav Weiss, Tamar Peled und Shani Alush, erstklassige Interviewerinnen und exzellente Transkribentinnen, die keine Mühen gescheut haben, um den ersten Kontakt zu Familien von Opfern herzustellen. Eine weitere Rechercheassistentin, Maayan Hirsch, ist zufällig auch meine Schwägerin, ihre Stärke und Intelligenz waren ein Segen. Ohne diese engagierten, einfühlsamen Frauen würde dieses Buch nicht existieren. Und auch nicht ohne Joachim Schnerf, den verantwortlichen französischen Lektor dieses Buchs, den Mann, der die Wichtigkeit eines solchen Textes als Erster erkannte und mich durch den Schreibvorgang führte. Außerdem möchte ich meinen US-amerikanischen Lektoren Tim Bartlett und Kevin Reilly bei St. Martin's Press und meiner Agentin Gail Ross für ihre Unterstützung danken. Ihr Glaube an mich gab mir das Selbstvertrauen, das ich brauchte, um ein Buch in einer Sprache zu schreiben,

die nicht meine Muttersprache ist. Großer Dank gebührt auch meiner Familie bei der *Haaretz*, der Zeitung, die mich gefördert hat, und meiner echten Familie, meinen Eltern Yoram und Rachel, meinem Bruder Shai. Jeden Tag bemühe ich mich, nach den Werten zu leben, die sie mir mitgegeben haben. Mein Mann Joshua Cohen stand mir mit wertvoller Unterstützung (und einem wunderschönen Nachwort) zur Seite. Ich kann nur hoffen, dass ich die Liebe, die er mir bewiesen hat, erwidern kann. Schließlich und vor allem möchte ich den Trauernden danken – den Familien und Freunden, deren Trauer ich durch Fragen nach ihren Lieben unterbrochen habe, die in der schwersten Zeit ihres Lebens die Zeit und die Kraft fanden, mir ihre Geschichten zu erzählen, von ihrer Familie, ihrer Gemeinde, ihrem Leben. Dieses Buch hat im Original den Untertitel »100 Human Stories«, aber jedes Opfer der Massaker vom 7. Oktober umfasst eine ganze Welt an Geschichten – und ebenso die indirekten Opfer, die sie überlebt haben: die Witwen und Witwer, die Waisen und die Eltern, die ein Kind verloren haben. Dafür, dass sie mir zumindest ein paar dieser Geschichten erzählt haben, haben sie meine größte Wertschätzung, meine Bewunderung und meinen Respekt.